本书系 2018 年度教育部人文社会科学研究青年基金西部和边疆地区项目（项目批准号 18XJC820004）"合同法与专利法协调视角下的专利默示许可制度构建研究"最终成果

法|学|研|究|文|丛
—— 民法学 ——

专利默示许可制度构建研究

——以合同法与专利法的协调为视角

杨德桥 ◎著

知识产权出版社
全国百佳图书出版单位
—北 京—

图书在版编目（CIP）数据

专利默示许可制度构建研究：以合同法与专利法的协调为视角／杨德桥著.—北京：知识产权出版社，2022.8

ISBN 978－7－5130－8251－8

Ⅰ.①专…　Ⅱ.①杨…　Ⅲ.①专利权法—研究—中国　Ⅳ.①D923.424

中国版本图书馆 CIP 数据核字（2022）第 127663 号

责任编辑：王瑞璞　　　　　　　　　　　责任校对：谷　洋
封面设计：智兴设计室　　　　　　　　　责任印制：刘译文

专利默示许可制度构建研究
——以合同法与专利法的协调为视角

杨德桥　著

出版发行：知识产权出版社 有限责任公司　　网　　址：http：//www.ipph.cn
社　　址：北京市海淀区气象路 50 号院　　邮　　编：100081
责编电话：010－82000860 转 8116　　　　责编邮箱：wangruipu@cnipr.com
发行电话：010－82000860 转 8101/8102　 发行传真：010－82000893/82005070/82000270
印　　刷：天津嘉恒印务有限公司　　　　经　　销：新华书店、各大网上书店及相关专业书店
开　　本：880mm×1230mm　1/32　　　　印　　张：11.375
版　　次：2022 年 8 月第 1 版　　　　　　印　　次：2022 年 8 月第 1 次印刷
字　　数：280 千字　　　　　　　　　　　定　　价：80.00 元
ISBN 978－7－5130－8251－8

序

　　专利默示许可是专利法上最复杂、最微妙及最具争议性的问题之一。正如本书作者所言，专利默示许可囊括了明示许可之外的一切许可形态，因而极为多样，又因默示的意思表示常晦暗不明，需要综合案件的全部事实加以认定，因此判定过程颇为复杂。实践中，专利默示许可常作为侵权抗辩事由在专利侵权诉讼中被提出，故现有研究成果多从专利法和侵权法的视角展开研究，但本书作者另辟蹊径，主要从专利法与合同法相协调的视角展开研究。专利默示许可就其本质而言，与明示许可是一致的，属于专利实施制度而非限制制度。专利实施制度中的法律问题，既涉及专利法律规范，又涉及合同法律规范，需要综合考虑两类法律规范的共同要求，因此从专利法与合同法相协调的视角来研究专利默示许可问题，可谓切中要害。*De Forest Radio Tel. Co. v. United States* 案，是第一起真正意义上的专利默示许可案件。在对该案的处理中，美国联邦最高法院就是主要从合同法的视角作出裁判的，同时也考虑了专利法的要求。

历史的教益对于法学研究而言十分重要。本书作者从专利默示许可的发展史着手，在系统梳理既往大量司法案例的基础上，将专利默示许可的发展划分为三个历史时期。在历史分期的基础上，从适用条件、价值目标和内容形式等三个方面，较为全面地总结了专利默示许可制度的历史嬗变规律，奠定了后文研究的史料基础。制度需要兼容，只有能够融入现有的制度和理论体系，新制度的创建才可能成功。本书作者研究了专利默示许可在两大法系上的理论基础，将专利默示许可在普通法上的理论基础归纳为衡平禁反言、法律禁反言、行为和默许等四种，将其在大陆法上的理论基础尝试概括为意思表示理论、信赖保护理论、利益平衡理论、机会主义理论和事实合同理论等五项，在此基础上提出了构建我国专利默示许可理论基础的具体方案。基于前述历史和理论研究，本书作者重新界定了专利默示许可的概念和性质，开创性地提出了专利默示许可类型化的具体方法，将专利默示许可划分为依附基础合同关系的默示许可和构成独立合同关系的默示许可两种基本类型，每种类型下又划分为若干亚型。诚如本书作者所言，专利默示许可的判定虽然复杂多样，但并非毫无规律可言。作者在本书中原创性地提出了专利默示许可构成的三项基本要件，即权利人与使用人之间存在直接的互动关系、存在专利许可使用对价，以及符合诚实信用原则的要求。这三项要件的提出，对于司法机关在具体案件中判定专利默示许可的成就与否，具有很强的指导意义。作者还进一步提出了专利默示许可的许可类型、许可范围、许可期限和许可对价的认定方法，以及在司法诉讼中专利默示许可认定的性质、抗辩权的主张、举证责任的分配等程序性问题，较为周详地解决了专利默示许可案件的操作细节。

学理研究的终极目的在于服务我国的法律实践，为此，就需要将一般理论问题与我国实际相结合。本书作者在对专利默示许可一般理论问题研究的基础上，较为系统、深入地探讨了我国专利默示许可的司法实践和立法活动情况。作者深入挖掘了截至目前我国司法机关裁判的有关专利默示许可的 28 件案例，客观地分析了司法实践中所取得的成绩及其不足。作者回顾了我国有关专利默示许可的立法历程，深刻地总结了专利默示许可成文化折翼的多维因素，以此为据提出了与多数意见截然不同的制度构建思路。本书作者旗帜鲜明地提出，专利默示许可应继续保持其案例法本色，并从原则与规则相结合、实体法和程序法相结合的角度，提出了专利默示许可制度构建的具体方法，即以民法上的意思理论和诚实信用原则为依据和统领，以知识产权指导性案例和先例判决为核心和基础，以初审集中管辖机制和统一的上诉审理机制为程序保障的专利默示许可制度运行体系。相较于其他构建方案，本书作者所提出的专利默示许可制度的构建方法具有很强的启发性、创新性和实用性，相信定能对我国专利默示许可法律实践有所裨益。

张楚

中国政法大学教授、博士生导师

2022 年 3 月 30 日

目录

CONTENTS

绪　论

一、研究背景与意义

（一）研究背景

自我国 2001 年加入世界贸易组织以来，伴随着改革开放不断向纵深推进，以及国家对知识产权保护的日益强化，我国的专利事业取得了长足发展。统计数据显示，2001 年国家知识产权局共收到发明、实用新型和外观设计三种类型专利申请 203,573 件❶，授权 114,251 件❷；2020 年国家知识产权局共收到发明、实用新型和外观设计三种类型专利申请 5,194,154 件，授权 3,639,268 件。❸ 2001—2020 年，

❶ 国家知识产权局 . 2001 专利统计年报：国内外三种专利申请受理年度状况［EB/OL］. （2002 - 06 - 01）［2022 - 03 - 10］. https：//www. cnipa. gov. cn/tjxx/jianbao/2001/a/a2. html.

❷ 国家知识产权局 . 2001 专利统计年报：国内外三种专利申请授权年度状况［EB/OL］. （2002 - 06 - 01）［2022 - 03 - 10］. https：//www. cnipa. gov. cn/tjxx/jianbao/2001/b/b1. html.

❸ 国家知识产权局 . 2020 知识产权统计年报：1 - 1 分国内外三种专利申请/授权/有效量（2020 年）［EB/OL］. （2021 - 05 - 30）［2022 - 03 - 10］. https：//www. cnipa. gov. cn/tjxx/jianbao/year 2020/a/a1. html.

我国专利申请量增长了 24.5 倍，专利授权量增长了 30.9 倍。统计数据显示，早在 2012 年时，中国专利数量就已经超越美国，跃居世界第一，之后一直独占鳌头；到 2018 年时，中国的专利申请量高达 154 万件，约为全球专利申请总量的 46.4%，超过美、日、德三国总和。❶ 2019 年中国的国际专利申请量超越美国，成为全球第一。❷ 国家知识产权局和国家统计局联合发布的统计数据显示，2018 年我国专利密集型产业增加值对 GDP 增长贡献率达 15.7%，成为经济高质量发展的重要支撑。❸ 专利的价值和生命在于实施，专利许可是专利实施的一种重要方式。国家知识产权局的调查数据显示，2019 年我国国内有效专利实施率为 49.4%，专利许可率为 6.3%。❹ 2019 年我国国内有效专利的数量为 8,812,070 件。❺按照上述口径计算，2019 年我国国内专利许可数量达到 555,160件。随着专利许可的广泛开展，相关的法律纠纷也变得普遍起来，数量与日俱增。2021 年 12 月 31 日，笔者通过中国裁判文书网，以"专利许可"为关键词，检索到的裁判文书高达 2 万余篇。这说明专利许可案件已经成为一类不容忽视的重要法律案件。

---

❶ 只谈科技. 为何中国专利数量早超美国，但创新能力却不如美国？［EB/OL］. (2020 – 08 – 31)［2022 – 03 – 10］. https：//baijiahao. baidu. com/s？ id = 1676530132286362767&wfr = spider&for = pc.

❷ 有范数码. 中国专利申请数量超越美国，跃居全球第一！［EB/OL］. (2020 – 04 – 08)［2022 – 03 – 10］. https：//www. sohu. com/a/386389954_ 188123.

❸ 环京津网. 知识产权局：我国专利密集型产业增加值对 GDP 增长贡献率达 15.7%［EB/OL］. (2020 – 04 – 23)［2022 – 03 – 10］. https：//baijiahao. baidu. com/s？ id =1664735116417249076&wfr = spider&for = pc.

❹ 国家知识产权局战略规划司，国家知识产权局知识产权发展研究中心. 2020 年中国专利调查报告［EB/OL］. (2021 – 04 – 20)［2022 – 03 – 10］. https：// www. cnipa. gov. cn/module/download/down. jsp？ i_ ID =158969&colID =88.

❺ 国家知识产权局. 2019 知识产权统计年报：国内外三种专利申请/授权/有效量［EB/OL］. (2020 – 06 – 01)［2022 – 03 – 10］. https：//www. cnipa. gov. cn/tjxx/jianbao/year2019/a/a1. html.

专利许可属于民事合同的一种，合同在民法理论上又属于法律行为的一种形式，而法律行为的核心在于当事人的意思表示。"就常规而言，意思表示与法律行为为同义之表达方式。使用意思表示者，乃侧重于意思表达之本身过程，或者乃由于某项意思表示仅是某项法律行为事实构成之组成部分而已。"❶ 意思表示由外部（客观）要素与内部（主观）要素构成。意思表示的外部要素就是将意思表示于外的行为，被称为表示行为。表示行为以其表示方式之不同，有明示与默示之别。《中华人民共和国民法典》（以下简称《民法典》）第一百四十条第一款规定："行为人可以明示或默示作出意思表示。"所谓明示，系指以口头或书面的话语形式明确表达意思之行为。❷ "默示的意思表示是指某种行为或某种语言表述，虽不能直接表达特定的法律行为意思，但可以间接地表达这种意思，即可以从直接表达出来的内容或从事的行为中，推知出行为人要表达的法律行为意思。"❸ 与意思表示包括明示和默示两种形式相一致，专利许可亦包括明示许可与默示许可两种形式，只不过明示许可为常态，默示许可为例外。随着专利许可实践的发展，在专利明示许可案件快速增加的同时，专利默示许可案件也开始发轫并呈现出增加态势。以"专利""默示许可"为关键词，截至 2021 年底，笔者在中国裁判文书网上共检索到裁判文书 40 余篇。经对这些文书内容逐一甄别，再加上通过其他渠道获取的案例，笔者实际搜集到专利默示许可案例 28 件，多数具有较强的代表性。专利默示许可处在合同法和专利法的交织地带，

---

❶ 梅迪库斯. 德国民法总论 [M]. 邵建东，译. 北京：法律出版社，2001：190.

❷ 朱庆育. 民法总论 [M]. 2 版. 北京：北京大学出版社，2013：188 – 189.

❸ 拉伦茨. 德国民法通论：下册 [M]. 王晓晔，邵建东，程建英，等，译. 北京：法律出版社，2003：487.

法律适用需要兼顾二者的双重要求。在合同法与专利法相协调的视角下展开专利默示许可法律适用的研究，对于科学处理专利默示许可案件具有重要意义。

（二）研究意义

在合同法与专利法相协调的视角下研究专利默示许可的制度构建问题，对于专利法的司法实践、制度完善和理论进步均具有重要意义。

1. 本书研究成果为我国专利默示许可案件的法律处理提供可资之方案

随着我国专利许可实践的发展，专利默示许可案件在司法实践中开始出现并不断增多。但对我国司法实践来讲，专利默示许可仍为一种新生事物。目前对于专利默示许可的理论研究尚处于起步阶段，成果还不多，与之有关的规范性文件层级较低，数量稀少，难以适应司法实践的需要。由于学理和立法成果的双重缺乏，对于何为专利默示许可案件，专利默示许可的构成要件是什么，专利默示许可的类型、范围、期限和对价如何确定等一系列事关专利默示许可案件处理的迫切问题，都还没有答案，甚至缺乏起码的共识。由于缺乏学理和立法支撑，专利默示许可案件的处理常常处于无据可循的状态，案件的处理随意性很大，司法难以给市场主体提供稳定的预期，危及了相关交易安全。很多专利默示许可案件的审理，历经多层审级、多次翻转，显现出了比普通专利许可案件更高的复杂性、更大的技术难度。例如，张晶廷诉牙河公司、华泽公司侵害发明专利权纠纷案❶，主要涉及技术标准中的专利实施问题；一审法院认为被告未经作为专利权人的

---

❶ 参见：最高人民法院（2012）民提字第 125 号民事判决书。

原告同意即实施技术标准中原告的专利技术，属于侵害原告专利权的行为；二审法院认为原告同意其专利进入技术标准即意味着授予了被告实施其专利的默示许可，被告的行为并未侵害原告的专利权；最高人民法院对该案再审后又推翻了二审法院的判决。针对司法实践中提出的实际法律问题，本书对专利默示许可的含义、构成要件及适用规则等相关内容展开了系统研究，力图为专利默示许可案件的解决提供一整套方案，可以作为人民法院今后处理类似案件的参考。

2. 本书研究成果有助于破解制约我国专利转化的制度困境

学理界和业界似乎已经达成了这样的共识：我国已经成为专利大国，但尚难以称得上是专利强国。[1] 个中缘由在于，虽然我国专利的申请量和授权量已经在全球遥遥领先，但专利的产业转化率并不高，专利对经济发展的推动作用还不强。[2] 制约专利转化的因素是多方面的，主要有制度约束、平台缺乏、专利滥用和"专利泡沫"等。[3] 近年来，我国政府正努力从多方面进行相关制度的改革，以期提高专利转化率，充分释放专利推动经济发展的内生动力。所进行的制度革新大体上围绕两个方面展开，一方面是把好入口关，不断提升专利质量，确保所授予的专利符合专利法规定的授权条件，具有技术生命力。近年来，国家知识产权局等部门出台了一系列规范性文件严厉打击非正常专

---

[1] 王晓霞. 中国要从专利大国走向专利强国 [N]. 中国经济时报，2019 – 08 – 20 （A03）.

[2] 吴学安. 从专利大国到专利强国前路仍长 [EB/OL]. （2020 – 04 – 15）[2022 – 03 – 10]. https：//www. zgswcn. com/article/202004/202004151416221115. html.

[3] 牛海涛. 专利转化中的"专利沉睡"及其治理 [J]. 中国民商，2018（4）：98 – 99.

利申请❶，即为著例。对非正常专利申请的打击目前已经取得一定成效，公布了多起典型案例，挤掉了不少专利申请中的水分，维护了专利制度的社会声誉。另一方面是拓宽出口关，千方百计为已授权专利的实施提供便利条件，切实提升专利转化率。例如，2020 年修正的《中华人民共和国专利法》（以下简称《专利法》）调整了《专利法》条文的结构布局，将第六章"专利实施的强制许可"扩展为"专利实施的特别许可"，集中安排了通过许可合同进行的普通许可之外的各种形式的许可，意在为专利转化提供特别的制度支持，其著例即为专利开放许可制度的创设。专利默示许可作为专利许可的一种形式，其本身即为专利实施的一种方式，属于出口意义上的制度。对于专利默示许可的性质，学理界存在争议，主要有侵权抗辩说和许可合同说两种。侵权抗辩说认为，专利默示许可为专利侵权抗辩的一种事由，其制度价值是用于平衡专利权人利益和社会公共利益。❷ 笔者认为，这种观点有失偏颇。专利默示许可虽然常常以侵权抗辩的形式表现出来，但从专利默示许可的成立条件、具体内容和制度功能来看，它是一项地地道道的合同制度，是专利许可合同的一种形式。专利许可又是专利实施的主要方式之一。在合同法和专利法相协调的视角下深入研究专利默示许可制度运作中的实际法律问题，对于专利默示许可的正确运用，进而对于促进我国专利的实施，具有直接的现实意义。

---

❶ 2017 年 2 月国家知识产权局发布第 75 号令，公布了《知识产权局关于修改〈关于规范专利申请行为的若干规定〉的决定》，对 2007 年通过的《关于规范专利申请行为的若干规定》作出修改，将"非正常专利申请行为"由 2 种扩展为 5 种，同时强化了针对非正常专利申请行为的打击力度。

❷ 王国柱. 知识产权默示许可制度研究 [D]. 长春：吉林大学，2013：3，50.

3. 本书研究成果丰富了《专利法》的理论体系

本书的研究成果在以下三个方面为《专利法》理论体系的丰富做出了贡献。首先，丰富了专利许可理论。专利默示许可是专利许可的一种形式。由于我国专利默示许可实践刚刚兴起不久，所以理论研究还很薄弱。本书系统研究了专利默示许可的历史基础、理论基础、性质功能、类型划分、构成要件及具体内容等相关理论问题，并详细研究了国内外的大量司法案例，提出了一系列新的判断。比如，本书创造性地提出了合同关系视角下专利默示许可的三项构成要件，即权利人与使用人之间就默示许可的授受存在直接的互动关系，存在使用对价，符合诚实信用原则的要求。❶ 这些创造性理论的提出，对专利默示许可案件的判定具有很强的指导价值，丰富了专利默示许可的理论体系，使之成为一项与明示许可并驾齐驱的理论学说，进而丰富了专利许可理论这一专利法的重要理论分支。其次，丰富了专利法与合同法之关系的理论。本书研究基于专利默示许可乃一种真正的合同制度的基本立场，立足于合同权利与专利权利相协调的视角，展开对专利默示许可运行机制的研究，作出了一系列新的理论判断，丰富了专利法与合同法之间相互关系的相关理论。本书研究认识到，在专利默示许可中合同权利与专利权利有可能产生冲突，比如专利权人可能以专利权的名义限制他人合同权利的行使，在产生冲突时应本着民法的基本价值和目的解释原则，有效平衡当事人之间的合同权利和专利权利。合同法与专利法均属于民法，民事权利之间的冲突问题也是民法理论的重要课题之一，本书的研究也为我

---

❶ 杨德桥. 合同关系视角下专利默示许可的类型、构成及适用研究 [J]. 电子知识产权，2020（8）：4-19.

国民法学权利冲突理论的完善做出了贡献。最后，丰富了专利法的利益平衡理论。利益平衡理论是包括专利法在内的整个知识产权法的基本理论或称基本原则。❶ 专利法是在专利权人和包括专利权人的竞争对手在内的社会公众之间的权利义务的适当分配与均衡。❷ 专利默示许可的实质，就是要在专利权人的利益和专利技术使用人的利益之间达成一种精妙的平衡，同等关注二者的合理利益诉求，避免偏废。本书通过对专利默示许可机制的深入研究，提出了在更深入、更细微层次上实现专利权人和专利技术使用人利益平衡的方法，丰富了专利法的利益平衡理论。

二、国内外研究述评

专利默示许可近年来逐渐成为国内外专利法学界学术研究的热点问题之一，产生了一批优秀的研究成果。全面梳理、准确归纳现有研究成果，发现其特点和不足，揭示其研究趋势，是本书研究的重要基础。

（一）国内研究述评

1. 研究成果综述

国内学术界对专利默示许可的研究主要集中在最近十年❸，研究成果涉猎比较广泛，基本覆盖了专利默示许可的绝大多数问题，重点围绕我国专利默示许可制度的构建。从总体来讲，研究主要围绕以下五个方面展开。

---

❶ 冯晓青. 知识产权法 [M]. 2 版. 北京：中国政法大学出版社，2010：59 - 60.

❷ 冯晓青. 知识产权利益平衡理论 [M]. 北京：中国政法大学出版社，2006：127.

❸ 笔者通过中国知网，以"专利默示许可"为主题词进行文献检索，截至 2021 年底共检索到 112 篇文献，其中 2012 年以来的文献 86 篇，占比 77%。

（1）关于专利默示许可理论基础的研究

浩然、王国柱（2013 年），刘强、金陈力（2014 年），陈健
（2016 年）分别研究了意思表示理论、信赖保护理论、机会主义行
为理论和禁反言理论作为专利默示许可理论基础的可能性。张勇、
赵剑男（2016 年），李闯豪（2020 年）研究了专利默示许可的经
济学基础。陈瑜（2017 年）研究了英美法上的合同默示条款理论
和禁反言原则，以及大陆法上的意思表示理论和外观主义原则共
同作为专利默示许可理论基础的方式。万琦（2014 年）、袁真富
（2018 年）研究了专利默示许可的多维理论基础。浩然、王国柱认
为，意思表示理论之中的默示意思表示理论可以为知识产权默示
许可制度提供理论支撑，意思表示的解释规则和默示条款适用于
对知识产权默示许可的认定，默示行为的法律效果可以被法律所
拟制❶；信赖保护理论强调对交易相对人合理信赖的保护，能够为
知识产权默示许可制度提供理论支撑，信赖保护与意思表示在知
识产权默示许可的认定中既相互融合又存在着分工❷。刘强、金陈
力认为，机会主义行为理论是知识产权默示许可制度构建的理论
基础，为知识产权默示许可制度在范围和内容上的拓展提供了理
论支撑。❸ 陈健认为，法律禁反言和公平禁反言分析从产品转移到
专利权人的行为，如果卖方的行为导致买方的行动，则默示许可
产生，可以作为专利默示许可的理论基础。❹ 张勇、赵剑男认为，

---

❶ 浩然，王国柱. 意思表示理论对知识产权默示许可制度的支撑 [J]. 国家检察官
学院学报，2013（5）：156 – 165.

❷ 浩然，王国柱. 论信赖保护理论对知识产权默示许可制度的支撑 [J]. 河南财经
政法大学学报，2013，28（5）：96 –102.

❸ 刘强，金陈力. 机会主义行为与知识产权默示许可研究 [J]. 知识产权，2014
（7）：54 – 60.

❹ 陈健. 知识产权默示许可理论研究 [J]. 暨南学报（哲学社会科学版），2016，
38（10）：82 – 93.

经济学中的供求理论、博弈论等理论可以被用来分析专利默示许可。❶李闻豪运用法经济学的分析方法,通过论证专利默示许可在规制机会主义行为及促进社会总体效用最大化方面的积极意义,明确专利默示许可制度的正当性。❷陈瑜认为,传统民法中的理念和制度为专利默示许可提供了诸多启示。合同默示条款的分类方法和成文化、默示意思表示的解释规则、禁反言和外观主义原则对信赖利益的保护和具体构成要素都可以为专利默示许可提供借鉴。❸万琦认为,默示许可以权利人的内心意思为中心,从权利人是否许可的角度来分析问题,除了利益平衡理论外,禁止反言原则和财产权转移理论也构成了专利默示许可的理论基础。❹袁真富认为,专利默示许可的理论基础不是单一的,而是多维的,信赖利益的保护、诚实信用的要求、利益平衡的需要、合理对价的存在、对机会主义的防范,共同构成了专利默示许可的理论基础。❺

(2)关于专利默示许可类型和适用条件的研究

闫宏(2007年),袁真富(2010年),陈炳材(2013年),范晓玉(2016年),陈瑜(2017年),陈玮、刘斌斌(2021年)分别从发生原因、行为性质、权益内容等角度对专利默示许可进行了类型化,并讨论了每一类型的适用条件。闫宏认为,根据美国司法实践所提供的素材,专利默示许可可以被划分为基于销售行

---

❶ 张勇,赵剑男.我国专利默示许可制度经济学效应 [J]. 标准科学,2016 (10): 87 – 89, 98.

❷ 李闻豪.专利默示许可制度研究 [M]. 北京:知识产权出版社,2020:127 – 154.

❸ 陈瑜.专利默示许可研究 [D]. 重庆:西南政法大学,2017:12 – 40.

❹ 万琦.专利产品首次销售侵权抗辩研究:以财产权转移理论为研究进路 [M]. 北京:知识产权出版社,2014:77 – 79.

❺ 袁真富.知识产权默示许可:制度比较与司法实践 [M]. 北京:知识产权出版社,2018:27 – 35.

为、原许可行为、委托代理行为和专利权人的违约行为产生的默示默许。[1] 袁真富认为，从国内外的相关理论与实践来看，基于技术标准、技术推广、产品销售、产品修理、先前使用、原有协议、违约行为、平行进口等情形，都有可能产生专利默示许可的侵权抗辩，每一种类型的专利默示许可都有其适用对象。[2] 陈炳材认为，专利权默示许可存在的范围很难确定，一切专利利用领域中可能都有专利权默示许可的存在，常见的专利权默示许可的发生情形为基于技术标准、零部件销售、委托代理、授权改进、事后取得专利和受雇发明人取得的专利产生专利默示许可。[3] 范晓玉根据发生原因、期限、对价、限制条件等多种因素，重新构建了专利默示许可较为抽象的、有建设性和实用性的分类，将专利默示许可划分为基于事实的专利默示许可、基于习惯的专利默示许可和法定专利默示许可等相关类型。[4] 陈瑜认为，根据现有的司法案例和观点学说，专利默示许可类型大致可以被分为因关联产品销售（无论该产品是否享有专利）、因指使制造权、因在先协议、因标准专利以及因专利权人懈怠等诱导性表示行为所产生的默示许可，这些不同表现形式的默示许可均各有其适用条件和适用规则；专利默示许可的类型是不断扩张的，默示许可相较于其他制度而言具有比较优势，在新的技术变革和创新模式下具有一定的适用空间。[5] 陈玮、刘斌斌认为，专利默示许可的产生情形可以被划分为基于销售产生的专利默示许可、基于标准产生的专利默示许可

[1] 闫宏. 专利默示许可规则探析 [D]. 北京：清华大学，2007：11-30.
[2] 袁真富. 基于侵权抗辩之专利默示许可探究 [J]. 法学，2010（12）：108-119.
[3] 陈炳材. 专利权默示许可问题研究 [D]. 南京：南京理工大学，2013：17-20.
[4] 范晓玉. 专利默示许可制度类型建构及可行性分析 [D]. 北京：中国青年政治学院，2016：15-18.
[5] 陈瑜. 专利默示许可研究 [D]. 重庆：西南政法大学，2017：129-166.

和基于合同关系产生的专利默示许可三个种类。❶

　　（3）关于专利默示许可作为侵权抗辩事由的研究

　　袁真富（2010 年），李建华、王国柱（2013 年），张耕、陈瑜（2016 年），陈瑜（2017 年），朱雪忠、李闯豪（2018 年），吴汉东（2021 年）分别从适用条件、间接侵权、责任构成、构成要件等角度，研究了默示许可作为专利侵权抗辩事由的适用规则。袁真富认为，专利默示许可的适用条件可以被划分为形式条件、实质条件、限制条件和程序条件等四个方面，存在专利权人默示形式的行为是专利默示许可适用的形式条件，专利权人的默示行为让被控侵权人产生了被允许使用其专利的合理信赖是专利默示许可适用的实质条件，专利权人不存在相反的意思表示是专利默示许可适用的限制条件，只有基于被控侵权人的主张和举证，法院才有适用专利默示许可规则的可能性，此即专利默示许可适用的程序条件。❷ 李建华、王国柱认为，专利权默示许可最关键的问题就是如何对其进行认定，基于行为推断的专利权默示许可的认定包括专利权人的行为和被控侵权人的合理信赖两个方面，基于沉默的专利权默示许可的认定包括专利权人明知存在未授权使用的行为而保持沉默、被控侵权人信赖专利权人的沉默、权利人怠于行使权利的期间超过法定诉讼时效期间三个方面，应该对专利权默示许可认定的司法因素进行全面考察，以便发挥专利权默示许可的利益平衡功能。❸ 张耕、陈瑜认为，专利默示许可作为侵权抗辩事由，与间接侵权相互制约，二者的对抗体现了不同主体之间

❶ 陈玮，刘斌斌. 专利的默示许可对企业知识产权战略的影响 [J]. 西北民族大学学报（哲学社会科学版），2021（3）：124 – 131.

❷ 袁真富. 基于侵权抗辩之专利默示许可探究 [J]. 法学，2010（12）：108 – 119.

❸ 李建华，王国柱. 论专利权默示许可的认定 [J]. 河南社会科学，2013，21（12）：42 – 45，107.

此消彼长的利益关系，而这种利益关系表现为对专利产品专用零部件（设备）市场的争夺——正确认识二者的冲突，灵活掌握其适用规则，从而实现不同主体间的利益平衡，是两种制度共存的价值所在。❶ 陈瑜认为，基于两大法系的禁反言原则和外观主义原则之启示，可以将专利默示许可的认定因素概括为三个方面，即存在专利权人以行为（作为或不作为）之默示方式产生的许可外观，相对人对此种外观事实产生了信赖，专利权人行为与相对人信赖之间存在因果关系。❷ 朱雪忠、李闯豪认为，美国法院在相关案例中对默示许可适用标准中"销售具体情形"的限制性解释，不合理地扩大了默示许可原则的适用，严重削弱了专利间接侵权制度的基础，为有效平衡各方利益，在专利间接侵权默示许可抗辩的适用中应加强对专利权人合法利益的考量，与此同时，对默示许可的判定应着重分析第三方购买者的信赖利益范围。❸ 吴汉东认为，专利默示许可具有普通许可的一般属性，又有着其特别的构成要件，这些特别的构成要件包括三个方面，分别是相对主体特定、意思表示适格以及权利义务对等。❹

（4）关于专利默示许可与其他相关制度关系的研究

董美根（2009年）、张伟君（2016年）、陈瑜（2016年）、袁真富（2018年）分别研究了专利默示许可与权利穷竭、法定许可和反垄断的关系问题。陈瑜认为，作为侵犯专利权的抗辩事由，专利默示许可与权利穷竭在起源上交织、在功能上近似、在适用

❶ 张耕，陈瑜. 美国专利默示许可与间接侵权：冲突中的平衡 [J]. 政法论丛，2016（5）：69-76.
❷ 陈瑜. 专利默示许可研究 [D]. 重庆：西南政法大学，2017：171-177.
❸ 朱雪忠，李闯豪. 美国专利间接侵权默示许可抗辩的反思与借鉴 [J]. 法律科学（西北政法大学学报），2018，36（2）：179-190.
❹ 吴汉东. 知识产权法 [M]. 北京：法律出版社，2021：434.

范围上交叉、在适用要件上趋同,然而二者在理论基础、逻辑前提、适用条件等方面存在差异;正确认识二者的异同,是准确进行制度定位与适用,充分发挥制度功能的基础和前提。❶ 张伟君认为,《专利法修订草案(送审稿)》第八十五条规定的"标准必要专利默示许可制度",将不披露专利信息的行为一律视为默示许可,实际上相当于规定了一个专利法定许可制度,虽然其法律效果类似于英国专利法中的强制背书当然许可,但仍很有可能违背TRIPS 规定的专利非授权许可必须"一事一议"的要求,并且和标准制定中专利信息披露的实际情况并不相符。❷ 董美根认为,基于默示许可理论,专利权穷竭原则源自于无条件的销售,如专利权人或其被许可人在销售专利产品时附有有效限制条件时,专利权并不无限穷竭,对限制条件有效性的考量,除适用合同法来认定限制条件的效力外,更应考虑限制条件是否构成专利权滥用或反垄断法意义上的垄断,虽然专利权滥用与反垄断法意义上的垄断在性质上有所差异,但二者都按照合理性规则进行认定。❸ 袁真富研究了专利默示许可与权利用尽原则的关系,认为二者具有联系,也存在显著区别:从权利用尽原则的发源来看,它与默示许可有着较为紧密的联系,甚至是在默示许可的基础上独立出来的,但从我国关于专利用尽的现行制度设计来看,二者法律性质不同、适用情形不同、适用对象不同、适用限制不同。❹

---

❶ 陈瑜. 专利默示许可与权利穷竭的比较分析:以社会政策背景为视角 [J]. 西南政法大学学报, 2016, 18 (2):92 – 99.

❷ 张伟君. 默示许可抑或法定许可:论《专利法》修订草案有关标准必要专利披露制度的完善 [J]. 同济大学学报(社会科学版), 2016, 27 (3):103 – 116.

❸ 董美根. 论专利产品销售所附条件的法律效力 [J]. 华东政法大学学报, 2009 (3):53 – 60.

❹ 袁真富. 知识产权默示许可:制度比较与司法实践 [M]. 北京:知识产权出版社, 2018:15 – 20.

（5）关于《专利法》引入专利默示许可制度的研究

房鹏（2010 年）、李文江（2015 年）、陈瑜（2016 年）、袁真富（2018 年）、刘思（2019 年）、李闯豪（2020 年）分别研究了在《专利法》中引入专利默示许可制度的必要性、具体的构建方法以及条文表述方法。房鹏认为，目前《专利法》有关不视为侵犯专利权行为的规定已经无法满足需求，已不适应我国专利保护和专利司法的实际，建议在此基础上再增加相关默示许可的规则，具体可以从专用品销售等五个方面设计相关的法律规则。❶ 李文江认为，《专利法修订草案（送审稿）》第八十五条规定了基于标准产生的专利默示许可，但是该规定存在一定缺陷，应当从扩大专利默示许可规则的适用范围、明确专利默示许可的认定标准、原则性规定专利默示许可费用标准等方面，进一步明确专利默示许可的适用规则。❷ 陈瑜认为，基于我国的成文法传统和统一适用法律的需要，专利默示许可的制度构建应当采用成文法的方法进行；为了兼顾原则性与特殊性、确定性与灵活性，并体现立法对于新生事物的包容性，专利默示许可应采取一般条款加类型化规定的立法模式；根据专利默示许可的构成要件，其一般条款可以表述为：在没有直接书面或言辞许可的情况下，专利权人及相关权利人以行为等方式，表明其授予实施专利之许可并足以使善意相对人产生授权许可之信赖，则成立默示许可。❸ 袁真富认为，在立法上对新问题有必要保持相当的谨慎，最好先在司法解释中原则上承认专利默示许可的适用，并加强专利默示许可司法适用的研究

❶ 房鹏 . 论建立我国专利诉讼的默示许可制度 [J]. 山东审判, 2010, 26 (6)：68－71.

❷ 李文江 . 我国专利默示许可制度探析：兼论《专利法》修订草案（送审稿）第85 条 [J]. 知识产权, 2015 (12)：78－82.

❸ 陈瑜 . 专利默示许可研究 [D]. 重庆：西南政法大学, 2017：188－197.

和指导，待时机成熟后再上升为法律层面的条文。❶ 刘思认为，我国专利默示许可制度的构建应当协调民法与专利法的规定，民法主要对专利默示许可的基础性问题给予规定，对其进行总体上的把握，专利法主要对该制度在实践上的具体应用和一些特殊的情形下该如何做进行明确。❷ 李闯豪认为，单纯通过立法的方式明确特定条件下专利默示许可的适用缺乏灵活性，应当将实践中尚不成熟，或者灵活性强、需要个案判断的情形留待司法解决，所以就我国专利默示许可制度的构建而言，我国应当选择立法与司法并行的二分模式。❸

2. 研究成果评析

通过上述综述可知，对于专利默示许可的研究，国内学术界已经形成了一系列有价值的成果。但相对于专利默示许可制度构建和司法实践的需求而言，仍存在如下继续深入研究的空间或称不足。

（1）研究视角较为单一

仅仅在专利法范畴内研究专利默示许可，未能实现与合同法的有机结合，研究的理论宽度有待拓展。专利默示许可实为合同法与专利法的交错领域，专利权人的专利权利和专利使用人的合同权利之间的冲突问题是专利默示许可需要解决的中心问题。现有研究成果几乎全部集中在专利法领域，以专利权为视角展开，合同法领域内的以合同为视角的研究成果难觅踪迹。为了深入理解和正确适用专利默示许可，有必要从合法视角对专利默示许可

---

❶ 袁真富. 知识产权默示许可：制度比较与司法实践 [M]. 北京：知识产权出版社，2018：173.

❷ 刘思. 专利默示许可制度研究 [D]. 石家庄：河北经贸大学，2019：22－24.

❸ 李闯豪. 专利默示许可制度研究 [M]. 北京：知识产权出版社，2020：313－314.

展开研究。

（2）研究成果较为简陋

对于一般理论问题研究多，对于具体实际问题探讨少，难以为司法实践提供直接可用的裁判规则。对于像专利默示许可的许可种类、许可期限、许可费用的支付等具体操作层面的问题研究不多，研究成果对于司法实践的指导价值有待提升。法学的实践性决定了法学研究应当以满足司法需求为依归。借鉴国外的相关司法实践经验，以我国专利默示许可实践为主要考察对象，总结出有关专利默示许可适用的具体规则，实为专利默示许可学理研究的任务所在。

（3）研究对象重外轻内

对于国外的理论学说和司法实践研究比较深入，对于国内的理论动向、特别是新近的司法案例研究还比较粗浅，研究成果显得不够接地气。大多数现有研究成果都建立在对国外特别是美国司法实践考察的基础之上，对我国有关专利默示许可的司法实践虽有涉猎但是研究的深度远远不够。一国的法律制度是一个有机联系的整体，我国的知识产权法律制度有自己的话语系统，其他国家的专利默示许可的规则能够适应它们的专利系统，但是简单嫁接过来可能会与我国的知识产权制度产生排异反应，未必能达到理想的效果。我们还是应当以中国的知识产权制度特别是专利制度为依据，在现有制度体系范围内，针对新近的默示许可司法实践，深入研究专利默示许可制度的适用和建构问题。

（二）国外研究综述

1. 研究成果综述

专利默示许可在国外特别是在英美法上已经成为一项较为成熟的制度，学术研究成果比较丰富，相关理论研究主要从四个方面展开。

（1）关于专利默示许可内涵和性质的研究

美国联邦最高法院在 1927 年的 *De Forest* 案中率先阐释了专利默示许可的概念，并将其法律性质界定为一种合同行为。"在（专利默示许可）任何诉讼中，必须认定该双方之间的关系是具有合同性质的，而非对专利权人权利的非法侵犯。"❶ 美国学者 Gregory M. Luck（1997 年）、Brenda M. Simon（2011 年）、Janice M. Mueller（2013 年）结合具体案例和合同法上的默示条款理论，深入论证了专利默示许可的合同性质。Gregory M. Luck 认为，知识产权并不能成为权利人逃避其在一定合同关系中所应承担的法律义务的借口，专利默示许可的被许可人享有的专利实施权具有合同上的依据，专利默示许可的成立不能超越合同有效成立的必要限度，专利使用人单方的愿望并不能使默示许可成立。❷ Brenda M. Simon 认为，默示许可作为准合同的一种，其认定需考虑在交易中合同双方的信赖和期望。❸ Janice M. Mueller 认为，许可就是专利权人和被许可人之间签订的协议或契约，从而专利权人不会针对被许可人本会构成侵权的行为提起诉讼，专利许可可以是明示的或默示的。❹

（2）关于专利默示许可理论基础的研究

美国学者 Rachel C. Hughey（2003 年）、Christian H. Nadan（2009 年）认为，专利默示许可的制度目的在于保护专利使用人的信赖利益，其法理基础为合同法上的默许、行为和禁反言理论。

---

❶ *De Forest Radio Tel. Co. v. United States*, 273 U. S. 236（1927）.

❷ LUCK G M. The implied license: an evolving defense to patent infringement [J]. IPL newsletter, 1997, 16（1）: 3 – 5, 28 – 30.

❸ SIMON B M. Patent cover – up [J]. Houston law review, 2011, 47（5）: 1299 – 1356.

❹ 穆勒. 专利法: 第 3 版 [M]. 沈超, 李华, 吴晓辉, 等, 译. 北京: 知识产权出版社, 2013: 379.

Rachel C. Hughey 认为，专利默示许可逐渐发展成为事实合同的一种形式，衡平禁反言和法律禁反言是被引用最多的用于证成专利默示许可的理论。❶ Christian H. Nadan 根据专利默示许可的发生情形，将其理论基础归结为法律禁反言、衡平禁反言、行为和默许四种。❷ 德国学者克拉瑟（2016）认为，专利默示许可的理论基础是诚实信用原则，基于诚实信用原则和交易习惯对相关合同进行解释，可以得出默示许可是否能够成立的结论。克拉瑟以只能用于实施专利方法之专用设备的销售为例进行了说明，认为："专利权人或有授权的被许可人应该给予设备的获得者所需要的以该设备实施的方法的使用许可。如果合同没有明示的约定，那么可以基于合同诚实信用以及交易习惯的解释得出，许可应该被认为已经被授予，或者至少提供方有义务容忍使用专利程序。因此，购买者允许使用该设备来实施专利方法，如果使用专利方法是供货合同的目的，但如果不使用专利方法，则设备无法合理使用，那么也允许使用。"❸

（3）关于专利默示许可适用范围的研究

美国学者 Mark A. Lemley（2002 年）、Amber H. Rovner（2004年）、日本学者田村善之（2005 年）结合各自国家的司法案例和合同法上的默示条款理论，归纳了专利默示许可的典型情形和适用专利默示许可的一般条件。Mark A. Lemley 重点探讨了专利默示许可对于规制标准必要专利的工具价值，认为针对专利权人的侵

❶ HUGHEY R C. Implied licenses by legal estoppel ［J］. Albany law journal of science & technology, 2003, 53（14）: 53 – 80.

❷ NADAN C H. Closing the loophole: open source licensing & the implied patent license ［J］. Computer & Internet lawyer, 2009, 26（8）: 1 – 6.

❸ 克拉瑟. 专利法: 第 6 版: 德国专利和实用新型法、欧洲和国际专利法 ［M］. 单晓光, 张韬略, 于馨淼, 等, 译. 北京: 知识产权出版社, 2016: 991.

权指控，对于专利权人已经对相关专利进行披露且承诺进行合理无歧视许可的情形，被控侵权人应选用默示许可原则进行抗辩，对默示许可理论的运用有助于减少标准专利权人的机会主义行为。❶ Amber H. Rovner 认为，尽管默示许可更难援引，也更容易抗辩，但它们也有更广泛的潜在应用，不仅涵盖专利方法权利要求，还包括基于专利方法或组合的组件销售的组合权利要求。❷ 田村善之认为，默示许可与权利用尽理论的适用范围不同，在专利权用尽的情况下，专利权人即使行使反对的意思表示，也不会妨碍用尽效果的发生，与此不同的是，在默示许可当中，专利权人如果明确地行使反对的意思表示，至少从理论上看，默示许可就不能够再被适用。❸

（4）关于专利默示许可具体内容的研究

有关专利默示许可的期限、费用和权利内容等操作细节的研究，国外学者着墨较多。美国学者 Amber L. Hatfield（2000 年）、Paul R. Juhasz（2003 年）、Jay Dratler，Jr.（2003 年）根据合同法和专利法相关理论，结合司法实例，详细讨论了不同情形下专利默示许可的期限长短、费用支付和权利内容等操作细节和法院的裁判规则。Amber L. Hatfield 认为，即使默示许可能够成立，专利使用人也仅仅获得了一个基于特定产品的有限侵权豁免，而不是可以不受限制地实施他人专利的权利，比如，默示许可在时间上

❶ LEMLEY M A. Intellectual property rights and standard – setting organizations［J］. California law review，2002，90（6）：1889–1980.

❷ ROVNER A H. Practical guide to application of（or defense against）product – based infringement immunities under the doctrines of patent exhaustion and implied license ［J］. Texas intellectual property law journal，2004，12（2）：228–286.

❸ 田村善之. 修理、零部件的更换与专利侵权的判断［EB/OL］.（2011–07–27）［2022–03–10］. https：//www. lawtime. cn/info/zhuanli/zhuanlifalunwen/2011072 773119. html.

仅及于产品的寿命期，而非专利的整个有效期限。❶ Paul R. Juhasz 认为，在确定默示许可的权利范围时，法院将参考销售所适用的协议，如果销售是由专利权人进行的，则将仔细审查销售条款，如果销售是根据许可协议进行的，则将仔细审查许可和销售的条款，许可权的范围仅限于允许购买者使用所购产品所需的范围。❷ Jay Dratler, Jr. 认为，如果没有特殊情况，在经由产品的专利权人授权的某一地方购买产品构件，则从而产生了将其用于制造该产品的默示许可，但该默示许可不应包括在未经授权的其他地方购买的相同的产品构件，否则，它将严重破坏间接侵权原则。❸

2. 研究成果评析

与国内学者相关研究成果比较而言，国外学者对于专利默示许可制度的研究呈现两个方面的特点：

（1）基于专利法与合同法的双重视角

将专利默示许可制度与合同法上的默示条款制度相结合，利用合同法的理论和方法来研究专利默示许可制度。正如丹宁法官所言：应该回到早些时候那种正确的暗含（默示）条款理论即法律上的暗含（默示）条款理论上来，只要是为了做到合理，为了在双方间维持公平和正义，法院就可以归结出或硬加上一项条款。❹ 合同法理论的丰富性和合同制度的成熟性，保证了专利默示

❶ HATFLELD A L. Patent exhaustion, implied licenses, and have – made rights: gold mines or mine fields? [J]. Computer law review and technology journal, 2000 (1): 1 – 59.
❷ JUHASZ P R. Patent exhaustion, implied license and the strategic use of nonasserts in agreements [R]. Washington, D. C.: AIPLA Annual Meeting, 2003.
❸ 德雷特勒. 知识产权许可：上 [M]. 王春燕，等，译. 北京：清华大学出版社，2003：200.
❹ 丹宁. 法律的训诫 [M]. 杨百揆，刘庸安，丁健，译. 北京：法律出版社，2011：47.

许可制度在合同法框架下的可操作性。美国学者对专利默示许可的理论研究始终紧扣美国联邦最高法院在 *De Forest* 案中对于专利默示许可的合同行为定性，以合同法理论为据处理专利默示许可。美国法院和美国学者一致将专利默示许可的理论基础归结为合同法上的禁反言理论，而不是专利法上的什么理论。关于专利默示许可的成立条件，也是遵循合同关系思路。美国学者 Luck 就此总结道："一项专利默示许可，无论如何，绝对不能超越使合同有效成立的必要限度。"❶

（2）以满足司法实践需要为基本面向

结合实际案例讨论专利默示许可的适用范围和具体内容，厘清典型案例中关键法律术语的含义和裁判规则的适用范围，为司法实践提供了清晰和具可操作性的具体指引。国外特别是美国有关专利默示许可的研究以案例为基础，紧扣司法实践，且并非众口一词、千篇一律，而是从不同侧面、不同切入点对专利默示许可进行剖析，全方位、多角度地将专利默示许可涉及的相关问题呈现出来。❷ 客观地说，国外学者对专利默示许可一般理论的研究并不是特别多，他们关注的重点是专利默示许可的司法实践，工作的重心是对司法案例中所提出的专利默示许可规则的归纳总结，实务色彩极其浓厚。这种研究进路在很大程度上取决于专利默示许可自身的性质，即专利默示许可案件千差万别，专利默示许可的成立高度取决于案件的具体情况。美国学者德雷特勒就此精辟地总结道："并没有简单的公式，可以决定何时发生默示的专利许可，而且，一般原则也过于模糊，因而在对一些相近的案件作出

---

❶ LUCK G M. The implied license: an evolving defense to patent infringement [J]. IPL newsletter, 1997, 16 (1): 3 – 5, 28 – 30.

❷ 陈瑜. 专利默示许可研究 [D]. 重庆：西南政法大学，2017：6.

判决时无甚大用。"❶

（三）国内外研究趋势

通过梳理有关专利默示许可的国内外研究文献，可以发现相关研究呈现如下两个方面的趋势。

1. 从单一的专利法视角向专利法与合同法的共同视角过渡

专利默示许可虽是专利法上的制度，但与合同法存在紧密的关联。专利法的视角旨在侵权防范和损害救济，合同法的视角则关注技术的运用和财富的增值。在专利默示许可的早期文献中，多从专利法特别是专利侵权抗辩的视角研究专利默示许可，将专利默示许可视为专利制度的组成部分。新近的研究文献更多地关注从合同的视角观察专利默示许可，将专利默示许可视为合同制度的组成部分，注重运用合同法理论研究专利默示许可的具体问题。从合同法辅之以专利法的双重视角研究默示许可逐渐成为学术研究的趋势。

2. 从抽象的基础理论研究向具体的法律适用规则研究过渡

学术研究应当服务于司法实践。在较早的学术文献中，学者们将主要关注点投射到专利默示许可的基础理论上，着重思考专利默示许可制度与一般法学理论之间的关系。在新近的研究文献中，学者们更加关注对专利默示许可的典型情形和具体裁判规则的研究，注重通过以案释法的方式阐释专利默示许可的类型、范围、期限和对价等具体法律适用问题，同时还对默示许可与相关制度的关系展开了深入研究。我国学者还将较多精力投入专利默示许可成文法规则的设计上，以期为专利默示许可制度的立法建

---

❶ 德雷特勒. 知识产权许可：上［M］. 王春燕，等，译. 北京：清华大学出版社，2003：184.

构和司法实践提供直接的学理支持。

三、研究方法与思路

（一）研究方法

古人云："工欲善其事，必先利其器"，大概要说的意思就是工作方法之于工作成效的重要性。一个特定问题的解决或者一定的意图和目的的实现，必定依赖于一定的方法；反过来，方法的选择又经常影响着问题解决的效果以及意图和目的实现的程度。❶所以，研究方法的选择对于科学研究的顺利开展具有重要意义。立基于法学研究的一般方法，结合本文研究对象和研究内容的需要，特选取以下方法作为研究工具。

1. 案例分析法

美国法学巨擘霍姆斯氏尝言，法律的生命在于经验而非逻辑。❷现实生活中鲜活的案例就是法学研究最好的素材——从终极意义上来讲，法律规则均来源于法律个案所提供的实践性。理解规则离不开产生规则的案例，发展规则同样离不开新的案例的发生。"问渠那得清如许，为有源头活水来"，生活中的实际案例特别是那些疑难案例的出现，为法律规则的生成和发展提供了机遇和动力，使法律能保持一种不断推陈出新的进步性。专利默示许可的法律规则都是在大量司法个案累积和总结的基础上形成的，而其中有不少堪称里程碑式的案件和裁判意见，它们已经成为理解今天专利默示许可制度的一把金钥匙。笔者在本书中将选取与专利默示许可有直接关联或者一定牵连的实际案例，来认识、分

---

❶ 夏正林. 论规范分析方法与法学研究方法［M］//葛洪义. 法律方法与法律思维：第 7 辑. 北京：法律出版社，2011：199 - 206.

❷ HOLMES JR O W: The common law［M］. Boston：Little Brown，1963：5.

析和评价现有的默示许可理论，并在案例所提供的经验的基础上预测专利默示许可的未来愿景。笔者在案例选取上兼顾不同法系、不同国家和不同历史时期的典型案例，在案例使用上重视案例提出的实际问题，更重视法官作出的创造性的裁判意见及其论证过程，力争从中汲取更为丰富和全面的实践经验。

2. 概念分析法

法学研究的重要对象之一即为法律规范，而法律规范是通过法律语言来表现的，概念又是语言的基本单位，因此，理解法律规范的含义离不开对规范所用概念的分析和把握，所以概念分析法是一种重要的法学研究方法。所谓概念分析是指："运用逻辑方法以图澄清概念或者观念的意义的活动。"❶ 概念分析的目的是揭示组成一个概念的各种要素以及这些要素的具体联系方式，当然，它也试图陈述某些概念之间的关系以及某些给定概念之运用的充分必要条件。"专利默示许可"是本书论述的主题和研究的对象，不同国家的法律和司法实践对其含义的理解可能存在不同，需要使用概念分析的方法弄清楚其在《专利法》中的确切含义和构成要素。除此之外，还有专利的明示许可、专利权用尽、合同默示条款等一系列与专利默示许可有关联的概念，它们与默示许可一起构成了本书不可或缺的话语环境，弄清楚它们的含义及其与默示许可概念在逻辑上的关系，同样需要使用概念分析的方法。总之，本书的论述涉及大量专业术语，而且这些术语还经常出现在不同国家的法律文献中，被在不同的意义上使用，运用概念分析的方法确切认知这些基本概念，方能保证研究的逻辑同一性。

---

❶　布宁. 西方哲学英汉对照辞典 [M]. 涂纪元，译. 北京：人民出版社，2001：178.

3. 历史分析法

"历史研究之一页当抵逻辑分析之一卷。"❶ 历史研究法对于法学有着特殊的意义，法学比其他任何社会科学都更加倚重于历史提供的教益和滋养，这也是为什么历史法学派能取得如此辉煌的成就并长盛不衰的原因所在。"言必称罗马"，历史分析的方法几乎成了当今中国法律学人不自觉的思维套路。专利法虽然不像民法有着那样悠久的历史，但至今也有了几百年的积淀。深入分析专利默示许可在每一个历史分期中的存在样态，总结其历史嬗变的规律性，对于深刻理解和正确评价目前流行的专利默示许可理论具有十分重要的意义。从历史上看，专利默示许可在适用条件、价值目标和内容形式上，都呈现出了比较清晰的规律性。基于历史分析法的基本理念，笔者也清楚地认识到，本书所有的研究结论和成果均受制于现阶段的历史环境，所以其可靠性是有历史局限性的，也许会对一个较短的未来实践有一定的借鉴意义，但绝不可能获得超越历史阶段的适用性和生命力。一切法律均处于一定的时间结构之中，没有任何一种法律是无时间（适用一切时代）的。❷ 那种试图根据一个历史阶段的有限经验得出"放之四海而皆准"的真理的想法，是不切实际的。

4. 价值分析法

法的价值问题是法理学最根本的问题之一，它涉及人们对法律制度的期待以及对法律的目的、正当性和理想图景的思考。❸ 法律表达了实然和应然之间的差距，法律规范体现的是一种理想、

---

❶ 英文原文表述为 "A page of history is worth a volume of logic"，来源于 *New York Trust Co. v. Eisner*，256 U. S. 345，349（1921）.

❷ 舒国滢. 法哲学沉思录 [M]. 北京：北京大学出版社，2010：293, 297.

❸ 张文显. 法理学 [M]. 5 版. 北京：高等教育出版社、北京大学出版社，2018：309.

027 绪 论 | 027

一种诉求、一种改造现实的冲力，而绝非现实本身。法律与现实的差别在于法律规则构成的规范秩序较为完整地实现了法律价值目标的基本要求，而现实生活则一般与法律价值目标的要求相去较远，所以法律规则对于现实生活有着指导意义，指导现实生活不断地向法律设定的价值目标迈进。法律的价值问题是法学无可回避的话题，"在法律史的各个经典时期，无论在古代或者近代世界里，对价值准则的论证、批判或合乎逻辑的使用，都曾是法学家们的主要活动。"❶ 专利默示许可制度是一种法律规则体系，本身并不是一种价值或目的，但是这一规则背后隐藏着深厚的价值理念和价值目标。每一个法律规范的背后都有某种特定的价值判断在发挥着作用。❷ "专利默示许可属于一项专利法原则，该原则的存在必然具有一定的法理基础，通过对其法理基础的分析论证，能够明确该原则在法理上的正当与否。"❸ 对专利权人垄断权的保护与对相对人信赖利益的保护，是专利默示许可的两大价值目标。深入分析和把握专利默示许可规则背后的价值目标，对于思考、评价和完善专利默示许可制度具有十分重要的意义。

5. 比较分析法

歌德说："不知他国语言者，对自己的语言必定也一无所知。"诺瓦里斯说："一切认识、知识均可溯源于比较。"这两句名人名言大概是在讲述比较方法和比较本身的重要性。一切法学研究，只有在了解了他国相关法律制度后，才有可能正确理解和评价本国的法律制度。虽然笔者研究专利默示许可理论的目的是改进中国的专利立法和实践，但在提出改进意见之前首先要发现其中存

---

❶ 庞德. 通过法律的社会控制［M］. 沈宗灵，译. 北京：商务印书馆，1984：55.
❷ 陈瑞华. 论法学研究方法［M］. 北京：法律出版社，2017：41.
❸ 李闯豪. 专利默示许可制度研究［M］. 北京：知识产权出版社，2020：41.

在的问题，改进方案的设计还需要一个蓝本，而能够解决这两个问题的不是中国专利法自身，而是国外特别是发达国家的专利立法和实践。笔者在本书的研究过程中，将充分比较国内与国外、大陆法系与普通法系的专利默示许可立法和实践经验、专利默示许可与专利权用尽等相关制度，从中找出其差异和共性，以为中国专利默示许可理论的完善提供必要的智力支持。比较需要找到比较的基础，而"真正的比较基础是功能与法律政策需要的相似性"。❶ 各国有关专利默示许可的法律规则不尽一致，但其利用默示许可准备达到的目的或者说默示许可所代表的法律政策却是基本一致的，那就是运用专利默示许可区分正当的专利实施行为和违法的专利侵权行为，平衡专利权人垄断权和专利使用人实施权之间的关系。这种功能或者政策上的一致性为比较各国专利默示许可理论提供了基础和可能，而我们研究的目标也就是设置什么样的默示许可规则和标准能更好地实现上述功能和目的。

6. 法经济分析法（法经济学分析法）

法律经济分析的方法在 20 世纪最后 20 年的法学研究中曾经风靡一时，而如今虽其在法学方法论体系中已难以再"独步武林"，但仍不失为"一路诸侯"。经济分析法学家主张运用经济学的观点，特别是微观经济学的观点，分析和评价法律制度及其功能和效果，朝着实现经济效益的目标改革法律制度。❷ "法律不是自给自足的，法律这一上层建筑往往由经济基础决定，而且法律不约而同地朝着有效率的方向变化。"❸ 由波斯纳揭示的这一法律规则

---

❶ 茨威格特，克茨. 比较法总论 [M]. 潘汉典，米健，高鸿钧，等，译. 北京：法律出版社，2004：92.
❷ 张文显. 二十世纪西方法哲学思潮研究 [M]. 北京：法律出版社，2006，168.
❸ 波斯纳. 法律的经济分析：上 [M]. 蒋兆康，译. 北京：中国大百科全书出版社，1997：19.

演变内在的规律性是法经济学方法的理论基础。知识产权法,特别是其中的专利法,由于其法律建构性的特征,从一开始就是以促进经济发展为出发点和归宿的,如何提高知识的生产和运用效率一直都是知识产权法的重中之重。相较于其他法律领域,知识产权法对于法经济学的方法更加倚重,运用起来也显得更加有效。知识产权因其法定性、垄断性和权利取得上的程序性趋向于比物质财产的权利有更大的成本❶,所以知识产权法律制度的建构更依赖于以"成本—收益"为基础的经济分析得出的结论。专利法的标准解释在于它是一种有效方法,使得研究与开发的收益获得了内部化,从而促进了创新和技术进步。❷ 在专利默示许可规则确立的过程中,以更小的制度成本获得更大的经济收益一直是考量的重要因素。实际上,社会成本与社会收益的关系几乎贯穿于美国每一个专利默示许可案件的法律分析之中。到目前为止,我国知识产权法研究对于法律经济分析方法的运用尚未达到自觉的程度,运用的水平也有待提高。笔者在本书的研究中,特别是在对中国专利默示许可制度的评析与重构中,注重运用法经济学分析方法的基本立场。

(二) 研究思路

本书自始至终以合同法与专利法的协调为视角,着眼于有效平衡专利权人的专利权和专利技术使用人的合同权利,从专利默示许可的历史基础、理论基础、性质和类型、要件和内容、制度构建等五个方面层层递进展开研究。

---

❶ 波斯纳 . 法律的经济分析:上 [M]. 蒋兆康,译 . 北京:中国大百科全书出版社,1997:26.

❷ 兰德斯,波斯纳 . 知识产权法的经济结构 [M]. 金海军,译 . 北京:北京大学出版社,2005:374.

1. 专利默示许可的历史演进和嬗变规律

专利默示许可缘起于 19 世纪中期英美判例法，先后经历了与权利用尽同源孕育阶段、走上独立发展道路阶段以及适用对象多元化扩展阶段等三个迭代发展阶段。专利默示许可的历史演进在三个方面呈现出清晰的规律性：适用条件上，始终遵循合同关系的进路，以权利人无明确拒绝许可的意思为限；价值目标上，以利益平衡为基本价值取向，如影随形地制约专利权的过度扩张；内容形式上，许可内容遵循个案原则确定，法律渊源始终保持案例法的本色。掌握专利默示许可发展的历史脉络及其演进规律，是正确理解专利默示许可的性质，准确把握专利默示许可的内容，以及科学设计我国专利默示许可制度的重要基础。

2. 专利默示许可理论基础的评析与重构

在普通法上，根据发生原因的不同，专利默示许可的理论基础分别被归结为衡平禁反言、法律禁反言、行为和默许四项。普通法上的理论学说来源于司法实践，具体实用、体系开放，但统一性较弱。大陆法上关于专利默示许可理论基础的学说主要有意思表示理论、信赖保护理论、利益平衡理论、机会主义理论、事实合同理论五种。大陆法上的理论学说主要是一种学理上的总结，理念性强、统一严整，但实用性较弱。我国专利默示许可理论基础的构建，应当兼采两大法系之所长，形成宏观和微观相互配合的双层理论结构，即宏观上以民法上的诚实信用原则为价值引领，微观上由合同法和专利法的具体理论协同提供法律技术上的支持。

3. 专利默示许可的法律性质和类型重构

专利默示许可是基于专利权人的一定行为和诚实信用原则而成立的非明示的专利许可形态。从法律性质上来讲，专利默示许可是一种真正的合同关系，是一种不侵权抗辩事由，是一种专利实施制度而非权利限制制度。专利默示许可的类型化是认识和规制专利默示许可的基础。目前立法和司法均没有对专利默示许可进行类型划分,学理界的划分标准不一,导致对专利默示许可的规制方法存在较大分歧。笔者基于"专利默示许可为合同关系之一种"的根本认知,基于许可合同关系形成方式的不同,将专利默示许可划分为依附基础合同关系的默示许可和构成独立合同关系的默示许可两种基本类型,其中每种类型又可以被划分为若干子类。

4. 专利默示许可的构成要件和具体内容

权利人与使用人之间存在直接的互动关系,存在专利许可使用对价以及符合诚实信用原则的要求,是所有类型专利默示许可的共同构成要素。专利默示许可合同关系一般包括许可类型、许可范围、许可期限和许可对价等许可合同关系的一般内容。专利默示许可本身的极度复杂性,决定了专利默示许可的具体内容高度取决于其产生的特定情境。专利默示许可的类型、范围、期限和对价均受其据以产生的条件的制约或限制,故虽然呈现出一定的规律性,但是专利默示许可的具体内容最终取决于个案的具体情况。从司法认定程序来讲,专利默示许可的认定主要是一个法律问题,在侵权诉讼中是一种无须主张的抗辩事由,其存在的要件事实应由使用人承担举证责任。

5. 专利默示许可的中国实践和中国方案

21 世纪初专利默示许可案件开始登上我国司法实践的舞台,在法律规则几近一片空白的情况下,我国司法机关开始了对专利默示许可案件审判的探索。由于对专利默示许可认识不足,未能有效协调合同法和专利法的双重需求,简单运用民法上的公平、诚信等抽象原则作为裁判依据,整体来看我国司法机关对专利默示许可案件审判失误较多，但是也积累起一定的经验。相关部门也开始了专利默示许可成文法化的探索。脱离合同关系的进路及过度追求规则的成文化，是当前我国专利默示许可实践中存在的显著缺陷。我国应当建立以民法上的意思理论和专利法上的诚实信用原则为依据和统领，以指导性案例和先例判决为核心和基础，以初审集中管辖机制和统一的上诉审理机制为程序保障的专利默示许可制度运行体系。

第一章

专利默示许可制度的历史基础

美国法学巨擘霍姆斯氏尝言："历史研究之一页，当抵逻辑分析之一卷。"❶ 之于法学研究，历史分析是一种不可或缺的研究方法。欲成功引入一项新的法律制度，必通过对发展史的考察来洞悉其规律性。专利默示许可作为专利法中一项波谲云诡的制度，因应专利实践的需要，近年来在我国开始了立法探索和学术争鸣。现有研究成果主要聚焦国外的学术理论和典型案例，对有关专利默示许可历史进程的考察寥若晨星，对演进规律的总结几近空白。由于对其演进历史及规律性知识有缺失，当下有关专利默示许可的实践运用和学理认知存在两点显著不足：一是将专利默示许可混同于普通侵权抗辩事由，甚至将其等同于专利权用尽；二是试图将其制定为系统的成文规则。将其作为普通侵权抗辩事由，混淆了专利许可与专利侵权之间的根本不同，给专

---

❶ *New York Trust Co. v. Eisner*, 256 U. S. 345, 349 (1921).

利默示许可司法实践带来了混乱。狭义专利法层面的成文化努力，随着《专利法》2020 年的修正而宣告折翼。专利默示许可的司法方法和制度化方案，似乎正由憧憬转入迷茫。历史学才是真正的未来学。重拾专利默示许可的历史研究，深入探究其制度演进中的规律性，结合并反思我们行进中的法律实践，也许能够走出一条摆脱困境的道路。

第一节 专利默示许可的历史演进

专利默示许可的演进是一部完全的判例史。专利默示许可的制度规则由闪耀着司法智慧的判词汇集而成。实用主义面向的普通法系对专利默示许可规则群的建构贡献良多，所以有关专利默示许可的历史研究主要围绕普通法特别是美国法展开。虽然有关专利默示许可的判例体量庞大、种类繁多、历史跨度宽广，但是仍然呈现出较为清晰的发展脉络。专利默示许可的历史分期为揭示其嬗变规律奠定了史料基础。

一、19 世纪中期至末期：与权利用尽同源孕育阶段

这一时期专利默示许可的适用对象与今天的权利用尽❶理论基本重叠，主要用于解决专利权与专利产品首次销售后所有权之间的冲突问题。从专利权客体的角度来看，专利默示许可仅适用于

---

❶ 此处所谓权利用尽即专利权用尽，也称专利权穷竭、首次销售原则，是指专利权人自己或者许可他人制造的专利产品被合法地投放市场后，任何人使用、许诺销售、销售或者进口该产品，不再需要得到专利权人的许可或者授权，且不构成对专利权人的侵害。参见：刘春田. 知识产权法学［M］. 北京：高等教育出版社，2019：133.

具有独立功能的整件产品，尚未延伸到生产工艺、产品零部件或者原材料。今天的权利用尽在当时不过是专利默示许可的一种具体形式，只不过随着历史的推移，专利权用尽因为其适用上的典型性和规则的成文化，逐渐与作为判例法的默示许可分道扬镳。

（一）英国早期判例

英国是世界上最早建立专利制度的国家之一，专利法上的主要制度多肇始于英国法，早期的专利默示许可案例即从英国发轫。有学者将 1842 年 *Crane v. Price* 案❶视为专利默示许可的起源。❷该案主审法官 Webster 就该案评述到："假定一种产品（如淀粉）涉及一项专利，并且在这个国家里所有的淀粉均为专利淀粉，则该产品的制造和销售受到专利权的控制。但是，从专利权人那里购买了产品的购买者有权将该产品销售，以及按照自己的意愿使用。被售产品的相关专利权归于终结，专利权人无法通过该产品的使用或者存在继续控制该产品。否则在专利权的有效期内，淀粉的每位购买者都不得不与专利权人签订书面的许可合同，显然这是荒谬的。因此，如果任何人通过许可或者购买的方式，合法地获得了受专利保护的产品，那么他就可以以自己喜欢的方式予以使用，而这种使用方式与其他类型财产的使用方式并无不同。"❸但是该案主要是从专利权终止而非专利权人意思的角度阐发裁判意见，主审法官对该案的阐释方式更接近专利权用尽的分析思路，所以对于该案件是否属于默示许可案件存在不同看法。❹

---

❶ *Crane v. Price*, [1842] 1 Webster's Patent Cases 377.

❷ GROSS N. Trade mark exhaustion: the U. K. perspective [J]. European intellectual property review, 2001, 23 (5): 220-226.

❸ 万琦. 专利产品首次销售侵权抗辩研究：以财产权转移理论为研究进路 [M]. 北京：知识产权出版社，2014：69.

❹ 陈瑜. 专利默示许可研究 [D]. 重庆：西南政法大学，2017：53.

在 1864 年的 *Thomas v. Hunt* 案❶中，法院的裁判意见体现了比较清晰的默示许可推理。在该案中，Thomas 作为专利权人拥有一项肥皂制造工艺专利，授权被许可人基于"自身使用和获利"的目的实施该专利。被许可人将采用专利工艺制造的肥皂销售给 Hunt，Hunt 随后转售了这些肥皂。Thomas 以 Hunt 的再销售行为未经其授权为由，提起了专利侵权诉讼。Hunt 认为，Thomas 作为专利权人已经从被许可人所支付的许可费中获得充足对价，如果允许其继续控制产品的后续转售行为，Thomas 将会多重受益并阻碍市场正常流通；被许可人所获得的实施许可中包含了其专利产品买受人继续销售的许可。法庭采纳了 Hunt 的意见。

1871 年的 *Betts v. Willmott* 案❷是一个标志性的案件，该案首次采用默示许可理论处理专利产品的平行进口问题。Betts 在英国和法国拥有一件同族专利，自己在英国制造和销售专利产品，授权被许可人在法国制造和销售专利产品，但是要求被许可人不得将专利产品出口至英国销售。Willmott 从法国被许可人手中采购了专利产品并在英国使用。Betts 起诉 Willmott 侵犯其在英国的专利权。法院认为，除非专利产品的销售者在销售专利产品时已经明确告知购买者有关该产品的使用限制，否则认为购买者获得了任意使用和销售该产品的默示许可。

从英国早期判例可以看出，默示许可主要被用来解决专利产品售后的市场流通问题，与权利用尽制度有异曲同工之妙。这些判例一般被视为默示许可和权利用尽的共同渊源。

---

❶ *Thomas v. Hunt*，［1864］17 CB（NS）183.
❷ *Betts v. Willmott*，［1871］LR 6 Ch. App. 239.

（二）美国早期判例

美国联邦最高法院在 1843 年的 *McClurg v. Kingsland* 案❶中首次提出了默示许可的概念；该案建立了著名的"商店权利原则"❷。该案中，Kingsland 是一位雇主，其雇员 Harley 在受雇期间经多次试验发明了一种新式的滚筒铸造方法。该方法颇为成功，Kingsland 在发明完成后随即采用并为此而提高了 Harley 的薪水。Harley 建议 Kingsland 就该发明申请专利并向其购买该专利，但是遭到 Kingsland 的拒绝。后 Harley 受雇于 McClurg，Harley 自行就该发明申获专利权并将其转让给 McClurg。McClurg 以 Kingsland 的实施行为未获其授权为由提起了专利侵权诉讼。美国联邦最高法院认为，根据衡平法上的禁反言原则，Kingsland 的使用行为未遭到 Harley 的反对，说明 Harley 已经授予了 Kingsland 实施该专利技术的默示许可，McClurg 作为该专利技术的受让人应当承受该法律后果。该案首次提出了专利默示许可的概念。

1873 年发生的 *Adams v. Burke* 案❸，是美国专利法史上第一件使用默示许可理论解决专利产品购买人权利范围问题的案件，被学者们公认为美国专利默示许可制度的真正起源。1863 年，Merrill & Horner 获得了一项棺材盖改进发明的产品专利。1865 年，Merrill & Horner 将其专利权分别转让给 Lockhart & Seelye 和 Adams，其中 Lockhart & Seelye 的权利范围在以波士顿市为中心、以 10 英里为半径的范围内，Adams 受让的权利范围在 Lockhart & Seelye 权利范围之外。被告 Burke 从 Lockhart & Seelye 处购买了该

---

❶ *McClurg v. Kingsland*，42 U. S. 202（1843）.

❷ 陈健. 知识产权默示许可理论研究［J］. 暨南学报（哲学社会科学版），2016，38（10）：82－93.

❸ *Adams v. Burke*，84 U. S.（17 Wall.）453，456－457（1873）.

棺材盖，并在距离波士顿 17 英里的 Natick 镇将其用于殡葬商业服务。Adams 认为，在波士顿 10 英里外的地域范围内制造、使用和销售专利棺材盖是自己的专有权利，Burke 的行为落入了自己的专利权范围内，遂以 Burke 为被告提出专利侵权诉讼。法院认为，虽然 Lockhart & Seelye 所受让的制造、使用和销售该专利产品的权利存在地域限制，但是 Burke 作为该专利产品的购买人并不受到上述限制，Burke 在购买该专利产品后获得了在任意地域范围内使用该产品的默示许可。法院据此驳回了 Adams 的诉讼请求。

在将该案作为先例援引的另一起案件中，美国联邦最高法院解释了 Adams 案件的法律意义：从销售权受区域限制的被许可人处购买专利物品的人，有权在美国的所有和任何地方使用和销售这些物品；在专利使用费已经被支付给专利权人的情况下，专利物品即成为买方的绝对、不受限制的财产，并且买方有权将其像一般所有权物品那样进行出售。❶ 有学者就此类案件评价道，购买者自由使用与转售专利产品的权利，来源于"已存在于当事人心中、但没有通过书面或其他形式来反映当事人内在的主观意图的条款"，即源于购销合同所产生的默示许可。❷ 可以看出，法院实际上是基于权利用尽的思想来处理专利产品售后的使用权限问题，但是采用的说辞却是合同法上的默示许可理论，体现了权利用尽与默示许可在早期专利法上的内在联系。

二、20 世纪初至 70 年代末：走上独立发展道路阶段

进入 20 世纪之后，随着美国专利实践的丰富，专利默示许可

---

❶ *Keeler v. Standard Folding Bed Co.*，157 U. S. 659，664（1895）.

❷ 董美根. 专利许可合同的构造：判例、规则及中国的展望［M］. 上海：上海人民出版社，2012：117.

又有了显著的进步。在这一阶段，专利默示许可逐步与权利用尽分道扬镳，摸索出了一条独立发展的道路，找到了自己特有的调整对象和适用范围。这种发展主要体现在三种情形，一是在与专利产品销售无涉的情况下，根据专利权人与专利技术使用人之间的交往关系认定默示许可的存在；二是在专利权人销售专利专用产品的情况下，根据专利权人的相关行为认定购买者获得实施专利权人相关专利的默示许可；三是在经专利权人授权对已有设备改进的情况下，设备所有人获得了实施专利权人相关产品的默示许可。这些情形是专利权用尽理论所无力涵盖的，显现出了专利默示许可制度的独立价值。通过这一时期判例法的发展，专利默示许可真正成长为一项独立的专利制度。

（一）基于交往关系的默示许可

1927 年美国联邦最高法院审理的 *De Forest Radio Tel. Co. v. United States* 案❶，在专利默示许可制度发展史上是一个里程碑式的案件。该案件不仅展现了默示许可脱离权利用尽的独立发展，而且第一次清晰地阐明了默示许可的法律性质。在该案中，De Forest 是案涉电子管专利的专利权人，其与美国电话电报公司（AT&T）签订了专利交叉许可协议，且双方均可就对方的专利发放分许可。后美国政府致信 AT&T 称，由于战事需要，美国政府需紧急获得大量专利电子管，希望其能够允许美国政府供应商通用电气公司使用案涉专利技术。AT&T 回函同意了美国政府的请求，明确表示不会干涉美国政府的委托生产活动，但是同时表示保留所有专利权利以及因为专利权被使用可能产生的一切权利主张，该等权利主张交由美国政府随后进行调查和解决。为了协助

---

❶ *De Forest Radio Tel. Co. v. United States*，273 U. S. 236（1927）.

美国政府的委托生产活动，AT&T 向通用电气公司提供了生产所需的信息、图纸和蓝图，并允许美国政府和通用电气公司的代表和专家实地参观和学习 AT&T 的生产流程。De Forest 知悉上述情况后，以美国政府未获正式授权为由提起了专利侵权诉讼。在庭审中，原、被告双方争议的焦点是 AT&T 的行为是否构成了对美国政府使用专利的许可。美国联邦最高法院经审理认为，并非只有正式的授权行为才能成立许可，根据专利权人所使用的任何语言或采取的任何行为，只要他人可以正当地推定专利权人已经表达了许可的意思，就可以成立专利许可；至于是否需要交纳许可费，则取决于当时的具体情况，但是无论如何在这种情况下，当事人之间的关系都是一种真正的合同而非侵权关系。最后，美国联邦最高法院的结论是，该案中 AT&T 的回函以及协助生产行为已经清楚地表明，AT&T 已经默示许可美国政府使用案涉专利，只不过将专利使用费问题留待之后解决。

1968 年美国索赔法院（the Court of Claims）审理的 *AMP, Inc. v. United States* 案❶是这方面的一个经典案例。AMP 公司与美国政府在 1950 年签订了一项研发合同，合同约定由 AMP 公司为美国军方开发和供应一种连接电线用的压接工具。合同条款规定，对 AMP 公司在执行合同过程中完成的任何发明、改进或者是发现，不论这些技术是否具有可专利性，美国政府都有权自行实施或者委托他人实施，且可以发放分许可。后 AMP 公司开发出了这种工具，1952 年 8 月为其申请了专利，并于 1955 年获得了专利授权。该专利以其研发人员的名字被命名为"Byrem 专利"。根据合同的约定，美国政府发布了为军方制造该种压接工具的招标公告

❶ *AMP*, *Inc. v. United States*, 389 F. 2d 448（Ct. Cl. 1968）.

并且接受了其他公司的投标。美国政府委托中标公司为美国军方制造了大约 26,000 件此类工具，并向受委托方支付了报酬。在 AMP 公司与美国政府的合同履行行将终结的时候，AMP 公司发现其他公司有一件 1946 年申请、1952 年授权的专利（"Vinson Patent"）专利覆盖了 AMP 公司为美国政府研发的技术。1953 年 AMP 公司与美国政府的合同履行终结后，AMP 公司即从其他公司处受让了"Vinson Patent"。AMP 公司遂起诉美国政府侵犯了其在后受让的、早先存在的"Vinson Patent"专利。美国政府辩称，如果是"Vinson Patent"专利仍在第三人手中并由第三人提起诉讼，美国政府可能构成专利侵权，但是由于美国政府早先与 AMP 公司之间有许可使用协议，美国政府获得了实施其"Vinson Patent"专利的默示许可。法院支持了美国政府的立场，认为基于法律上禁反言原则，美国政府获得了实施"Vinson Patent"专利的默示许可。法院还特别强调，根据美国政府与 AMP 公司之间的协议，美国政府获得的是实施 AMP 公司所开发的特定技术的权利，而不限于某项专利权。❶ 法院认为，任何人不能通过后来的行为减损其已经授予他人的权利；根据美国政府与 AMP 公司的协议，美国政府有权利使用 AMP 公司所开发的技术，而不论该技术为 AMP 公司的哪项专利所覆盖，基于法律上的禁反言原则，美国政府获得了使用 AMP 公司所受让的"Vinson Patent"专利的默示许可。

（二）基于专用品销售的默示许可

1942 年发生的 *United States v. Univis Lens Co.* 案❷，是基于专利专用品销售成立对相关专利默示许可的一件重要案例。与其他

---

❶ HUGHEY R C. Implied licenses by legal estoppel [J]. Albany law journal of science & technology, 2003, 53 (14): 59-62.

❷ *United States v. Univis Lens Co.* , 316 U. S. 241, 53 U. S. P. Q. (1942).

案件不同，该案并不是一件专利侵权诉讼，而是因为专利权滥用所产生的一起反垄断案件，所以该案的原告是美国政府。不过法院在裁判理由部分使用专利默示许可理论作为裁判的基础，并通过该案明确了专利默示许可与反垄断之间的关系问题，所以其同样可以被视为专利默示许可案件。该案的梗概如下。

Univis 就某种眼睛镜片拥有一件包含多项权利要求的产品专利，但是 Univis 并不直接生产这些专利产品，而仅生产用于制造最终专利产品的镜片毛坯。Univis 将镜片毛坯销售给批发商和零售商，再由批发商和零售商将毛坯加工成专利产品并销售给消费者。Univis 与批发商和零售商签订有特许经营协议，协议的核心内容是 Univis 以所持有的专利权为据控制批发商和零售商的终端售价。因为如果没有 Univis 的授权，批发商和零售商完成工艺最后一步所生产出的产品将会侵犯 Univis 的专利权。Univis 通过这种方法在当地实现了约 50% 的市场占有率。美国政府认为 Univis 凭借专利权通过特许经营协议控制终端销售价格的行为，超出了专利权的合理控制范围，构成了市场垄断行为，遂根据《谢尔曼法》（*Sherman Act*）的规定请求法院向 Univis 颁发禁制令。法院经审理认为，由于镜片毛坯除了被加工成专利镜片外没有其他用途，所以批发商和零售商作为镜片毛坯的购买人获得了将其加工成专利产品的默示许可，Univis 在将镜片毛坯所有权转移给批发商和零售商之后即用尽了其专利权，而不论这些产品是全部还是部分地体现了专利技术方案；Univis 已经通过销售价格实现了专利法给予专利权人的报偿，所以其对所出售产品的专利垄断权已经耗尽，在这种情况下继续通过特许经营协议控制产品销售将会构成《谢尔曼法》所禁止的垄断行为。该案件第一次阐明了在所销售产品并非专利产品的情况下，认定所售产品对相关专利成立默示许可的基本规则，所以在此后的类似案件中被广泛引证。

　　只有深入了解默示许可正反两个方面的案例，才能准确把握默示许可的适用范围。下面通过默示许可抗辩未被采信的两件案例，进一步明确默示许可适用的边界。1950 年的 *Hunt v. Armour &* *Co.* 案❶，是一件有关 "拔鸡毛机"（Chicken Plucking Machine）的著名案例。原告 Hunt 拥有一件包含多项权利要求的产品发明专利，其中一项权利要求为一款新式 "拔鸡毛机"，另一项权利要求为该 "拔鸡毛机" 的关键部件 "拔鸡毛手指"（Plucking Fingers）。被告从许可来源购买了 "拔鸡毛手指"，并将其用于从非许可来源购买的机器中。原告起诉被告侵犯了其对 "拔鸡毛机" 的专利权。被告 Armour 辩称，通过购买为一项权利要求所涵盖的 "拔鸡毛手指"，他们获得了使用为另一项权利要求所覆盖的 "拔鸡毛机" 的默示许可，因为该 "拔鸡毛手指" 的唯一用途就是用在 "拔鸡毛机" 上。法院审理后认为，专利权的每一项权利要求都赋予专利权人以专有权，一个人拥有使用为一项权利要求所覆盖的某种装置的默示许可这一事实，在该装置与其他装置能够组合形成另一项权利要求所覆盖的组合物专利的情况下，并不能推导出其拥有使用另一项组合物权利要求的默示许可；在该案中，被告本可以将 "拔鸡毛手指" 用作从许可来源购买的 "拔鸡毛机" 的替换部件，所以被告没有使用原告 "拔鸡毛机" 专利的默示许可。1967 年的 *Stukenborg v. United States* 案❷ 沿袭了该裁判思路。原告 Stukenborg 拥有一项飞机上使用的由多部件组成的 "螺丝扣锁"（turnbuckle lock）产品发明专利。被告从许可来源购买了 "螺丝扣

---

❶　*Hunt v. Armour & Co.*，185 F. 2d 722（7ᵗʰ Cir. 1950）.
❷　*Stukenborg v. United States*，372 F. 2d 498（Ct. CL. 1967）.

锁"的构件之一——一种夹子，从非许可来源渠道购买了其他构件，然后将它们组装成了为原告专利所覆盖的"螺丝扣锁"并用在飞机上。原告起诉被告专利侵权。被告认为，其拥有自行组装"螺丝扣锁"产品的默示许可，其理由是：由于其从许可来源购买了夹子，并且夹子的唯一用途是用来组装"螺丝扣锁"，因此其获得了使用所述组件的默示许可，即使构成完整组件的其他部件是从非许可来源购买的。法院经审理认为，被告关于从许可来源购买的夹子的唯一用途是组装成"螺丝扣锁"专利产品的抗辩并没有说服力，在其他构件系被告从非许可来源购买的条件下，被告没有获得使用"螺丝扣锁"专利的默示许可。从这两个认定默示许可不存在的案例中我们可以看出，并非只要专利权人所出售的零部件只能被用于组装为专利产品，购买人在购买后就当然获得了将其组装为专利产品的默示许可，因为这些零部件完全可以作为从许可来源渠道购买的专利产品的替换部件使用——当然这需要一个暗含的前提条件，即专利权人同时出售完整的专利产品，而非仅出售产品构件。

（三）基于授权改进的默示许可

可能产生默示许可的另一种常见情形是对设备的改进，而该改进设备构成某种产品专利或者可被用于实施某种专利方法。如果专利权人或者经由专利权人授权的人改进由非许可合同当事人——诸如在首次销售后的购买人——占有的设备，意在使该设备能够实施由另一独立产品专利的权利要求所覆盖的功能，或者意在实施另一独立专利方法，那么默示许可可能产生。在这两种情况下，如果设备所有人明知该改进是经过专利权人授权的，就产生了一种使用改进后的机器的默示许可。前者如专利权人对他人所有的另一种机器进行改装，以使之能够与受专利保护的机器一样生产相同的篮子，通过这种手段，专利权人授予他人"默示许可，可以为制造具有该特征的篮子而使用已经通过上述装备的机器，并且可以使用作为该机器功能的方法或工艺。"❶ 后者如专利权人出于实施专利与允许第三人免费使用其专利方法之目的而重制第三人的机器，构成使用专利方法的默示许可，因此引用与被告达成的书面协议中的最惠被许可人条款，而该被告是需支付使用费的被许可人。❷但是，这种默示许可要求专利权人直接参与改进或者授权他人改进。因此，单纯修理或返还在此前已由当事人改进的机器，而由该当事人在事后主张默示许可，是没有充分理由的，至少在该当事人意识到存在专利保护的情况下如此。❸

美国联邦最高法院审理的 *Baker-Cammack Hosiery Mills*，*Inc. v. Davis Co.* 案，是默示许可抗辩被驳回的典型案例。一审原告 Davis 公司组建于 1946 年，专门为其受益人管理专利事务，其受益人包括美国最大的针织品编织机器制造商 Williams & Scott 公司，在亚拉巴马州拥有和运营许多针织品工厂的 Davis 公司（W. B. Davis & Son 公司），以及当时全球最大的男袜制造商 Interwoven Stocking 公司。一审被告有 Baker-Cammack 针织厂和 Baker-Mebane 针织厂，但被告和抗辩都由针织品调查委员会资助，该委员会是由北卡罗来纳州和其他 14 个州的 100 多家针织厂组建的，目的是调查该行业的专利效力并提供诉讼抗辩的支持。该案直接和间接涉及的制造商超过了 180 多家。无缝针织行业最重要的改变来自 Davis 公司的第 2306246 号专利，由 Robert E. Davis 于 1935 年申请，1942 年

---

❶❷ *St. Joseph Iron Works v. Farmers Manufacturing Co.*，106 F. 2d 294，296（4th Cir. 1939）.

❸ 德雷特勒. 知识产权许可：上 [M]. 王春燕，等，译. 北京：清华大学出版社，2003：203-204.

获授权。该专利获授权后出现了与专利效力相关的争议和冲突程序，例如在 1944 年澳大利亚的 *Davis & Son v. Woolworth* 案中，澳大利亚法院否定了该专利的效力。在前述专利后又出现了若干关联的发明，例如属于改进发明的 Getaz 四项专利、Gastrich 专利等。在 1946 年，15 项专利被转让给了 Davis 公司，其中 6 项专利涉案。根据协议，Davis 公司应将许可收益和侵权赔偿依照确定的比例，分给 Williams & Scott 公司、W. B. Davis & Son 公司和 Interwoven Stocking 公司。Davis 公司在成立后向行业发布通告，指出其持有的一系列发明专利覆盖了平针式的弹性针织领域，要求与相关工厂订立专利许可协议。被告辩称：因为最初权利人的疏忽和默许，原告主张侵权构成禁反言；即在 1935—1936 年，在 Davis 公司成立前，专利权人明知工厂在实施专利权但并没有通告，这鼓励了被告继续投入经营；因为购买 Willams & Scott 公司销售的设备，被告已经获得了制造袜子有关的机器的 5 项专利的默示许可。法院确认涉案专利权有效，并认为从权利人最初告知被告有关专利在申请待决以及授权的信息，以及后来相关的会议和通知，可以确定被告并非不知道原告有主张权利的意思和行为，因此有关疏忽、默示许可的主张不成立❶。

三、20 世纪 80 年代以来：精准化与多元化发展阶段

随着第三次科技革命的深入开展，信息技术、生物技术等高新技术在人类生活中得到广泛运用。新技术的运用导致了利益格局的变动，一系列新的法律问题呈现在人们面前。专利法

---

❶ 参见：*Baker - Cammack Hosiery Mills*, *Inc. v. Davis Co.*, 181, F. 2d 550, 566 - 567 (4th Cir.). 美国联邦最高法院驳回调卷令 340 U. S. 824 (1950).

是与科学技术联系最密切的法律部门之一，技术的迅猛发展呼唤专利法律规则的同步更新，而成文法的滞后性难以满足社会日新月异的变化，以判例法为主要表现形式的专利默示许可再次为人们所青睐并借机迅速扩展了其用武之地，走向多元化发展的新阶段。在专利间接侵权、技术标准化以及生物自体复制技术中的应用，是专利默示许可适用范围扩展的主要表现。同时，在传统的直接侵权中，专利默示许可的判定标准日益精准化，渐趋成熟。

（一）直接侵权中默示许可判定标准的精准化

20 世纪 80 年代之前，虽然专利默示许可在直接侵权中被多次使用，但是构成专利默示许可的具体标准是什么并不是非常清晰。通过对过往审判经验的总结，美国联邦巡回上诉法院（CAFC）在 1984 年审理的 *Bandag, Inc. v. Al Bolser's Tire Stores, Inc.* 案❶中，提出了著名的 Bandag 测试框架，成为直接侵权诉讼中判断产品销售默示许可是否成立的基本法律规范。该案的基本情况如下：

专利权人 Bandag 公司拥有一项关于轮胎翻新方法的专利。Bandag 公司将其生产的实施其轮胎翻新专利方法的专用设备销售给了其特许经销权人 TRI 公司。TRI 公司又将该设备出售给了 Al Bolser's 轮胎店。Al Bolser's 轮胎店遂将该设备用于实施 Bandag 公司的轮胎翻新方法专利，从事轮胎翻新业务。Bandag 公司随后起诉 Al Bolser's 轮胎店侵犯了其轮胎翻新方法专利权。审理该案的联邦地区法院确认，Bandag 公司生产和销售的轮胎翻新设备未为任何产品或者方法专利所覆盖。联邦地区法院认为，由于 Bandag 公司未阻止 TRI 公司将该设备出售给 Al Bolser's 轮胎店，而 Al

---

❶ *Bandag, Inc. v. Al Bolser's Tire Stores, Inc.*, 750 F. 2d 903, 925（Fed. Cir. 1984）.

Bolser's 轮胎店在使用该设备的过程中如要避免侵权就必须对该设备进行一定程度的改装，所以该案的被告 Al Bolser's 轮胎店获得了以最简便的方式使用该设备的默示许可，即其有权将该设备用于实施 Bandag 公司的轮胎翻新方法专利。Bandag 公司不服联邦地区法院的判决，向 CAFC 提起上诉。CAFC 审理后认为，Bandag 公司特许经销权人 TRI 公司向被告 Al Bolser's 轮胎店销售轮胎翻新设备的行为，并没有给买受人 Al Bolser's 轮胎店创设一项实施 Bandag 公司轮胎翻新方法的默示许可。CAFC 认为，针对专利产品而创设的首次销售原则（权利用尽原则）在该案中并不适用，因为该案中 Bandag 公司的专利权指向一种轮胎翻新方法，而不是被告 Al Bolser's 轮胎店所使用的轮胎翻新设备。

CAFC 在该案中为基于产品销售的专利默示许可的成就创设了两项要件，这就是著名的 Bandag 测试框架：第一，所销售的产品不存在非侵权用途；第二，销售的具体情况清楚地表明，可以推断出默示许可的存在。CAFC 认为，被告 Al Bolser's 轮胎店不满足上述任何一个方面。首先，Al Bolser's 轮胎店购买的轮胎翻新设备具有非侵权用途。CAFC 设想，涉案设备的非侵权用途可能包括对该设备进行改装以使其适于实施其他的轮胎翻新方法，及将该设备拆分为备件进行销售。在这两种情况下，将不会侵犯 Bandag 公司的专利权。法庭还认为，应当由被告举证证明涉案设备不存在非侵权用途。其次，Bandag 公司特许经销权人仅仅向被告销售了一件非侵权产品，即使该产品可以被用于实施专利权人的专利方法，也不足以创设一项实施专利权人方法专利的默示许可。法庭认为，购买人单方面的愿望并不能创设默示许可，除非购买人实

施他人专利的行为是由专利权人的行为所直接触发的。❶

（二）默示许可在专利间接侵权中的扩展适用

专利侵权行为被区分为直接侵权行为与间接侵权行为。直接侵权行为通常是指行为人从事诸如制造、使用或销售专利产品等直接侵害专利权的违法行为。间接侵权行为则通常是指行为人没有直接侵害专利权，但是诱使直接侵权行为发生，或者在明知或者应知的情况下为直接侵权行为提供实质性的帮助。❷ 间接侵权包括引诱侵权和帮助侵权两种基本类型。间接侵权的核心要义就在于间接侵权人的行为帮助、鼓励导致了直接侵权的发生，其相关制度的初衷在于给予专利权人充分的保护，使其可以通过追诉间接侵权人而维护其利益。❸ 20 世纪 80 年代之前，专利默示许可基本仅被用于处理专利直接侵权纠纷。20 世纪 80 年代以来，随着专利权保护的加强，间接侵权行为日益为专利权人和法院所关注，间接侵权案件大量涌现。专利间接侵权理论至少在表面上将专利权的保护范围从专利产品扩展到了作为专利产品构成部分的非专利产品（部件），扩大了专利权的效力范围，延伸了专利权在市场竞争中的垄断能力，因此，基于对专利制度设置的目的的考量，专利间接侵权制度的适用须考虑到与公共利益的平衡。❹ 为了有效平衡专利权人和社会公众之间的利益，默示许可在间接侵权纠纷

---

❶ SWOPEM J. Recent developments in patent law: implied license – an emerging threat to contributory infringement protection [J]. Temple law review, 1995, 68 (1): 281 – 306.

❷ 崔国斌. 专利法：原理与案例 [M]. 2 版. 北京：北京大学出版社，2016：579.

❸ 张耕，陈瑜. 美国专利默示许可与间接侵权：冲突中的平衡 [J]. 政法论丛，2016 (5): 69 – 76.

❹ 贾小龙. 专利法需要怎样的"间接侵权"：专利间接侵权若干基本问题探讨 [J]. 电子知识产权，2008 (9): 15 – 18.

中逐渐显现出重要价值。

1986 年的 *Met-Coil Systems Corp. v. Korners Unlimited*，*Inc.* 案❶，是有关间接侵权默示许可抗辩的第一个案例，也是后来被引用最多的案例之一。CAFC 借助该案审视了专利默示许可对于专利权人对实施其专利方法的可消耗性材料的控制能力的影响程度问题。该案中，专利权人 Met-Coil 拥有一项关于连接暖气与空调系统中金属导管区段的装置方法的专利。实施该专利方法时，金属导管区段的末端必须被弯曲并且形成凸缘。Met-Coil 制造和销售一种轧辊成型机，使购买者能够利用该机器来弯曲金属导管区段的末端并且形成凸缘。Met-Coil 还销售一种特别设计的用于金属导管连接的角件，用来与凸缘搭配使用。这些角件需要被定期更换，且不为 Met-Coil 的专利所覆盖。Korners 生产这些角件的替代品，并且将它们出售给购买了 Met-Coil 轧辊成型机的客户。这些客户则利用 Met-Coil 的机器来弯曲金属导管区段的末端并且形成凸缘之后，再将从 Komers 处购得的角件与凸缘搭配使用。Met-Coil 起诉 Korners 侵犯其专利权。由于 Met-Coil 的专利权利请求没有直接指向此类角件，所以 Korners 没有直接侵犯 Met-Coil 的专利权。Met-Coil 认为，Korners 将替代角件销售给其设备的购买人，而这些购买人反过来使用这些替代角件实施 Met-Coil 的专利方法，所以 Korners 的行为构成共同侵权。在审理过程中，地区法院援引美国联邦最高法院在 *Univis Lens* 案❷中关于专利权用尽的裁判意见。地区法院认为，基于美国联邦最高法院的裁判意见，Met-Coil 所售设备的购买人获得了从第三人处购买替代角件的默示许可。地区法院分析道，在 *Univis Lens* 案中，购买人所享有的购买镜片毛坯并将它们加工成专

---

❶ *Met-Coil Systems Corp. v. Korners Unlimited*，*Inc.*，803 F. 2d 684（Fed. Cir. 1986）.
❷ *United States v. Univis Lens Co.*，316 U. S. 241（1942）.

利产品的权利，与该案中买受人购买替代角件并将其作为一种附带元素用于专利系统的行为并没有法律上的不同。

Met-Coil 不服地区法院的判决，向 CAFC 提起上诉。Met-Coil 提出了两点上诉理由。首先，Met-Coil 在售后通知购买人不要从他处购买替代角件的行为，已经说明不存在可以推断的默示许可。然而，法院并不认可 Met-Coil 的这一观点。法院认为，旨在排除默示许可适用的事后通知行为是无效的。其次，地区法院援用 *Univis Lens* 案作为裁判依据是错误的。相反，Met-Coil 应该适用 Bandag 测试框架，Bandag 测试框架可以说明该案不存在默示许可。CAFC 没有说明该案到底应该适用专利权用尽原则还是 Bandag 测试框架作为分析工具。然而，CAFC 发现，无论适用专利权用尽原则还是 Bandag 测试框架，Met-Coil 的第二点理由都不具有说服力。CAFC 认为，专利权人不附加任何限制地销售那些只能用于实施其专利方法或者只能用于制造其专利产品的设备的行为，已经清楚地说明存在对默示许可的授予。CAFC 指出，Bandag 测试适用于"用于实施一项专利发明的非专利设备所产生的默示许可"。法院认为，购买一项包含可消耗性部件的专利产品的行为，为购买人创设了一项购买替代零部件的默示许可。

Met-Coil 案拓展了 Bandag 测试框架的应用范围。根据 *Met-Coil* 案确立的裁判规则，在 Bandag 测试框架下，如果一项产品的部件是消耗性的并且该部件本身不为专利所覆盖，则从专利权人处购买产品的人有权从第三人处购买该消耗性部件的替代品，购买人获得了实施专利权人专利的默示许可，第三人因此不构成共同侵权。❶ 在此

---

❶ SWOPE M J. Recent developments in patent law: implied license – an emerging threat to contributory infringement protection [J]. Temple law review, 1995, 68（1）: 281 – 306.

类案例中，专利默示许可限制了专利间接侵权的延伸范围，在专利权保护不断强化的条件下，适度平衡了专利权人与社会公众之间的利益关系。

（三）技术标准化中对专利默示许可的适用

标准与专利本来是两个相互矛盾的事物。标准强调技术的统一、开放和普遍适用，具有明显的公共产品属性。专利强调技术的差异性，为权利人所垄断，属于私人财产的范畴。技术标准与专利之间具有一种天然的紧张关系。[1] 所以，在技术标准发展的早期，标准制定者努力避免将专利技术纳入标准，优先选用公共领域内的技术。但是由于专利代表了一个社会最先进的技术水平，技术标准要想保持生命力，也就不可能完全拒绝专利技术。为了借助标准的力量进一步强化专利的垄断效力，进而实现经济利益的最大化，专利持有人总是千方百计地寻求专利技术的标准化。专利技术的标准化推高了产业垄断的风险，甚至在一定程度上抑制了技术创新。[2] 为了平衡专利技术标准化中标准实施者和专利权人之间的利益关系，从 20 世纪 80 年代开始默示许可被法院拓展到技术标准这一全新的领域。

CAFC 审理的 *Wang Lab. , Inc. v. Mitsubishi Electronics America, Inc.* 案[3]，是一起重要的专利技术标准化方面的案件。一位名叫 James Clayton 的工程技术人员在 1982 年秋加入了 Wang 公司。在当时，计算机内存组件体积庞大，价格昂贵，而且难以升级。1983

---

[1] 王先林. 涉及专利的标准制定和实施中的反垄断问题 [J]. 法学家，2015（4）：62 – 70，178.

[2] 王益谊，朱翔华，等. 标准涉及专利的处置规则 [M]. 北京：中国标准出版社，2014：5.

[3] *Wang Lab. , Inc. v. Mitsubishi Electronics America, Inc.* , 103 F. 3d 1571, 1580 (Fed. Cir. 1997).

年春，James Clayton 开发出了一种被称为"单边直线内存模块"（single in–line memory modules，SIMMs）的计算机内存组件，该产品具有体积小、成本低、可替换的优点。1983 年 6 月，包括 James Clayton 在内的 Wang 公司的一组员工在一次新闻发布会上向计算机工业协会的成员介绍了 SIMMs 技术。Wang 公司员工在行业协会会议上说，希望借此技术推动整个行业的进步，但是 Wang 公司不会生产 SIMMs；为了鼓励其他公司生产 SIMMs，Wang 公司将会购买其他公司生产的 SIMMs，并将购买的 SIMMs 用于 Wang 公司的其他产品上；目前已经有一些公司准备生产 SIMMs。在回答其他厂商提出的问题时，Wang 公司员工说，Wang 公司不会就 SIMMs 技术寻求专利保护，想要生产 SIMMs 产品的公司也无须从 Wang 公司获得许可，而且 SIMMs 产品的生产商也可以将其产品出售给任何第三方。Wang 公司员工总结了 Wang 公司的目标，那就是通过市场的快速扩张和产量的提升来降低 SIMMs 的售价，Wang 公司作为 SIMMs 的购买者最终将会从中受益。1983 年 9 月，Wang 公司从 James Clayton 处受让了该技术，并提出了专利申请。此后，Wang 公司不断游说电子产业标准化组织联合电子设备工程委员会（Joint Electronic Device Engineering Council，JEDEC），要求将 SIMMs 采纳为技术标准，但是没有告诉 JEDEC 其正在为 SIMMs 申请专利的事实。1986 年 6 月，JEDEC 最终将 SIMMs 采纳为行业标准。在这期间，一些与 Wang 公司合作的厂商开始大规模生产和销售 SIMMs。正如在 1983 那次新闻发布会上 Wang 公司所预测的，SIMMs 的市场获得迅速扩张，而且 Wang 公司成为该产品的主要采购者。

1983 年 12 月，被告 Mitsubishi 公司就 SIMMs 产品的生产问题第一次和 Wang 公司接洽。在会谈中，Wang 公司向 Mitsubishi 公司提供了 SIMMs 产品的图纸和其他细节，并且一再要求 Mitsubishi 公司生产 SIMMs 产品。Mitsubishi 公司研究了为 Wang 公司生产 SIMMs 产品的可行性，但是在当时没有继续推进该项目。在 Mitsubishi 公司开始制造 256K 的内存芯片之后，Mitsubishi 公司决定生产集成 256K 芯片的 SIMMs，并将 256K SIMMs 出售给 Wang 公司和其他人。在 1985 年的一次会谈中，Wang 公司和 Mitsubishi 公司讨论了 Mitsubishi 公司生产的 256K SIMMs，并希望 Mitsubishi 公司对其新产品进行一些改进。Mitsubishi 公司接受了 Wang 公司的建议，对产品设计进行了改进，将电容器移动到与存储器芯片相同的基底的一侧。因认为 Wang 公司允许其向其他客户出售 SIMMs，Mitsubishi 公司没有向 Wang 公司收取开发和模具加工费用，并开始量产新式 256K SIMMs。从 1987 年开始，Wang 公司开始采购 Mitsubishi 公司生产的产品。Wang 公司从未告知 Mitsubishi 公司其就 SIMMs 技术所进行的专利申请以及所获得专利的情况，也没有向 Mitsubishi 公司表达过其有就 SIMMs 技术发放许可或者收取使用费的意图。Wang 公司于 1987 年和 1988 年就 SIMMs 技术获得了两项专利授权。1989 年 12 月，Wang 公司向 Mitsubishi 公司发函称，Mitsubishi 公司侵犯了其有关 SIMMs 技术的两项专利。1992 年 6 月，Wang 公司向 Mitsubishi 公司提起了侵权诉讼，Mitsubishi 公司已获得了默示许可进行抗辩。

审理该案的美国联邦地区法院认为，基于衡平法禁反言原则，原告 Wang 公司的行为表明其已经授予了被告 Mitsubishi 公司实施 SIMMs 专利技术的默示许可。该法院更进一步指出，即使专利权人没有正式地授予许可，也不必然表示不会产生许可的效果。专利权人所使用的任何语言或所实施的任何行为，如果致使他人能够合理地推论出专利权人已经同意其制造、销售、许诺销售或使

用专利产品或实施专利方法，则基于专利权人的这些语言或行
为，就会导致默示许可的成立，从而使得专利权人不能向对方主
张专利权。联邦地区法院认为，在判断是否存在默示许可的过程
中，一般而言，法院会首先寻找是否有导致禁反言发生的任何事
实。如果他人侵害专利权的行为是由专利权人的行为所引起的，
则对整个行为过程之性质的分析取决于衡平法上的禁反言原则。
然而，对衡平法上的禁反言原则的认定并非是成立默示许可这个
法律结果的先决条件，更确切地说，禁反言原则只是作为指导原
则。衡平法上的禁反言原则主要关注专利权人是否存在误导他人
的行为，致使他人合理信赖专利权人将不会主张其专利权。联邦
地区法院援引 CAFC 在 *Aukerman* 案❶中的裁判意见指出，衡平法上
禁反言的产生一般需要具备四个方面的条件：①被控侵权人知道
专利权的存在；②专利权人不同意被控侵权人实施其专利权的行
为；③专利权人在寻求侵权救济时发生了不当迟延；④专利权人
的不当迟延行为误导了被控侵权人，致使其相信专利权人不会执
行其专利权。具体到该案，联邦地区法院认为，Wang 公司在与
Mitsubishi 公司互动的过程中主动提供了产品设计图，一再劝导
Mitsubishi 公司生产其专利产品，并且购买了 Mitsubishi 公司生产的
256K SIMMs，这一切足以导致 Mitsubishi 公司可以信赖 Wang 公司
已经同意其制造和销售涉案专利产品。基于衡平法上的禁反言原
则，联邦地区法院确认该案存在默示许可，被告的行为不构成对
专利权的侵害。CAFC 以基本相同的理由维持了联邦地区法院的
裁决。

---

❶ *A. C. Aukernan Co. v. R. L. Chaides Constr. Co.*, 960 F. 2d 1020, 1042 – 1043
（Fed. Cir. 1992）.

(四) 自体复制技术中专利默示许可的适用

进入 21 世纪以来，以生物基因、3D 打印等为代表的自体复制技术兴起，给专利侵权判定带来了新的难题。❶ 自体复制技术的基本特征是，可以在有限的人为干预下实质性等同地复制产品本身，从而形成一个或多个复制品。在很大程度上，对自体复制技术产品的正常使用所产生的直接后果就是制造产品自身的复制品。由于产品购买者通过使用行为就能轻而易举地复制产品，产品购买者将不会继续购买产品，甚至可能成为专利权人的市场竞争对手，所以自体复制技术会对专利权人的市场利益产生显著影响。❷ 自体复制技术模糊了产品使用和产品制造的界限。"自复制技术的性质破坏了使用与制造之间区分的稳定性，使权利穷竭原则成为界定专利权范围和限制的不充分工具。"❸ 虽然可以通过对其内涵的重新诠释，继续利用权利用尽原则应对自体复制技术下专利产品购买人的权利范围问题，但是能够容纳更多因素从而更具灵活性的默示许可亦不失为解决自体复制技术难题的一条新思路。

美国联邦最高法院 2013 年审理的 *Bowman v. Monsanto* 案❹，是自体复制技术领域专利法律适用方面的经典案例。Bowman 是美国印第安纳州的一位农民，Monsanto 是美国乃至全球知名的转基因种子公司。Bowman 从 Monsanto 许可的种子经销商处购买了 Monsanto 的专利种子——抗农达大豆（一种具有抗药性的转基因大豆品种）。

---

❶ LIM D. Self – replicating technologies and the challenge for the patent and antitrust laws [J]. Cardozo arts & entertainment law journal, 2013, 32 (1): 131 –224.

❷ 刘强. 自我复制专利侵权问题研究: 以 3D 打印等自我复制技术为视角 [J]. 法商研究, 2015, 32 (5): 184 –194.

❸ SHEFF J N. Self – replicating technologies [J]. Stanford technology law review, 2013, 16 (2): 229 –256.

❹ *Vernon Hugh Bowman v. Monsanto Co.* , 133 S. Ct. 1761 (2013).

根据 Monsanto 的安排，种子经销商与 Bowman 签订有种植协议，该协议要求 Bowman 只能使用原种种植一次，不能留种复种。在第一次种植时，Bowman 遵守了该协议。随后，Bowman 从获 Monsanto 许可的当地谷物仓库购买了更便宜的二次种子（利用原种繁殖的种子）进行种植，并签订了与第一次相同的种植协议。Bowman 在种植过程中经测试发现大多数二次种子仍有原种具有的抗药特性，所以 Bowman 继续自行留种复种。Monsanto 起诉 Bowman 专利侵权。Bowman 认为，留种复种是农民的习惯性权利，Monsanto 对 Bowman 从许可来源购买的种子的专利权已经用尽。从地区法院到美国联邦最高法院均驳回了 Bowman 的抗辩，确认侵权成立。美国联邦最高法院重新诠释了权利用尽原则，认为 Monsanto 在把种子销售给农民后对种子的专利权并没有用尽：权利用尽原则不能使 Bowman 在没有 Monsanto 许可的情况下生产额外的专利大豆，该原则未影响专利权人阻止买方制作专利物品新副本的能力，因为专利权人"收到的报酬"只是实际出售的物品，而不包括随后的再生产的专利产品。否则，如果允许购买人制造和销售无穷多的复制品，专利保护实际上就变成了该发明的一次性销售权。❶ 从法院所给出的理由来看，使用与制造的重新区分实质上并不是基于技术上的分析，更多的是从法律价值和公共政策的角度来作出的。❷ 在与 Monsanto 有关的另一起案件中，这种区分的政策性得到了更直接的体现。在该案中 CAFC 认为，对于不可避免的数量微小的自体复制行为，考虑到微量专利侵权产品的制造者能够基于默示许

---

❶ 金海军. 知识产权实证分析［Ⅰ］：创新、司法与公众意识［M］. 北京：知识产权出版社，2015：182.

❷ 阚占文. 自我复制技术与专利权用尽原则的适用：以转基因种子为中心［J］. 法学家，2015（2）：127–134，179.

可规则而获得侵权豁免的先例，此类自体复制者可以比照适用从
而免除侵权责任。❶

在 *Bowman v. Monsanto* 案中，由于 Monsanto 已经通过与农民之
间签订的种植协议明确禁止购买人留种复种，购买人已经不可能
援引默示许可主张留种权，所以法院在审理案件时没有使用默示
许可理论，但是这并不意味着默示许可在自体复制技术领域无用
武之地。实际上，并非所有自体复制技术产品的专利权人都会进
行类似限制。在某些情况下，自体复制技术产品在使用过程中的
再复制可能超出了使用人的控制范围，或者这可能正是该产品的
正常使用方法。例如，在利用干细胞技术对人体实施治疗的过程
中，干细胞在病人体内的分裂和复制不但无法通过技术手段进行
控制，而且正是其使用的正常方法和期待结果。所以，就连美国联
邦最高法院在判决书中最后也不得不承认，*Bowman* 案裁决结果的适
用范围是有限的，它仅对该案所处理的情况有效，而不涉及其他种
类的自我复制产品。美国联邦最高法院在判决书中表示："具有自我
复制技术特征的发明正变得越来越普遍、复杂和多样化，在另一
种情况下，物品的自我复制可能发生在购买者的控制之外，或者
它可能是将项目用于其他目的的必要的附带步骤……我们不需要
在这里讨论专利权穷竭原则是否或如何在这种情况下适用。"对于
本来复杂多样且正处于快速发展中的自体复制技术，如果不细究
案件的具体情况而一概认定权利未用尽，未免失之简陋与僵化，
难以满足自体复制技术创新发展的内在需要。在专利权人未设限
的情况下，如果认定购买人享有复制产品的默示许可更符合公平
原则，此时认定默示许可权的存在无疑更能适应生活和技术的多

---

❶ *Organic Seed Growers and Trade Association v. Monsanto Co.*, 718 F. 3d 1350
(Fed. Cir. 2013).

样化。这样做既能维护专利权人的专有权利，因为其可以在必要时作出明确限制，也能够保障购买人正当使用专利产品的自由。从技术上来讲，不同领域内、不同情况下自体复制技术产品的自我再现性是存在差别的。无论是依据美国的植物专利，还是依据我国授予的植物新品种权，所繁殖后代在生物学、形态学形状方面的一致性和稳定性都是新品种赋权的必要条件。[1] 对于那些一致性和稳定性较低的自体复制技术，权利人一般不会限制通过使用所实现的复制——此时宜认为购买人获得了通过使用所实现复制的默示许可。

第二节 专利默示许可的嬗变规律

黑格尔将历史视为理念的展现过程，认为"历史材料乃是这一理念逐渐展现或日益实现的记载"[2]。该说法虽然有唯心主义的色彩，但是也揭示了历史研究的真正使命——揭示隐藏在材料背后的历史规律。缺乏理念的历史只不过是一具无灵魂的躯壳。对于法律史的研究，诚如耶林所言，仅仅认识到法律是发展的以及法律是如何发展的还不够，更重要的是要认识到法律发展的目的以及法律在将来将要达至何种目的。[3] 价值理念是一切法律规则和法律制度的灵魂。研究一项具体法律制度的嬗变史，就是要揭示决定该制度历史样貌和未来趋势的价值理念。透过专利默示许可

---

[1] 张平. 知识产权法 [M]. 北京：北京大学出版社，2015：243.

[2] 王申. 论法律史研究中的法理意义 [J]. 华东政法学院学报，2006（1）：40 - 44.

[3] 庞德. 法理学 [M]. 邓正来，译. 北京：中国政法大学出版社，2004：128.

超过一个半世纪的发展史，专利默示许可的适用条件、价值目标和展现形式等规律性内容已经清晰地呈现出来。

一、适用条件：始终遵循合同关系的进路

专利默示许可并非一般意义上的专利侵权例外，其本身并不符合专利侵权的构成要件，故与专利法规定的其他侵权抗辩事由存在根本不同。专利默示许可与明示许可一样，是专利许可合同关系的一种表现形式，就其本质而言属于一种专利实施制度。专利默示许可作为合同关系的一种，不能反于当事人明确表达的意思；权利人可以通过相反意思表示排除专利默示许可的推定。

（一）专利默示许可并非侵权例外

在司法实践中专利默示许可都是作为侵权抗辩事由被提出和运用，法院往往也是循着侵权抗辩的思路适用默示许可，以决定被告最终是否需要承担侵权责任。在前文述及的代表性案例中，除了 *United States v. Univis Lens Co.* 案是因为属于规制专利权滥用的反垄断案例由专利权人作为被告外，在专利技术使用人作为被告的所有案件中，默示许可都被作为侵权抗辩事由提出。历史呈现给人们的印象似乎是，默示许可与权利用尽、在先使用、临时过境、科研使用、医药审批等❶常用事由一样属于侵权抗辩的一种情形。其实这是一种误解。关于专利许可在权利人和被许可人之间所形成法律关系的性质，存在"侵权请求权停止说""承诺不起诉

---

❶ 各国专利法有关侵权抗辩事由的规定不尽一致。《专利法》第七十五条集中规定了不视为侵犯专利权的五种情形。美国专利法将先用权、试验性使用、时效届满、懈怠、衡平禁止反悔、州主权豁免、"暂时存在"的豁免、专利权用尽、没有提起侵权诉讼资格的原告等作为不必承担侵权责任的例外。参见：穆勒. 专利法：第 3 版 [M]. 沈超, 李华, 吴晓辉, 等, 译. 北京: 知识产权出版社, 2013：378 –402.

说""权利让渡说"等几种不同的学说。"侵权请求权停止说"是早期德国专利理论上的一种学说，其认为专利许可仅仅意味着专利权人不能对被许可人行使停止侵权请求权。因此，许可被视为是一种纯人身性质的、实质上"否定"给付的债权关系，是一种不受债权人请求权约束的协议。"承诺不起诉说"是美国专利理论上的一种学说，该学说认为，所谓许可就是专利权人和被许可人之间签订的协议或契约，从而专利权人不会针对被许可人本会构成侵权的行为提起诉讼，但许可并不是对专利所有权的转移。按照以上两种学说的逻辑，实施行为就保留了其"本来专利侵权"的特征，但被许可人有权要求（专利权人）停止主张侵权或者承诺不提起侵权诉讼，如果专利权人对其主张专利权，被许可人可以就此提出抗辩。此类学说认为当事人希望的只是未来不主张侵权请求权而不是要排除这些请求权的产生——这种假设是不切实际的，因为当事人通过许可合同所希望达到的是这样一种状态：尽管有专利保护，被许可人也能合法实施发明❶。合法实施与不被追究的侵权之间存在法律性质上的根本不同。这就比如房屋租赁合同关系：承租人对标的物的占有、使用和收益是一种行使正当合同权利的体现，你不能认为是出租人对承租人侵害房屋所有权之物上请求权的放弃。无论当事人通过合法合同所获得的利益性质如何，其本质上都是一种合同权利，这应当是无差别的。专利权人的权利在合同法上不应当获得优待。"权利让渡说"认为被许可人实施的是自己从专利权人处受让的权利，也就是对自己权利的行使，所以不存在侵权的问题。该学说虽然消解了以上两种学说拟制侵权的弊端，但是难以解释在普通许可的情况下专利权人

---

❶ 克拉瑟. 专利法：德国专利和实用新型法、欧洲和国际专利法［M］. 6 版. 单晓光，张韬略，于馨淼，等，译. 北京：知识产权出版社，2016：1152－1153.

的权利并没有任何减损的现实。笔者认为，在专利许可关系下，专利权人与被许可人之间的关系就是一种许可合同关系，虽然根据这种合同，被许可人到底从权利人处取得了什么并不容易用目前的某种理论解释清楚，但也谈不上侵权的问题。根据各国专利法的规定，所谓专利侵权都是指未经许可的专利实施行为。❶ 毫无疑问，许可关系下的实施行为都是获得专利权人同意的，根本不可能满足侵权构成所需要的"未经许可"这一要件，所以本不构成专利侵权。只不过从法律效果来讲，无论将许可视为一种不侵权的实施许可，还是免于承担侵权责任的抗辩事由，在具体结果上并无不同。加之默示许可是否存在经常充满争议，专利技术使用人在具体案件中常常以侵权被告的面目示人，所以将默示许可作为一种侵权抗辩事由来处理也就不足为奇了。

（二）专利默示许可是一种合同关系

从法律关系的性质上来讲，默示许可也是专利许可的一种形式，与明示许可共同构成了专利许可的完整内容。美国联邦最高法院在 *De Forest Radio Tel. Co. v. United States* 案中通过深入阐释其法理，清晰地定义了默示许可的合同关系性质，"此后当事人之间的关系以及相关的任何诉讼，都必须被认定为合同关系，而不是侵权关系"。在 1976 年的 *Medeco Security Locks，Inc. v. Lock Technology Corp.* 案中，法院阐释得更直白一些："与任何其他的默示许可一

---

❶ 例如，德国专利法第 9 条规定："只有专利权人有权实施其受专利保护的发明。任何其他人未经专利权人许可，都不得以下列方式实施其专利：……"法国知识产权法典第 613-3 条规定："未经专利权人同意，禁止任何人：a）制造、许诺销售、销售、使用或者为上述目的进口或者占有专利产品；b）……"瑞典专利法第 3 条规定："专利所赋予的独占权是指，未经专利权人的同意，任何人不得通过下列方式使用其发明：……"上述文献分别参见：国家知识产权局条法司.外国专利法选译：中［M］. 北京：知识产权出版社，2015：867，1030，1232.

样，专利默示许可属于当事人的合同行为。"❶ 从笔者目前可及的
所有判例来看，法院不但是这么说的，也是这样做的。上文开列
的所有适用默示许可的案件，无外乎两种情况，要么专利权人与
被告之间存在直接的合同关系，要么专利权人以专利产品的购买
人为中介与被告之间形成了连环合同关系，从未出现完全无合同
关系链条的原、被告之间适用默示许可的案件。所以，从适用条
件来讲，专利默示许可一直严格遵循着合同关系的分析进路，这
种合同关系包括直接合同关系和连环合同关系两种情形。所谓直
接合同关系，指的是专利权人或其被许可人与作为被告的专利技
术使用人之间存在直接的买卖、许可、合作等各种内容的合同关
系，而不论这种合同关系的表现形式如何。*United States v. Univis
Lens Co.* 案、*Bowman v. Monsanto* 案中，专利权人与专利技术使用
人之间存在的是买卖合同关系，*De Forest Radio Tel. Co. v. United
States* 案、*AMP Inc. v. United States* 案、*Wang Lab. , Inc. v. Mitsubishi
Electronics America，Inc.* 案中，专利权人与被告之间存在的是许可
与合作关系。所谓连环合同关系，指的是在间接侵权诉讼中，虽
然作为专利权人的原告与作为帮助侵权者的被告之间没有直接的
合同关系，但是它们都与专利产品的购买人（一般是终端消费者）
这一中间环节存在买卖合同关系，从而在专利权人、专利产品的
购买人、销售专利产品零部件的被告之间形成了连环合同关系。
Met-Coil Systems Corp. v. Korners Unlimited，Inc. 案就是连环合同关
系的代表性案例。从私法法律关系的视角来看，人与人之间的关
系无外乎紧密的合同关系与松散的一般生活关系。在一般的生活
关系下，人与人之间不存在积极义务，只存在消极的避免相互伤

---

❶ *Medeco Security Locks，Inc. v. Lock Technology Corp.* ，199 U. S. P. Q. （BNA）519，
524 （S. D. N. Y. 1976）.

害的一般注意义务，即贝勒斯所谓的侵权法的功能在于保护"负值"的交易❶。在这种情况下，显然不可能产生一个人使用他人专利技术的权利。即使存在使用他人专利技术不需承担侵权责任的情形，也不过是法律基于社会公共利益或公平正义的考量特设的一种例外，此时专利技术使用人的使用权限是被严格限定的。而在合同关系中，人与人之间的关系已经从消极义务范畴进入积极义务范畴❷，协作、服务与让渡权利是合同当事人应有的权利和义务，即贝勒斯所谓的合同法的功能在于保护"正值"的交易，只有在这种情况下，相对方才可能根据专利权人的言辞或行为取得实施其专利技术的权利。所以，从合同关系与侵权关系区分的基本面来讲，唯有合同关系才可能容纳默示许可下专利权人与专利技术使用人之间的关系。如果根据当事人所处交往环境条件根本不可能推导出任何合同关系的存在，也就没有专利默示许可适用的可能。

（三）专利默示许可可以排除适用

如果专利权人在交易当时已经明确排除了相对方对其专利权的使用，则不适用默示许可解决当事人之间的专利权纠纷。英美合同法理论认为，合同中的默示条款是根据当事人的行为或间接言辞所进行的一种推定，这种推定以当事人的意愿为根据，且不得与当事人明确表达出来的意思（明示条款）相矛盾，即使所推定的默示条款符合交易习惯或者惯例也是不可以的。❸ "法院为合

❶ 贝勒斯. 法律的原则：一个规范的分析 [M]. 张文显，宋金娜，朱卫国，等，译. 北京：中国大百科全书出版社，1996：169.
❷ 王泽鉴. 债法原理 [M]. 2 版. 北京：北京大学出版社，2009：181.
❸ 盖斯特. 英国合同法与案例 [M]. 张文镇，孙蕴珠，鲍忠汉，等，译. 北京：中国大百科全书出版社，1998：130－133.

同增加了某些他们认为依照公平正义当事人应当达成的条款……显然，法院只不过是在适用一个法律原则，虽然这个原则可以通过明示的协议排除适用。"❶ 大陆法系民法学者也持有相同看法。德国民法学巨擘弗卢梅认为，如果行为人明确声明其行为不包含默认的意思表示，则不应该认为其行为构成默示的意思表示，明确的"异议"可以排除推断行为所引起的意思表示作出的表象。❷ 从默示许可既往判例中也能够清晰地看到这一点。在所有成立默示许可的案例中，专利权人在交易当时都没有明确表达过拒绝许可的意思，在当事人已经明确表达了拒绝许可意思的案件中也就没有默示许可的存在。在前文述及的 *Bowman v. Monsanto* 案中，由于专利权人 Monsanto 在向 Bowman 销售种子的时候已经明确表示反对其留种复种，所以法院最终没有认可 Bowman 对默示许可的主张，虽然 Bowman 的主张符合农民留种的传统习惯。但是需要指出的是，明示排除默示许可的行为必须发生在交易当时才能达到目的，事后声明将于事无补。对此，弗卢梅写道："异议只能澄清事实状况，而不得与先前行为本身相矛盾。与行为相矛盾的异议不生效力。德国普通法中有这样一个法谚：与自己先前的行为相矛盾的表示不生效力。"❸ 在 *Met-Coil* 案中，权利人 Met-Coil 主张其已经通过明示的方式排除了默示许可的适用，但是法院查明的事实显示 Met-Coil 是在购买者购买了其所出售的轧辊成型机之后才发出不许可通知的，法院据此判定购买人所获得的默示许可不受影响。*LifeScan, Inc. v. Can-am Care Corp.* 案❹更能全面地说明这个问题。

❶　阿狄亚. 合同法导论［M］. 5 版. 赵旭东，何帅领，邓晓霞，译. 北京：法律出版社，2002：211.

❷❸　弗卢梅. 法律行为论［M］. 迟颖，译. 北京：法律出版社，2013：88.

❹　*LifeScan, Inc. v. Can-am Care Corp.* 859 F. Supp. 392（N. D. Cal. 1994）.

LifeScan 就某种测量血糖的方法拥有专利权。LifeScan 销售用于实施该专利方法的血糖测量仪，该测量仪包括测试表和几个一次性测试条，其中测试条是消耗品，需要被经常替换。被告 Can-am 生产与 LifeScan 测量仪配套的测试条，并将其销售给从 LifeScan 购买了仪器的消费者。1987—1992 年，LifeScan 所销售的测量仪上没有提及任何专利信息。1992 年 10 月 LifeScan 开始在外包装上标注其专利号，1993 年 4 月开始在产品包装上附加这样一段说明："本仪器所使用的方法受美国专利保护，只有从本公司购买的仪器和测试条才可以实施该专利，从其他供应商处购买的测试条无权实施该专利。"LifeScan 起诉 Can-am 构成帮助侵权。法院判决，1993 年 4 月之前销售的产品由于没有权利限制声明，消费者享有默示许可权，进而 Can-am 也不构成间接侵权；之后销售的产品由于存在权利限制声明排除了默示许可的适用，据此判定 Can-am 构成间接侵权。所以，默示许可的认定不得违反权利人相反的明确意思。如果权利人拒绝许可的明确表示构成专利权滥用或者垄断，权利人的表示可能不会产生所期待的法律效果，被告将获得免于担责的抗辩，但是这种抗辩的基础是专利法或反垄断法的其他规定，而非专利默示许可。

二、价值目标：以利益平衡为基本价值取向

自专利制度创立以来，专利权的效力范围经历了多次重要扩展，例如在权利客体上从产品专利向方法专利的扩展，在保护手段上从直接侵权向间接侵权的扩展，在法律工具上从专利法向契约法的扩展，等等。默示许可如影随形，专利权的效力范围每扩展到一个新的领域，默示许可也就同步跟进，致力于将专利权的效力限制在合理的范围之内。

（一）默示许可从产品专利向方法专利的扩展

在专利制度发展的早期，专利保护的对象主要是产品发明，或者与产品发明并存的工艺发明，鲜见单纯的方法发明。工业革命推动了专利制度的发展，方法专利逐渐成为一种重要的保护对象，默示许可也就随同扩展到方法专利领域。1888 年美国联邦最高法院审理的 *Lawther v. Hamilton* 案❶第一次涉及专利方法的默示许可。原告 Lawther 拥有一项从亚麻籽中提炼亚麻油的方法专利，其同时从事炼油设备的销售。被告 Hamilton 从 Lawther 的被许可人 McDonald 处购买了炼油设备，然后使用 Lawther 的专利方法从事炼油生产活动。Lawther 起诉 Hamilton 侵犯其炼油方法专利，Hamilton 以 Lawther 的设备销售行为产生了使用其专利方法的默示许可进行抗辩。法院认为，由于炼油设备的使用不是必须采用专利方法，尚有其他传统方法使用的可能，故不能认为有默示许可的存在。1984 年由 CAFC 审理的 *Bandag, Inc. v. Al Bolser's Tire Stores, Inc.* 案❷进一步明确了专利默示许可的成立条件，创立了著名的 "Bandag 测试框架"。虽然以上两个案例中法院最终确认方法专利的默示许可不存在，但是从法院的裁判意见中可以看出，方法专利同样存在默示许可的可能，只不过要有足够的证据加以证明。在 *Pettibone Corp. v. Fargo Mach. & Tool Co.* 案❸中，法院总结了方法专利默示许可的条件：当专利权人将专利物品出售给购买人时，如果该物品的唯一用途是实施专利方法，则购买人获得实施专利方法的默示许可。❹

---

❶ *Lawther v. Hamilton*, 124 U. S. 1 (1888).

❷ *Bandag, Inc. v. Al Bolser's Tire Stores, Inc.* 750 F. 2d 903 (Fed. Cir. 1984).

❸ *Pettibone Corp. v. Fargo Mach. & Tool Co.*, 447 F. Supp. 1278, 1281 (E. D. Mich. 1978).

❹ GUISE J W. Controlling biotech babies following the transfer of self – replicating inventions [J]. San Diego law review, 1991, 28 (4): 937–962.

(二) 默示许可从直接侵权向间接侵权的扩展

默示许可从直接侵权向间接侵权的扩展，是对专利权效力的一次重大限制，充分体现了知识产权法的利益平衡原则以及默示许可的平衡工具价值。专利间接侵权的概念源于美国判例法，1952年美国专利法修改时将间接侵权予以吸收，从而使其上升为一项成文法上的正式制度。专利间接侵权主要是为了弥补传统直接侵权对专利权保护的不足，使得那些没有实施权利要求中所有步骤从而不符合全面覆盖原则的行为，比如提供专利产品的专用部件、生产设备和材料等，均得以纳入专利权人的控制范围，极大地拓展了专利权的垄断效力。❶ 间接侵权制度使得专利权人在专利产品之零部件市场的争夺上处于显著优势地位，削弱了市场竞争，影响了消费者福利。为了约束在间接侵权保护下不断延伸的专利权，默示许可在间接侵权诉讼中开始频频出现❷，对间接侵权的成立形成了重大限制。在前文所述 *Met-Coil* 案中，CAFC 即以存在默示许可、无直接侵权为由，判决未经专利权人许可的专用零部件的生产者不构成间接侵权。如果说该案中的零部件（某种角片）因为属于低值易耗品，法院不认定侵权尚能为专利权人所接受的话，而 随 后 发 生 的 *Anton/Bauer, Inc. v. PAG, Ltd.* 案❸、*Zenith Elecs. Corp. v. PDI Commun. Sys., Inc.* 案❹等系列间接侵权案件对默示许可的适用则引起了专利权人极大的争议。在这些后续案件中，被控间接侵权的被告在未经许可的情况下生产和销售了组装专利产品或实施专利方法的非消耗性构件，但是由于这些构件的销售

---

❶ 康添雄. 美国专利间接侵权研究 [D]. 重庆：西南政法大学，2005：1.
❷ 朱雪忠，李闯豪. 美国专利间接侵权默示许可抗辩的反思与借鉴 [J]. 法律科学 (西北政法大学学报)，2018，36 (2)：179–190.
❸ *Anton/Bauer, Inc. v. PAG, Ltd.*, 329 F. 3d 1343 (Fed. Cir. 2003).
❹ *Zenith Elecs. Corp. v. PDI Commun. Sys., Inc.*, 522 F. 3d 1348 (Fed. Cir. 2008).

对象都是从专利权人的许可渠道购买了只能用于实施其专利的其他构件的终端消费者，CAFC 都以终端消费者获得了实施专利权的默示许可从而不构成直接侵权为由判定间接侵权不成立。默示许可在很大程度上消解了间接侵权的价值功用，二者处于一种紧张的对立关系之中：只有被告销售的是专利的专用材料或设备才可能适用间接侵权，而根据 *Met-Coil* 案确立的判例规则，在零部件不具有非侵权用途的条件下，恰好是默示许可成立的时候，默示许可的适用从实质上消解了间接侵权的成就。[1] 在 *LifeScan* 案中，法院提出了一种解决二者矛盾的可能思路，即视被告所销售的专用材料或设备是否为专利的核心内容而定，如果回答是肯定的，则构成间接侵权，如果回答是否定的，则适用默示许可解决。默示许可构成了对间接侵权不当延伸的有力限制，有效平衡了专利权人与社会公众之间的利益关系。

（三）默示许可从专利法向契约法的扩展

合同是实现当事人意志和利益的私法手段，对社会资源的控制权通过合同能够获得极大拓展。专利权人通过合同能够形成仅依靠专利法无法产生的控制力量，比如形成对专利限制制度的反限制，对法律不保护客体的保护，对对方当事人正当权利的限制，等等。[2] 如果缺乏必要的制约，专利权人甚至会通过合同在专利权的配合下进行权利滥用以致形成市场垄断。在这种情况下，默示许可可以成为限制专利权人权利滥用的有力工具，重新平衡专利权人与合同对方当事人、社会公众之间利益关系的手段。在前文所述 *United States v. Univis Lens Co.* 案中，专利权人 Univis 以所持有

---

[1] 张耕，陈瑜. 美国专利默示许可与间接侵权：冲突中的平衡 [J]. 政法论丛，2016 (5)：69－76.

[2] 梁志文. 论知识产权法的合同限制 [J]. 国家检察官学院学报，2008 (5)：137－145.

的专利权为后盾，通过与批发商和零售商的特许经营合同对终端销售价格进行控制，利用合同关系创设了在专利法上所没有的市场控制权。美国联邦最高法院借助默示许可理论阻却了 Univis 对批发商和零售商的不正当控制，有力维护了市场的竞争性和消费者福利。1995 年 CAFC 审理的 *McCoy v. Mitsuboshi Cutlery*, *Inc.* 案❶是利用默示许可制止权利人在合同关系中滥用专利权的一件重要案例。原告 McCoy 就某种虾刀拥有一项产品专利。McCoy 的子公司 ATD 与被告 Mitsuboshi 签订了委托生产 15 万把虾刀的协议。生产完成后 ATD 以质量瑕疵为由拒绝接收产品和支付费用，但是 ATD 并没有证据证明虾刀存在质量瑕疵。Mitsuboshi 直接与 McCoy 交涉，后者也仅仅接受了 2 万把并支付了相应价款，从而导致产品大量积压。在与 McCoy 反复交涉无果的情况下，Mitsuboshi 自行销售了部分产品以挽回损失。McCoy 起诉专利侵权，Mitsuboshi 则以违反合同为由提起反诉。地区法院同时确认了专利侵权和违反合同，Mitsuboshi 不服判决提起上诉。CAFC 审理后撤销了侵权判决部分。CAFC 认为，在专利权人违约的情况下，合同相对人有权利不经专利权人同意销售专利产品以挽回损失，专利权的存在并不能否定对方当事人的正当合同权益；合同相对方因为专利权人的违约行为获得了销售相关专利产品的默示许可，但是默示许可的权利范围只限于销售和许诺销售，而不包括制造和进口行为。专利默示许可限制了专利权人通过合同所进行的权利延伸或者借助专利权对合同相对方正当权利的压制，在专利权人与合同相对方或者社会公众之间达成了一种利益上的平衡。

利益平衡是知识产权法的基本价值目标，知识产权每拓展一

❶ *Duncan McCoy, Alex Dorsett, and Alex - Duncan Shrimp Chef, Inc. v. Mitsuboshi Cutlery, Inc., and Admiral Craft Equipment Corp.*, 67 F. 3d 917 (Fed. Cir. 1995).

步，制衡措施也应当相应跟进，以防止可能产生的权利滥用。自专利制度诞生以来，专利权利的范围和效力不断扩大和强化，社会公共利益空间存在不断被挤压的危险。专利默示许可的创立就是为了限制专利权利的滥用。默示许可的适用范围与专利权的效力范围呈现亦步亦趋、同步扩张的关系，专利默示许可成为专利法领域贯彻执行利益平衡价值目标的一种重要法律工具。

三、内容形式：个案确定与案例法本色

从专利默示许可的发展史来看，专利默示许可的具体内容始终遵循个案确定的原则，也就是由法院在具体个案中，根据案件具体情况加以确定，法律不预先作出一般规定。同时，从专利默示许可的法律渊源来看，始终保持案例法的本色，由法院通过个案不断丰富专利默示许可的适用规则，按照遵循先例的原则进行适用，成文法从未有过将专利默示许可规则成文化的冲动。

（一）许可内容遵循个案原则确定

默示许可作为专利许可的一种形式，与许可本身是否存在居于同样重要地位的还有对许可内容的确定，即许可的类型、期限、权项和对价等。由于默示许可的存在是根据交易环境推定的，双方当事人的意愿并未言明，所以许可内容完全取决于双方对交易环境的理解和期待。❶ 早在 1895 年的一项判决中，美国法院就指出："默示许可的期限和范围必须依据发明的性质和默示许可据以作出的环境确定，并且二者又依赖于双方当事人的意愿。"由于需要综合考量包括当事人意愿在内的多种因素，默示许可内容的确

---

❶ LEMLEY M A. Intellectual property rights and standard – setting organizations ［J］. California law review, 2002, 90 (6): 1889 – 1980.

定也就成为一项权衡之术。❶

1. 许可类型的确定

根据所授予许可权限的不同，专利许可分为独占许可、排他许可和普通许可。独占许可和排他许可构成对专利权人权利的重大限制，一般需要权利人明确授予。对于默示许可，虽然根据权利人的行为和间接言辞可以推断出授予许可的意思，但一般只能是普通许可。在目前可及的案例中，作为被告的专利技术使用人均是被动防御，未见主张超越普通许可权的独占许可和排他许可的情况。可以想见的一种例外情形是，专利权人与被许可人之间先前签订有某种技术的独占或排他许可，后专利权人就该技术获得专利权，则被许可人就在后专利权可以获得独占或排他的默示许可。❷

2. 许可期限的确定

默示许可的期限问题要更为复杂一些，它往往取决于默示许可所依附的对象。例如，依附技术标准的默示许可，其许可期限可以贯穿整个专利有效期。在前文述及的 *Wang Lab.* 案中，CAFC 就认为，Mitsubishi 获得了不可撤销的默示许可权，意味着该案中的许可没有具体期限。而依附于原许可协议的默示许可旨在保障被许可人通过原协议获得的利益不会因为许可人事后获得的专利而减损，而不是赋予被许可人超越原许可协议的利益，所以默示许可的期限完全取决于原许可协议的期限。❸ 更为常见的是依附购销产品的默示许可，此时默示许可的期限一般是该产品的自然寿命期限。1995 年 CAFC 审理的 *Carborundum Co. v. Molten Metal*

---

❶ 陈瑜. 专利默示许可研究 [D]. 重庆：西南政法大学，2017：183.

❷ 袁真富. 知识产权默示许可：制度比较与司法实践 [M]. 北京：知识产权出版社，2018：143.

❸ 闫宏. 专利默示许可规则探析 [D]. 北京：清华大学，2007：32.

Equipment Innovations, Inc. 案❶是屈指可数的以许可期限为争议焦点的默示许可案件。在该案中，原告拥有一项关于熔融金属提纯系统的方法专利，但是并没有出售用于实施该方法的整套系统设备，而是出售专门用于实施其专利方法的压力泵。被告销售该压力泵的替代品，有购买者从被告处购买产品用于替换之前从权利人处购买的压力泵以继续实施原告的专利方法。对于购买人从原告处购买压力泵后获得实施其专利方法的默示许可，双方没有争议。但是对于默示许可的存续期限，原、被告存在重大分歧。原告认为默示许可的期限仅限于其所销售的每个压力泵的使用寿命，被告认为许可期限覆盖整个专利有效期。CAFC 支持了原告的主张，因为在 CAFC 看来，购买人在从原告处采购压力泵时预期自己在整个专利有效期内都有权利更换压力泵是不合理的。

3. 许可权项的确定

专利实施权一般可以被划分为制造、使用、许诺销售、销售和进口等具体权项。默示许可下的实施权具体应当包含的权项数量取决于默示许可据以生成的具体环境。例如在基于技术标准产生的默示许可中，实施权一般被认为涵盖了除进口权外的全部权项；在基于原许可协议产生的默示许可中，实施权的范围取决于原许可协议的约定。而在因为权利人违约行为产生默示许可的 *McCoy* 案中，CAFC 认为许可权仅限于销售和许诺销售。

4. 许可对价的确定

美国联邦最高法院在 *De Forest* 案中就默示许可下的使用费问题曾说道："至于所构成的许可是否免费，应当取决于当时的具体

---

❶ *Carborundum Co. v. Molten Metal Equipment Innovations, Inc.*, 72 F. 3d 872 (Fed. Cir. 1995).

情况。"在决定默示许可的被许可人是否需要支付对价时，应当主要根据权利人是否已经从中获得相应的对价来衡量。❶ 如果权利人已经从默示许可关联的交易中获得了对价，则被许可人无须再次支付对价，比如因为专利权人销售产品零部件产生的默示许可。相反，如果专利权人尚未获得任何对价利益，则许可发放人有权请求使用对价的支付，例如在 *De Forest* 案中，作为许可人的 AT&T 由于尚未收取任何对价且已经言明其他争议问题留后解决，所以应当认为其有请求美国政府支付合理对价的权利。当然，需要承认这一事项的复杂性。例如在 *Wang Lab* 案中，虽然专利权人 Wang 公司并没有从默示被许可人 Mitsubishi 公司处获得直接的专利权使用对价，但是 CAFC 认为 Wang 公司作为产品采购人已经从 Mitsubishi 公司参与形成的竞争性市场中因为获得了价格低廉的产品而充分受益，所以 Mitsubishi 公司获得的是无须支付使用费的默示许可。

（二）法律渊源始终保持案例法的本色

经过一百多年案例法的发展，法院在专利默示许可上已经积累了丰富的司法经验，但是却始终未转换为成文法，依然保留案例法的本色。不但以判例法为传统的英美国家如此，以法典化见长的德国和日本也概莫能外。专利权的法定性特征决定了无论判例法系国家还是成文法系国家，专利法都以成文法为主要表现形式。美国的成文专利法具有全球引领性，其制度的完备性和体系的严密性不输任何成文法国家。美国专利法上的具体制度，并非国会山的精妙构思，而是法官们判例智慧的结晶。以专利间接侵权这一重要制度为例，早在 1871 年的 *Wallace v. Holmes* 案❷中，法

---

❶ 石磊. 论专利默示许可的适用 ［D］. 北京：北京化工大学，2013：25.

❷ *Wallace v. Holmes*, 29 F. Cas. 74（C. C. D. Conn. 1871）.

官们就开创性地提出了专利共同侵权的概念，此后经过大量判例的不断完善，直至 1952 年国会修改专利法时被吸收进成文法。根据社会发展的需要，充分吸收已经成熟化的判例规则，保证专利法具有良好的社会适应性，是美国专利制度持续发挥激励创新价值的根本保障。❶ 那么为何美国等专利制度成熟的国家却始终未能实现默示许可规则的成文化呢？笔者认为，至少有以下两个方面的原因可以解释这一现象。

1. 默示许可的适用过于复杂，难以抽象出统一的规则

通过前文所开列的案例可以看出，默示许可的适用对象（产生原因）一项就已经让人眼花缭乱：基于整件产品销售的默示许可、基于零部件销售的默示许可、基于胚料或中间物销售的默示许可、基于原许可协议的默示许可、基于违约行为的默示许可、基于技术标准的默示许可……。每种类型默示许可的期限、地域、权项、费用等内容又千差万别。正如美国法院在众多案件审理中不止一次申明的那样，默示许可的有无及其内容完全取决于当时的交易环境。"并没有简单的公式可以决定何时发生默示的专利许可，而且一般原则也过于模糊，因而在对于一些相近似的案件作出判决时无甚大用。"❷ "默示许可的认定是个案性的，案件事实的些许变化可能会导致判决结果的完全不同。"❸ 默示许可就其本质来讲，应当是法院在个案处理过程中，以当事人意思为基础，以交易环境为根据，由法院拟制或者推定的一种许可形式。由于许可源于推定，所以其内容高度取决于个案，基本不可能抽象出具有一般适用性的规则。

---

❶ 杨利华. 美国专利法史研究 [M]. 北京：中国政法大学出版社，2012：231.

❷ 德雷特勒. 知识产权许可：上 [M]. 王春燕，等，译. 北京：清华大学出版社，2003：184.

❸ 陈瑜. 专利默示许可研究 [D]. 重庆：西南政法大学，2017：46 – 47.

2. 默示许可作为一项合同法上的制度，本来就是非成文化的

正如前文所述，基于专利默示许可所成立的法律关系是一种真正的合同法律关系，而非侵权法律关系。既然默示许可下的法律关系是合同法律关系，自然应当适用合同法律制度进行调整。具体来讲，默示许可在英美合同法上的法律基础是默示条款制度，在大陆法系上则为其合同解释制度。根据《布莱克法律词典》的解释，所谓默示条款是指当事人未在合同中明确约定，但是由法院推断当事人默示的意图而添加进合同的条款❶。"在很多案件中合同的条款都能被默示，在特殊情况下，这相当于诚信义务。"❷诚信是合同法中最为一般的规定和要求，处于基本原则的地位。默示许可被认为直接来源于诚信原则，与诚信原则具有规范属性上的一致性，所以在英美合同法中其始终处于判例法的形态。既然作为专利默示许可基础的合同默示条款制度处于案例法的形态，专利默示许可也很难对其进行超越。大陆法系没有默示条款制度，但其合同解释制度完全承载了英美法系默示条款制度的功能，具体来讲应当是合同解释中的漏洞补充。❸ 漏洞补充的对象是合同中的漏洞，即合同关于某事项应有约定而未约定的不圆满的现象。❹ 合同漏洞补充从操作层面来讲，实际上是法官基于公平正义观念对合同履行中缺失规则的填补。"正义有着一张普洛透斯似的脸（a Protean face），变幻无常、随时可呈不同形状并具有极不相同的面貌。"❺

---

❶ 原蓉蓉. 论英美合同法中默示条款的补充及其借鉴 [J]. 学术论坛, 2013, 36 (2): 98 – 102, 111.

❷ 阿狄亚. 合同法导论 [M]. 5版. 赵旭东, 何帅领, 邓晓霞, 译. 北京: 法律出版社, 2002: 220.

❸ 翟云岭, 王阳. 默示条款法律问题探析 [J]. 法学论坛, 2004 (1): 28 – 34.

❹ 崔建远. 合同法 [M]. 北京: 北京大学出版社, 2012: 390.

❺ 博登海默. 法理学: 法律哲学与法律方法 [M]. 邓正来, 译. 北京: 中国政法大学出版社, 2004: 261.

由于对公平正义的判断因人而异，像合同漏洞补充这一类离公平正义最近、对公平正义依赖程度最高的制度，是不可能创制出具体法律规则的，至多能确定一些与公平正义抽象程度相差无几的原则性规定。诚如是，大陆法系的合同漏洞补充规则依然处于案例法的状态，专利默示许可作为其子类同样难以实现成文法化。

第三节　专利默示许可与专利权用尽的关系

要弄清楚一个概念就不得不弄清楚与之密切相关的其他概念。只有明确了一个概念与相关概念之间的联系与区别，才能真正明白待解概念的含义和边界，进而才能正确运用这个概念去建构相关的法律制度。在专利法范围内，与专利默示许可相关的概念不少，但是没有哪个概念比专利权用尽与专利默示许可之间的关系更为紧密的了，或者说更容易混淆的了。诚如美国著名知识产权学者德雷特勒所言："没有对首次销售原则或者说'权利用尽'原则进行评估，是不可能理解默示许可的必要性或者其内容的。"❶所以，弄清楚专利默示许可与专利权用尽之间的关系，对于正确理解专利默示许可将有重大助益。专利默示许可的概念和制度是历史形成的。在专利默示许可演进史的视角下，更能厘清专利默示许可与专利权用尽之间的关系。

一般认为，专利权用尽原则由德国学者科勒（Kohler）所首创。❷专利权用尽，又称专利权穷竭，通常是指专利权人或者获其

---

❶ 德雷特勒. 知识产权许可：上 [M]. 王春燕，等，译. 北京：清华大学出版社，2003：184.

❷ 刘春茂. 知识产权原理 [M]. 北京：知识产权出版社，2002：504.

授权的被许可人在出售专利产品或依照专利方法直接获得的产品之后，就不能基于自己的专利权对该产品的买受人或后续的第三方的使用或转售等行为进行控制❶，也就是说，专利权人自己或者许可他人制造的专利产品被合法投放市场后，任何人使用、许诺销售、销售或进口❷该产品，不再需要得到专利权人的许可或授权，且不构成对专利权的侵害❸。权利用尽起始于专利产品的首次销售，因此该制度在英美法系中多被称作首次销售原则（First Sale Doctrine）。包括我国《专利法》❹在内的很多国家的专利法，都对专利权用尽原则作出了明确规定，因而可以认为专利权用尽原则是一项重要的成文法制度。

一、专利默示许可与专利权用尽的联系

专利默示许可与专利权用尽，在专利法上虽为两项不同的制度，但是二者也存在着内在的紧密联系，这种联系主要表现在历史起源上的共同性、制度功能性的共同性与适用条件上的共同性。正是由于多位共同性的存在，在英国等普通法系国家，专利默示许可与专利权用尽至今有时还在竞合适用。

（一）起源上的共同性

在科勒提出专利权用尽原则之前，该原则即以判例法的形式

---

❶ 崔国斌. 专利法：原理与案例［M］. 2版. 北京：北京大学出版社，2016：671.

❷ 不同国家专利规定的专利权穷竭的地域范围有所不同，有的是全球穷竭，有的是地区穷竭，有的是国内穷竭。我国 2000 年修正的《专利法》不允许平行进口，因而所采用的专利权穷竭是国内穷竭，2008 年修正的《专利法》允许平行进口，因而所采用的专利权穷竭是全球穷竭。

❸ 刘春田. 知识产权法学［M］. 北京：高等教育出版社，2019：133.

❹《专利法》（2020 年修正）第七十五条第一项规定："有下列情形之一的，不视为侵犯专利权：（一）专利产品或者依照专利方法直接获得的产品，由专利权人或者经其许可的单位、个人售出后，使用、许诺销售、销售、进口该产品的……"

存在于西方国家的专利制度中，其理论基础就是专利默示许可。在专利默示许可和专利权用尽理论的早期，二者并非相互独立的制度，常常是相互交织，甚至是重叠适用。在英美法上，二者之间起源上的共同性体现得尤其充分。1871 年的 *Betts v. Willmott* 案是默示许可起源的标志性案件，其实这个案件也可以被视为专利权用尽的典型案例。该案中，原告在英国和法国拥有同族专利。原告在英国制造并销售该专利产品，并通过其被许可人也在法国制造和销售相同产品，同时要求其被许可人不得将专利产品出口到英国。被告在法国购买了被许可人销售的专利产品并将其带到英国进行使用。原告起诉被告侵犯专利权。法院认为：购买人购买产品的目的就在于拥有对该产品的支配权，原告必须证明存在与这种预期目的相反的明确约定，其关于并未授予任何以购买者愿意的方式使用物品许可的主张才会得到法院支持。也即，权利人在出售专利产品时必须明示售后限制，否则法院视其为默示许可。因此这一案例被解读为默示许可学说在英国的起源。权利用尽理论提出后，也有观点认为，自 1871 年 *Betts* 案以来，英国法律已经承认了一个有限制的专利权国际穷竭的形式：权利人、其代理人以及被许可人在 B 国销售专利产品就穷尽了其在 A 国的权利，而权利人的受让人的销售则不具有此效果。❶ 专利产品的进口问题在今天看来属于专利权用尽问题，但是在专利制度的早期是通过默示许可理论来解决的，体现了专利默示许可与专利权用尽在起源上的共同性。

在美国，专利权用尽原则产生于一系列的司法判例，多数观点认为 1873 年的 *Adams v. Burke* 案首次确立了该项制度❷，但是实

❶ 陈瑜. 专利默示许可研究 [D]. 重庆：西南政法大学，2017：84.

❷ 万琦. 专利产品首次销售侵权抗辩研究 [M]. 北京：知识产权出版社，2014：105.

际上法院在该案中是使用专利默示许可来解决案涉争议的，所以该案件既是专利权用尽案件，也是专利默示许可案件。有学者认为 Adams 案首次在权利穷竭的基础上开创性地提出了专利默示许可原理❶，即任何专利发明产品的转让都给予了购买者使用或再销售该产品的穷竭型默示许可❷，以至于穷竭型默示许可在美国的学理上成为默示许可的主要类型。

在 19 世纪，德国对于专利权人对自己销售的或者其被许可人销售的专利产品的使用或者转售进行控制而引起的问题，也是通过默示许可理论来解决的，即如果专利权人或者其被许可人在首次销售其专利产品时没有附加限制性条件，则推定该销售行为包含了允许购买者任意使用或者处置该专利产品的默示许可。德国一开始在处理专利产品售后问题上采取了英国的默示许可理论，但其后来意识到，采用合同理论对购买者来说不够理想。❸ 进入 20 世纪以后，为了更好地维护购买者的利益，促进商品的自由流通，德国认为有必要找出一种对专利本身所赋予权利进行限制的更为彻底的解决方法，由此提出了有别于专利默示许可的权利穷竭原则。❹ 可见，在德国法上，专利权用尽原则同样是从专利默示许可理论中孕育而出的。

---

❶ SWOPE M J. Recent developments in patent law: implied license – an emerging threat to contributory infringement protection [J]. Temple law review, 1995, 68 (1): 281 – 306.

❷ LECHLEITER D M. Dividing the (statutory) baby under Anton/Bauer: using the doctrine of implied license to circumvent section 271 (c) protection for components of a patented combination [J]. John Marshall review of intellectual property law, 2004, 3 (2): 355 –396.

❸ 董美根. 论专利产品销售所附条件的法律效力 [J]. 华东政法大学学报, 2009 (3): 53 –60.

❹ 李闯豪. 专利默示许可制度研究 [M]. 北京: 知识产权出版社, 2020: 59.

（二）功能上的共同性

专利默示许可与专利权用尽在两个方面的功能上具有一致性，一是在价值理念上限制专利权人谋取过度报酬，维持专利权人与专利技术使用人、社会公众之间的利益平衡，二是在法律技术上作为被控侵权人对抗侵权指控的一种法律手段。

首先，二者均可以限制专利权人滥用专利权的过度取酬行为。让我们回到专利制度的初始问题，即国家为什么要通过专利权的方式对发明创造进行保护。"专利制度的原理很简单：发明是一种'公共产品'，创造起来昂贵而复制起来却成本低廉。如果不通过某种方式奖励发明人以鼓励创新，人们将争当模仿者而不是发明者。"❶ "如果有专利的话，相当大比例的发明会被追求，而没有专利就不会被追求，从各公司的角度上来看，专利制度被认为是有效的。"❷ 国家奖励发明人的方式就是授予专利权人在一定期限内对发明创造的垄断权，这就是专利法上有名的"垄断 –报酬理论"。

对"垄断 –报酬理论"的经典解释是："任何人应该得到其对社会贡献的相应报酬。如果有必要时，社会应该予以干预以保证其获得此等报酬。发明人作出了于社会有益的贡献，确保其获得相应报酬的最合适方法是，对其发明以排他性的专利权为形式授予其临时垄断权。"❸ 临时"排他性特权"类似于政府给予的奖金，但它避免了政府决策的任意性，又确保了获得与发明使用价值相

---

❶ 伯克，莱姆利 . 专利危机与应对之道［M］. 马宁，余俊，译 . 北京：中国政法大学出版社，2013：8.

❷ 格莱克，波特斯伯格 . 欧洲专利制度经济学：创新与竞争的知识产权政策［M］. 张南，译 . 北京：知识产权出版社，2016：57.

❸ MACHLUP F. An economic review of the patent system［R］. Washington：Committee on the Judiciary United States Senate，1958：19.

当的报酬。尽管此类报酬为消费者所支付，他们也从中获得收益。❶ 政府奖励制度既不有效，也不可行，因为政府无法具体决定每一发明的金钱价值，从而使得奖励的授予颇不确定。❷ 但专利权人获得的报酬应当具有合理性。专利权人获得的报酬水平与法律授予垄断权的强度呈正相关关系。如果法律授予专利权人的垄断权过于强大，虽然专利权人的利益得到了充分维护，但将会损害公共利益。专利权用尽和专利默示许可都在于将专利权人的垄断权控制在一个合理范围内，也就是将专利权人获得的报酬控制在一个适当水平上。

专利权用尽原则的直接目的是将专利权人对专利产品的控制权限制在首次销售的范围内，根本目的是保证商品的自由流通。"通过这一独具匠心的设计，既维护了专利权人对其专利的获益权，又维护了含有专利产品的商品购买人的利益，使知识产权与所有权处于平衡状态，从而均衡了专利权人的利益和社会公众的利益，避免了贸易中的不公平竞争，为商品的自由流通扫清了障碍。"❸ 之所以可以进行这种限制，乃是因为在不需要与第三方竞争的情形下，通过制造销售专利产品（或者许可上述行为），专利权人已经获得了基于专利权的相关报酬，从而关于该产品的专利权已经被用尽了；专利权用尽原则确保了产品自由贸易中公共利益的实现，因为该制度阻止专利权人分割国内市场和阻碍产品的自由流通。❹ 专利默示许可的成立一般以专利权人已经获得相应对价为条件，如基于专用品销售产生的专利默示许可，此时认定存

---

❶ 梁志文. 论专利公开 [M]. 北京：知识产权出版社，2012：44.

❷ 黄海峰. 知识产权的话语与现实：版权、专利与商标史论 [M]. 北京：华中科技大学出版社，2011：157.

❸ 刘廷华. 专利法理论与实务 [M]. 北京：法律出版社，2021：543.

❹ 万琦. 专利产品首次销售侵权抗辩研究 [M]. 北京：知识产权出版社，2014：110.

在默示许可就是为了将专利权人的利益限制在一个合理的范围内，避免专利权人滥用专利权双重受益进而损害专利使用人的合法权益。所以，从价值理念上来讲，二者是相同的，都是将专利权人通过垄断权获得的报酬限制在合理范围内，避免对社会公共利益和相对人利益的损害。

此外，二者均是一种侵权抗辩手段。虽然从规范属性来讲，专利权用尽属于权利限制制度，默示许可属于专利实施制度，二者存在显著不同，但是从司法实践来讲，二者在专利案件中都是被告对原告侵权指控的一种抗辩手段，所达到的效果都是有效对抗原告所提出的诉求。从这个意义上来讲，专利默示许可离专利权用尽更近，离专利明示许可还要更远一些。

（三）适用上的共同性

专利默示许可与专利权用尽的适用范围有所不同。一般认为专利默示许可的适用范围更大，就二者共同的适用情形——基于产品销售产生的默示许可和权利用尽来讲，在适用条件上具有共同性，那就是产品的制造销售行为必须是专利权人所为或他人经专利权人授权所为，伪造品不适用默示许可或权利用尽。设定权利用尽或默示许可的目的之一是防止专利权人多重受益，但是在伪造品的情况下，专利权人并未从产品生产销售中获益，限制其专利权自然就是不合理的。

"根据前述'利益平衡理论'，权利用尽原则适用的必要条件是专利权人已经获得相应的回报以奖励其创造性劳动对社会作出的贡献。因此，适用权利用尽抗辩制度，专利产品必须来自专利权人或其许可人。"❶ 专利权用尽原则适用的条件之一是"相关产

---

❶ 北京市第一中级人民法院知识产权庭. 侵犯专利权抗辩事由［M］. 北京：知识产权出版社，2011：76－77.

品须为专利权人或其被许可人合法售出。因为权利穷竭原则存在的目的之一即为防止专利权人对同一产品主张两次权利：一旦权利人独立实施了将受专利权保护的产品投放市场，则独占权的合理目标已经实现，即权利人已经得到了应得的报酬。此时，任何进一步利用专利权限制商品在市场上的流通的行为都将构成对权利的滥用或对权利的不正当使用。所以权利穷竭只能由专利权人授权的销售引起。侵权产品的销售则不能产生权利穷竭的效果。"❶ 穆勒教授也表达了相同的看法："值得注意的是，对伪造品或盗版产品的销售不会引发专利权利用尽。专利权利用尽仅适用于经许可的专利产品首次销售；也就是说，该产品是由专利权人销售的，或者由他人（例如被许可人）在专利权人的准许下销售的。假定该首次销售是经过许可的，专利权人则被视为已经在对该特定产品的销售价格中获得了其全部的报酬。"❷

基于产品销售的专利默示许可，多表现为基于权利人的零部件销售行为，购买人获得了将该零部件组装为专利产品的权利或实施相关专利方法的权利。在这种情形下，要求"已售部件应为专利权人所销售。当部件本身为专利产品时，如不是专利权人销售的，该部件本身的销售即构成侵权，更不要说使用其他专利。故此时无讨论默示许可之必要。当部件本身不是专利产品时，如果该部件由第三人销售，一旦允许从第三人处购买部件的购买者实施专利等方法时，将导致在专利权人与部件提供者、购买者之间利益失衡，专利法的促进技术发展的目的落空。"❸ 当然，专利

---

❶ 李闻豪. 专利默示许可制度研究［M］. 北京：知识产权出版社，2020：64.

❷ 穆勒. 专利法：第3版［M］. 沈超，李华，吴晓辉，等，译. 北京：知识产权出版社，2013：399.

❸ 董美根. 论专利默示许可：以对专利产品合理期待使用为目标［M］//国家知识产权局条法司. 专利法研究2010. 北京：知识产权出版社，2011：484–501.

默示许可有关零部件来源的规则要更复杂一些，它一般并不要求全部来源于专利权人或被许可人，只要专用部件来源于权利人即可，当然视具体情形还有可能存在不同的限制条件。

所以，专利权用尽和默示许可的成立，都要求相关产品的制造销售必须是专利权人所为或经专利权人许可所为，根本目的是维护专利权人获得适当报酬的权利，进而从根本上实现专利法激励发明创造的立法目的。与伪造品相比，盗赃品——他人盗窃的专利权人制造的待销售产品——是否适用权利用尽则存在争议。有学者借用法国"第一次市场投放"理论，认为他人盗窃的权利人摆放于销售货架上的专利产品也适用权利用尽，因为专利权人将产品摆放于货架而待售的行为已完成将专利产品投放市场，行为人的盗窃行为只是对专利产品的所有权造成了侵害，并没有涉及专利特权。❶ 当然，有人持完全相反的观点，认为由于专利权人的回报没有因为将产品摆放于货架或者被盗走而得以任何形式的实现，此时适用权利用尽抗辩制度的必要条件并没有实现，当然专利权人的专利权也没有用尽。❷ 笔者赞同后一种观点：制造销售行为经专利权人同意，是指产品的初次流转符合专利权人的意志，进而实现了专利权人的利益。在盗赃品的情况下，显然这些条件并没有得到满足。

二、专利默示许可与专利权用尽的区别

专利默示许可与专利权用尽虽然存在紧密联系，但已经发展为两项独立的专利法律制度。无论从法律规范性质、制度适用范围，还是从能否由专利权人施加单方限制来讲，二者都存在重大

---

❶ 任军民. 我国专利权权利用尽原则的理论体系 [J]. 法学研究, 2006 (6)：39–52.
❷ 北京市第一中级人民法院知识产权庭. 侵犯专利权抗辩事由 [M]. 北京：知识产权出版社, 2011：77–78.

不同。在大陆法系国家的专利法上，专利默示许可与专利权用尽之间的区分脉络已经非常清晰。

（一）规范性质不同

专利权用尽属于专利权利限制制度的范畴，其目的在于：出于维护商品自由流通这一公共利益的需要，对专利权人的专有权利进行适当的限制。"首次销售原则有着重要的政策性考虑：使得动产的购买者无须追溯其所有物中的专利授权轨迹，降低交易成本，使得市场免于不必要的限制。"❶ 该政策维护的是社会公共利益，因此基于该政策产生的专利权用尽原则就应当具有强制性。从专利权用尽的产生上来看，正是由于以默示许可为基础的专利权用尽原则存在维护公共利益不足的问题，科勒才将其脱离专利默示许可发展为一种独立的理论学说。包括专利权用尽原则在内的专利权利限制制度，都属于对专利权的内在限制。权利内在限制理论认为，权利限制乃是源于权利的自我限制，是来自社会群体的整体权利对来自单独个人的个别权利的限制，限制个人权利的公共利益并不外在于个人权利，而是被包含于权利构成要件之中。❷

而专利默示许可则属于专利实施与运用制度的范畴，属于合同关系的一种，其目的在于平衡权利人和特定的专利技术使用人之间的利益关系。在这个意义上，专利默示许可与明示许可具有本质上的一致性，而与专利权用尽存在重大不同。Osborne 指出，专利默示许可与专利权用尽的适用经常会产生相同的结果，例如产品的购买包括默示的使用与再销售的权利；然而，专利权用尽

---

❶ 德雷特勒. 知识产权许可：上 [M]. 王春燕，等，译. 北京：清华大学出版社，2003：633.

❷ 罗军. 专利权限制研究 [M]. 北京：知识产权出版社，2015：69.

是对专利权的内在限制，专利默示许可是基于交易双方信任与期望的合同准则。❶ 从本质上来讲，默示许可不是对专利权人权利的限制，而是专利权人实现其专利权的方式之一，只不过其实现方式是默示形式而已。

（二）适用范围不同

一般认为，专利权用尽只能适用于整件专利产品或依照专利方法直接获得的产品，不能适用于专利产品的零部件或原材料，也不能脱离产品适用于抽象的行为，但是专利默示许可有着更大的适用范围，不但可以适用于专利产品的零部件或原材料，还可以单纯基于专利权人的行为引发专利默示许可，但是默示许可恰恰一般不适用于整件专利产品。根据《专利法》第七十五条的规定，专利权用尽的适用对象是"专利产品或者依照专利方法直接获得的产品"，也就是体现在该"产品"中的专利权随着该产品的销售被用尽了，但是并不能据此延及其他专利权：比如所销售的专利产品构成了更大专利产品的一部分，或可以用来实施其他的专利方法，专利权用尽无力回答购买人是否可以据此建造其他专利产品或实施权利人的其他专利方法的问题。"如果采用售出的产品作为专用装置来实施该专利权人获得的另一项方法专利权，或者采用售出的产品作为部件来实施该专利权人获得的另一项产品专利权，则不能认为专利权人或者其被许可人售出有关产品的行为使这些相关联的专利权也被权利用尽了。"❷

例如，在 *Bandag* 案中，CAFC 驳回了被告的抗辩，认为权利用尽原则在该案中并不适用，因为权利人的方法专利的权利要求不能

---

❶ OSBORNE J W. A coherent view of patent exhaustion: a standard based on patentable distinctiveness [J]. Santa Clara computer and high technology law journal, 2004, 20 (3): 643 – 694.

❷ 尹新天. 中国专利法详解 [M]. 北京: 知识产权出版社, 2011: 793.

覆盖权利人所销售的可以用来实施该专利方法的设备。在 *Glass Equipment Development* 案中，CAFC 重新确认了对权利用尽原则的此种限制。在该案中，法院考虑了"非专利产品的销售是否授予购买者实施单个专利中一个或多个方法的默示许可"这一问题。因为许可问题涉及方法专利而非设备专利，CAFC 认为"此案不适用权利用尽"。因此，如果专利权人或被许可人仅出售专利产品的一个部件，则这种情况不适用权利用尽原则，因为涉案专利的权利要求并没有覆盖出售的产品。但这种情形有可能适用默示许可。如果购买者能够证明权利人销售的专利产品的部件除了组装为专利产品之外没有其他用途，则购买人获得了实施权利人专利的默示许可。❶

但是上述原则近些年来也出现了松动的迹象，专利权用尽的适用范围相应地在不断扩大。在 *Quanta* 案❷中，美国联邦最高法院即将专利权用尽扩展到专利方法和更大范围的专利产品上。在该案中，原告 LG 公司拥有一系列关于计算机系统和方法的专利。LG 公司与著名的计算机芯片制造商 Intel 公司达成了一项许可协议。根据该许可协议的约定，允许 Intel 制造和出售由 LG 专利所保护的计算机系统中的微处理器和芯片组。当 Intel 将其微处理器和芯片组组件出售给第三方计算机制造商时，发生了争议。被告 Quanta 公司是 Intel 的客户，其通过将 Intel 提供的组件和非 Intel 生产的组件（例如计算机存储器和总线）进行组装来制造计算机。LG 公司的专利权利要求覆盖了这些计算机。也就是说，Quanta 所组装和销售给消费者的这些组件的整体组合实施了 LG 公司的专利。在随即发生的 LG 与 Quanta 之间的诉讼中，LG 声称 Quanta 公司对计算机的销售行为侵犯了其专利权，而 Quanta 则辩称，基于专利权利

---

❶ 袁真富. 知识产权默示许可：制度比较与司法实践 [M]. 北京：知识产权出版社，2018：17 - 18.

❷ *Quanta Computer, Inc. v. LG Elecs., Inc.*, 128 S. Ct. 2109（2008）.

用尽抗辩原则，该公司不必承担侵权责任。

（尽管 Intel 并非 LG 与 *Quanta* 案的当事人）该案争议的核心是 LG 与 Intel 许可协议的条款。该许可准许 Intel 制造并向第三方销售所许可的产品（Intel 生产的微处理器和芯片组），但该许可也规定 LG 并没有（明示或默示）允许任何第三方将经许可产品与非 Intel 组件进行组合。根据 LG 和 Intel 另行签订的一项"主协议"要求，Intel 曾向 Quanta 书面告知了上述条款的内容。尽管如此，Quanta 仍然根据专利权利用尽理论开始制造和销售计算机。美国联邦最高法院支持了 Quanta 的观点，认为尽管方法权利要求与工艺流程而非有形产品有关，但专利权利用尽抗辩既可以适用于对方法权利要求的侵权主张，也可以适用于对装置权利要求（如该案中的"系统"）的侵权主张。"虽然的确不能以销售产品和设备一样的方式来销售专利方法，但方法毕竟可以在产品中得以'体现'，而对该产品的销售会用尽方法专利权。"美国联邦最高法院继续分析道：该案中 Intel 的微处理器和芯片组除与计算机存储器和总线进行连接之外，别无他用。Intel 进行产品销售的唯一明显目的就是由 Quanta 将 Intel 所提供的组件与非 Intel 生产的计算机存储器和总线进行组合来制造和销售计算机。此外，Intel 所提供的组件"构成了该专利发明创造的关键部分，基本上完全实施了该专利"。根据美国联邦最高法院的意见，对于专利权利用尽而言，制造在实质上体现了一件专利的产品，与制造该专利产品本身并无区别。❶

（三）可否限制不同

默示许可理论与专利权用尽原则的本质区别在于，是否承认专利权人有权在销售其专利产品时对购买者使用或者处置其购买

❶ 穆勒.专利法：第 3 版［M］.沈超，李华，吴晓辉，等，译.北京：知识产权出版社，2013：400－401.

的专利产品的行为施加限制性条件。德国认为,专利权用尽原则
是对专利权的一种本质性限定,不论专利权人在售出其专利产品
时是否提出了限制性条件,这样的限定都是存在的。专利产品的
购买者违反专利权人提出的限制性条件属于合同违约问题,而不
是侵犯专利权的问题。如果专利权人提出的限制条件违背了专利
权用尽原则,则超越了专利权的范围,构成了滥用专利权的行为,
因而不具有法律效力,严重的会构成触犯反垄断法的行为。❶ 欧洲
大陆法系其他国家基本上也持有与德国相同的立场,即专利权用
尽原则属于强行性规范,不能由当事人的约定加以排除。由此,
强行性专利权用尽原则再次明确了专利权的界限,即专利权的效
力止于专利产品的首次销售。❷ 我国《专利法》借鉴德国模式,规
定了权利用尽原则,权利用尽原则的适用与专利权人在销售专利
产品时是否有明确的限制性条件无关。❸

英美法系国家对于专利权人销售专利产品时附加限制条件的
问题持较为开放的立场。英国法采用有条件的权利用尽,即允许
专利权人或者其被许可人对专利产品售出后的使用和转售提出限
制性条件。凡合法售出专利产品的,对直接购买者或者随后的间
接购买者明知上述限制性条件而又继续使用、销售的,依然以侵
权行为论;但是专利权人或者被许可人没有提出限制性条件,则
意味着购买者获得了使用、销售专利产品的"默示许可",即法律
推定权利用尽成立。以专利权效力及于专利产品销售后的使用、
转售为一般情形,以无限制条件的"默示许可"为例外情形,英
国奉行的是有条件的权利用尽原则。❹ 美国的权利用尽原则比较复

---

❶ 尹新天. 中国专利法详解 [M]. 北京:知识产权出版社, 2011:792.

❷ 万琦. 专利产品首次销售侵权抗辩研究 [M]. 北京:知识产权出版社, 2014:116.

❸❹ 吴汉东. 知识产权法 [M]. 北京:法律出版社, 2021:411.

杂，其根据国家经济形势的不同对于权利用尽的态度一直在发生变化，地方法院、CAFC 的判决一直不能达成一致，没有确定的结论，但是自 1992 年 CAFC 针对 *Mallinckrodt v. Medipart* 案❶作出判决以来，相对用尽原则在美国司法界占据了主导地位❷。CAFC 通过 *Mallinckrodt* 案的判决确立了美国在此问题上的基本态度，即专利权用尽原则为任意性规范，合法、明确的限制条件可以排除专利权用尽原则的适用。

就专利默示许可原则的适用而言，由于其本身的合同属性，通常情况下允许专利权人通过提出明确的限制性条件来排除默示许可的适用，而这也是各国实践中所公认的。由于限制性条件本质上属于当事人之间的约定，因此就限制性条件的要求而言，其应当满足以下三项基本要求：（1）限制性条件必须是明示的，而不能是暗示或默许的；（2）限制性条件必须至迟在专利产品销售的同时提出，而不能事后补充或者追加；（3）限制性条件必须是明确的，而不能仅仅是一种建议或者劝告。❸ 因此，在涉及产品销售的专利默示许可纠纷中，如果专利权人能够证明其在产品销售之初就对产品的使用或转售提出了明确的限制性条件，那么就可以排除相关的默示许可。❹ 显而易见，相比于权利用尽，默示许可具有适用更为灵活、更尊重双方意思自治等优势。❺

❶ *Mallinckrodt Inc. v. Medipart Inc.*，976 F. 2d 700，701（Fed. Cir. 1992）.
❷ 北京市第一中级人民法院知识产权庭. 侵犯专利权抗辩事由［M］. 北京：知识产权出版社，2011：73.
❸ 万琦. 专利产品首次销售侵权抗辩研究［M］. 北京：知识产权出版社，2014：88–89.
❹ 李闯豪. 专利默示许可制度研究［M］. 北京：知识产权出版社，2020：67.
❺ 孔燕. 专利法上默示许可与权利穷竭理论研究［D］. 上海：华东政法大学，2013：7.

本章小结

"专利制度被认为是技术、经济、文化、政治相协调的产物，它是技术政策、经济制度、政治工具和法律规则的整合体。这就注定了专利制度的演进不是一种自生自发的、合乎循序演进逻辑的、田园牧歌式的演进，是一个由技术、经济、文化和政治等因素交织在一起的复杂的历史进程。"❶ 专利默示许可作为专利制度的一部分，同样受制于由技术、经济、文化和政治等因素构成的复杂的社会环境。专利默示许可起源于英国，发展和成熟于美国，并逐渐扩展到德国和日本等其他国家。根据适用对象的扩展进程，专利默示许可的发展可以被划分为三个历史阶段。从 19 世纪中期起源至 19 世纪末期，是专利默示许可发展的第一个历史阶段。在这一阶段，专利默示许可仅适用于具有独立功能的整件专利产品，主要用于解决专利权与专利产品销售后所有权之间的冲突问题，实际上也就是后来成为独立理论的专利权用尽问题。通过这一时期的典型案例可以看出，专利权用尽与默示许可同源孕育，实为默示许可的第一种形式。美国联邦最高法院在 *Henry v. A. B. Dick Co.* 案中清晰地表达了专利权用尽源自于默示许可：如果专利产品出售时的环境（surroundings）表示是无条件的，即专利权人没有附加销售条件，那么就产生了对包含发明的产品的使用、销售的默示许可。❷ 从 20 世纪初至 20 世纪 70 年代，为专利默示许可发展的第

---

❶ 袁锋. 专利制度的历史变迁：一个演化论的视角 [M]. 北京：中国人民大学出版社，2021：35.

❷ *Henry v. A. B. Dick Co.*，224 U. S. 1，8（1912）.

二个历史阶段。在这一阶段，专利默示许可与专利权用尽分道扬镳，走上了一条独立发展的道路，拓展出了基于交往关系和非专利产品销售的默示许可，显示出了专利默示许可的独特价值。20世纪80年代以来为专利默示许可发展的第三个历史阶段。在这一阶段，专利默示许可借力科技发展的东风迅速扩展了适用范围，默示许可在专利间接侵权、技术标准化以及自体复制技术等领域获得了广泛运用，进入了适用对象多元化发展的新阶段。专利默示许可的历史发展看似纷繁复杂，但是经过梳理仍可以发现较为清晰的规律性。这种规律性可以被总结为三个方面：首先，从适用条件来看，专利默示许可始终遵循合同关系的进路，以权利人无明确拒绝许可的意思为限；其次，从价值目标来看，专利默示许可始终以利益平衡为基本价值取向，如影随形地制约专利权的过度扩张；最后，从内容形式来看，许可内容遵循个案原则确定，法律渊源始终保持案例法的本色。专利默示许可的历史嬗变规律，是我国建构该制度的可靠指引。专利默示许可与专利权用尽，既存在着紧密的联系，也具有显著的区别。从历史演进的视角厘清二者之间的关系，对于专利默示许可制度的运用和构建均具有重要价值。

CHAPTER 02 >> 第二章

专利默示许可的理论基础

进入 21 世纪以来，随着我国知识产权事业的蓬勃发展，专利默示许可案件在司法实践中正经历着一个从发端到持续快速增加的过程。由于司法实践所提供的经验仍然较为有限，虽有多个部门就专利默示许可的立法提出了多种方案，但始终未能形成正式的立法成果，甚至近年来陷于停滞状态。❶ 由于法律供给上的匮乏，专利默示许可的司法实践呈现出放任自流的凌乱状态。在立法裹足不前且短时间内难以根本改观的情况下，人们将目光投向学理体系的构建，希冀借此为司法实践提供有力支撑。"法律理论在阐释维系我们生活方式的价值标准和理想并

---

❶ 最高人民法院 2008 年公布的《关于审理侵犯专利权纠纷案件应用法律若干问题的解释（征求意见稿）》、国家标准化委员会 2009 年公布的《涉及专利的国家标准制修订管理规定（暂行）（征求意见稿）》、原国务院法制办公室 2015 年公布的《中华人民共和国专利法修订草案（送审稿）》均对标准中的专利默示许可设有专条，但是前面两个文件分别于 2016 年、2013 年公布的正式版本以及全国人大常委会 2020 年修正的《专利法》均再未正面提及标准专利的默示许可问题。

为之辩护方面应起到决定性的作用。"❶ "理论通常有两个功能，即解释特定的研究对象（解释功能），预测并解决该研究对象范围内的问题（预测功能）。……在法学和法理学中，除非出现严重的功能失灵与误入歧途，则不可能存在无实践基础的理论或无理论基础的实践。……理论和实践必须彼此引导、丰富和修正。"❷ 虽然我国有关专利默示许可理论基础的研究已经展开，并结合大陆法系国家的学理提出了多种理论学说，但从司法实践来看，这些理论学说的影响十分有限。理论学说未能服务于司法实践的根本原因，在于学说本身在规范性和实用性上存在缺陷。普通法系国家专利默示许可的司法实践经验丰富，并从中总结出了一套独特而实用的理论体系。如何在借鉴两大法系特别是普通法系理论学说的基础上，构建符合我国法律传统和司法实践需求的专利默示许可理论体系，实为当下专利默示许可制度研究的重要课题。

第一节　普通法上专利默示许可的理论基础

自 19 世纪中期专利默示许可起源，至 20 世纪末期发展相对成熟，美国法院审理了大量涉及专利默示许可的案件。通过对这些案件的审理，美国法院不但总结了有关专利默示许可的裁判规则，而且深入探讨了专利默示许可的理论基础。在 1997 年的 *Wang Lab* 案中，CAFC 通过对既往判例的总结，将各种类型专利默示许可的理论基础分别归结为衡平禁反言、法律禁反言、行为和默许四项。正如 CAFC 所言，这四项理论标签所描述的并非不同品质的专利

---

❶ 瓦克斯. 法哲学：价值与事实 [M]. 谭宇生，译. 南京：译林出版社，2013：Ⅵ.
❷ 魏德士. 法理学 [M]. 丁晓春，吴越，译. 北京：法律出版社，2005：12 - 13.

许可，而是产生专利默示许可这一共同结论的不同行为类别。❶ 其中，衡平禁反言和法律禁反言是被引用最多的事由。❷ 这些理论标签深刻揭示了法律结果的形成原因。

一、有关专利默示许可的理论学说

禁反言（estoppel）原则在英美法上，既是一种理论学说，也是一项法律制度，对英美法特别是合同的适用具有重要影响。"estoppel"是指"阻止"（preclude）或"禁止"（prohibit），禁止反言的人不得随便行事。❸ 禁反言理论源于衡平法的公平正义理念，而禁反言制度则是英美契约法在 20 世纪的重大发展。禁反言的相关概念有多种，包括衡平禁反言、允诺禁反言、行为禁反言、财产性禁反言等。❹ 与专利默示许可有关的禁反言包括衡平禁反言、法律禁反言、默许禁反言和行为禁反言，基本涵盖了所有合同法上的禁反言类型。

（一）衡平禁反言

禁反言原则滥觞于 12、13 世纪的英国衡平法，最初是一项诉讼法上的原则，主要是禁止当事人在诉讼中推翻自认的事实，后发展为一项实体法上的原则。早在 16 世纪，柯克勋爵就将禁反言的要求总结为：一方当事人因自己的行为或承诺使其难以再开口

---

❶ *Wang Lab. , Inc. v. Mitsubishi Electronics America , Inc. ,* 103 F. 3d 1571 , 1580 (Fed. Cir. 1997).

❷ HUGHEY R C. Implied licenses by legal estoppel [J]. Albany law journal of science & technology, 2003, 53 (14): 53 - 80.

❸ 费里尔，纳文. 英美合同法精解 [M]. 陈彦明，译. 北京：北京大学出版社，2009：107.

❹ 陈融. "允诺禁反言"原则研究 [J]. 河北法学，2007 (10)：132 - 136.

主张或辩解事实的真实性。❶ 丹宁勋爵进一步丰富了禁反言原则的内涵："当一个人通过其言词或行为导致他人相信了某种特定的事实状态时，如果改变其言词或行为会对他人造成不公平或不公正，则这种改变将被禁止。"❷ 禁反言本属于衡平法上的原则，发挥着校正普通法的作用，后普通法法官在作出判决时也适用这一原则，致使其逐渐融入普通法，形成了与衡平法并行的普通法上的禁反言原则❸，即法律禁反言原则。无论哪一种类型的禁反言，其核心要义都在于禁止当事人出尔反尔损害相对人的信赖利益。禁反言是人际交往伦常关系的必然要求，是法律对人际信任关系的肯定和维护。❹

相较于法律禁反言，衡平禁反言（equitable estoppel）有着更大的适用范围。衡平禁反言的适用要件一般包括：有缺乏对价的允诺存在，允诺可明示亦可默示；相对人合理信赖允诺；相对人依赖允诺行事；撤销允诺有违公平。❺ 不要求对价的存在，是在合同领域内衡平法对普通法作出的最为重要的改变。作为普通法的重要组成部分，"英美契约法极为注重双方之间权利义务平等关系，契约之有效成立，必须具有约因关系，无约因之契约，契约即不生效力。因此，无偿之允诺（bare promise）除为正式书面外，不生效力。因双方间无对等及对价之关系也。"❻ 衡平禁反言侧重

❶ GARNER B A. Black's law dictionary ［M］. 7ᵗʰ ed. Eagan：West Group，1999：570.
❷ *Dening MR in Moorgate Mercantile Co. Ltd. v. Twitchings* ［1976］1 QB 225，CA，pp. 241.
❸ 解琳，张诤. 英国合同法案例选评 ［M］. 北京：对外经济贸易大学出版社，2004：71.
❹ 陈瑜. 专利默示许可研究 ［D］. 重庆：西南政法大学，2017：19.
❺ 海静. 论英国法上的允诺禁反言原则 ［J］. 社会科学动态，2017（2）：108－115.
❻ 杨桢. 英美契约法论 ［M］. 北京：北京大学出版社，2007：5.

于权利人的"误导性"行为，这些行为暗示专利权人不会实施专利权。CAFC 在 *Aukerman* 案中描述了专利法上衡平禁反言的适用条件：侵权人知道专利权的存在；专利权人反对侵权人的行为；但是专利权人直到很晚才寻求救济；从而误导侵权人相信专利权人不会采取行动。❶

Wang Lab 案是美国法院根据衡平禁反言认定专利默示许可存在的经典案件。在该案中，CAFC 认定被控侵权人 Mitsubishi 公司获得了免费使用 Wang 公司专利技术的默示许可，原因在于 Wang 公司和 Mitsubishi 公司之间进行了长达六年的合作，期间 Wang 公司通过主动提供设计、建议和样品，一再诱使 Mitsubishi 公司使用其专利技术，而且 Wang 公司确实也从 Mitsubishi 公司采购了专利产品。Wang 公司的一系列行为使得 Mitsubishi 公司合理信赖自己获得了使用其专利技术的许可。负责审理该案的联邦地区法院认为 Mitsubishi 公司获得了基于法律禁反言的默示许可。CAFC 维持了联邦地区法院的判决，但是将产生默示许可的理论依据转换为衡平禁反言。CAFC 认为，因为许可产生于双方整个行为过程中的隐含授予，所以从本质上来讲属于衡平禁反言。❷ 衡平禁反言关注的不是原告在起诉中的不合理拖延（这是懈怠的基础），其关注的是原告的行为不公平地误导被告使其相信不会被起诉，以及被告对上述行为的依赖所造成的损害。❸

---

❶ *A. C. Aukerman Co. v. R. L. Chaides Constr. Co.*, 960 F. 2d 1020, 1042 – 1043（Fed. Cir. 1992）.

❷ *Wang Lab., Inc. v. Mitsubishi Electronics America, Inc.*, 103 F. 3d 1571, 1582（Fed. Cir. 1997）.

❸ 穆勒. 专利法：第 3 版［M］. 沈超，李华，吴晓辉，等，译. 北京：知识产权出版社，2013：393 – 394.

（二）法律禁反言

与衡平禁反言相比，法律禁反言（legal estoppel）是指范围较窄的一类行为，包括专利权人许可或转让一项权利，并且获得了对价，然后寻求减损所授予的权利的情形。对价是普通法上合同关系形成的核心概念。关于合同的定义，在普通法中引用最广泛的当属布莱克斯通 1756 年在《英国法律释义》中给出的定义：合同是"按照充分的对价去做或者不去做某一特殊事情的协议"。该定义中包括了两个最基本的要素：对价与协议。❶《美国合同法重述》则将合同定义为"一个或一系列允诺"。"没有对价的允诺是不能被执行的"，是英美契约法的一般规则。在英美合同法上，对哪些当事人的允诺给予强制执行，对哪些不予，对价就是一个区别的标准。以对价的存在作为确定允诺具有强制性的标准有两大优点：即满足商业上的需要，避免法律与道德的冲突。❷ 一般认为，在专利法领域内，法律禁反言的适用需要同时具备三项要件：专利权人许可他人使用其专利技术；专利权人已经从被许可人处获得使用对价；事后专利权人试图通过其他方式减损已经授予被许可人的权利。❸

1968 年美国索赔法院审理的 *AMP* 案❹，是基于法律禁反言认定默示许可存在的典型案例。法院经审理认为，该案存在默示许可，但是默示许可的基础却非衡平禁反言，因为该案不存在专利权人的虚伪陈述或误导行为，相反，该案默示许可来源于法律禁

---

❶ 岳彩申. 合同法比较研究 [M]. 成都：西南财经大学出版社，1995：16.

❷ 李永军. 合同法 [M]. 北京：法律出版社，2004：7.

❸ 杨德桥. 合同视角下的专利默示许可研究：以美中两国的司法实践为考察对象 [J]. 北方法学，2017，11（1）：56–70.

❹ *AMP Inc. v. United States*，389 F. 2d 448（Ct. Cl. 1968）.

反言。法院具体分析道：首先，AMP 允许美国政府使用其所开发的技术；其次，AMP 根据许可协议从美国政府获得了使用对价；再次，AMP 以"Vinson Patent"专利为据起诉，试图减损已经授予美国政府的权利。所以，法律禁反言的三项要件都已经齐备，基于法律禁反言的专利默示许可成立。基于该案所确立的法律规则可以总结为：对于专利权人许可他人实施其发明后，又利用就该技术后来获得的专利权对被许可人提起侵权诉讼的，将通过法律禁反言形成的默示许可予以禁止。❶

　　美国法院审理的 *Suessen – Schurr & Grill v. Schubert* 案❷是一个不存在默示许可的案件。1982 年，Murata 与 Schubert 签订专利许可协议，授予 Schubert 实施 Murata 所有的 011 号专利的非排他许可权。许可协议约定："Murata 在此授予 Schubert 制造、使用、销售其开放式纺纱机专利设备的非排他性全球许可。本合同项下的许可是一项有限许可，Murata 保留未明确授予 Schubert 的所有权利。"协议还约定，该协议中所指称的"专利"包括 011 号专利以及其他属于 Murata 的专利。一年后，Suessen 以 Schubert 对 011 号专利的使用侵犯了其 946 号专利为由，提起专利侵权诉讼。在 Schubert 与 Murata 基于 011 号专利签订许可使用协议的时候，Schubert 已经知道 946 号专利的存在，并认识到其对 011 专利的实施可能侵犯了 946 号专利，因为 Schubert 曾经试图就 946 号专利获得 Suessen 的许可，但是遭到了 Suessen 的拒绝。在诉讼进行过程中，Suessen 从 Murata 手中收购了 011 号专利。在 Suessen 与

---

❶ HUGHEY R C. Implied licenses by legal estoppel [J]. Albany law journal of science & technology, 2003, 53 (14): 53 – 80.

❷ *Spindelfabrik Suessen – Schurr Stahlecker & Grill v. Schubert & Salzer Maschinenfabrik Aktiengesellschaft*, 829 F. 2d 1075 (56 USLW 2176, 4 U. S. P. Q. 2d 1044).

Murata 的转让协议中，Suessen 承认 Schubert 已经获得了使用 011
号专利的许可。Schubert 主张，转让协议签订之后，Suessen 取代
了 Murata 的法律地位，因此不能再继续其对 Suessen 的侵权诉讼。
CAFC 拒绝了 Suessen 的主张。CAFC 指出，Suessen 基于转让协议
所受到的限制与 Murata 基于原许可协议受到的限制是一样的，也
就是不得基于 011 号专利对 Schubert 提起侵权诉讼。Schubert 向
Murata 支付了使用对价，从而免于承担侵权责任，但是 Suessen 却
没有收到这些对价。CAFC 指出，法律禁反言在该案中并不适用。
法律禁反言只是要求授予他人权利或者利益的人不得基于其后来
的行为减损已经授予他人的权利或利益。法律禁反言的理由在于，
授予他人权利的人在已经获得对价的条件下不应当收回其授权承
诺，以避免损害他人权益。❶ Suessen 与 Schubert 之间就 946 号专利
没有任何许可使用关系，Suessen 不存在减损 Schubert 权利的情势，
故 Suessen 可以主张其 946 号专利权。

（三）默许

默许（acquiescence）也称为默许禁反言（estoppel by
acquiescence），是表示禁反言（estoppel by representation）的一种
形式。默许一般适用于这种情形：如果 A 注意到 B 在错误下行为，
A 有责任纠正 B 这样做但却未能纠正，而 B 由于自己的错误偏好
性地改变了其立场，则 A 应当承受 B 的行为后果。❷ 专利法上基
于默许的默示许可的成立需要具备两项要件：（1）专利权人默许
他人使用其专利技术；（2）专利权人接受专利技术使用人给予的

---

❶　HUGHEY R C. Implied licenses by legal estoppel［J］. Albany law journal of science &
　　Technology，2003，53（14）：53 – 80.

❷　PICKERING A L. Estoppel by conduct［J］. Law quarterly review，1939，55（3）：
　　400 – 421.

赔偿。❶

　　1993 年的 *Mahurkar* 案是有关默许产生的专利默示许可方面的重要案件。与 *Bandag* 案一样，虽然法院最终裁定该案中不存在默示许可，但是由于其确立了默许下默示许可成立的规则，因此并不妨碍其成为这方面的重要判例。Mahurkar 博士就多种类型的双腔导管拥有产品发明专利和设计专利，其中部分型号被用于血液透析，部分型号被用于非血液透析。1988 年，Mahurkar 与 Quinton 签订独占许可协议，将多种型号的用于血液透析的光滑孔双腔导管的制造和销售权许可给后者。1990 年，Mahurkar 与 Bard 签订非独占许可协议，将多种型号的用于非血液透析的双腔导管的制造和销售权许可给后者。Mahurkar 与 Bard 的许可协议中明确约定，除明确授予的权利之外，许可协议项下不存在任何默示授权，而且特别声明已经将用于血液透析的光滑孔双腔导管的制造和销售权独占许可给了 Quinton，Bard 对该独占许可予以尊重。Bard 在实际执行许可协议的过程中，并未严格遵守协议，既制造和销售了用于非血液透析的双腔导管，也制造和销售了用于血液透析的希克曼 I 型双腔导管。1990—1992 年，Bard 一直按照协议约定向 Mahurkar 支付许可费，但是财务报告上仅有包括希克曼 I 型双腔导管在内的所有产品的总量，并没有具体指明产品代码和名称，所以无论是 Bard 还是 Mahurkar 都没有意识到 Bard 越权制造和销售了用于血液透析的双腔导管。1991 年 7 月，Mahurkar 收到 Quinton 的来信，该信指责 Bard 越权制造和销售了希克曼 I 型双腔导管。1992 年 3 月 9 日，Mahurkar 委托律师向 Bard 发函，要求 Bard 立即停止制造和销售侵权的希克曼 I 型双腔导管。1992 年 7

---

❶ HUGHEY R C. Implied licenses by legal estoppel [J]. Albany law journal of science & technology, 2003, 53 (14): 53-80.

月 29 日，Mahurkar 以 Bard 未能按照约定提交财务报告以及未适当
支付使用费为由，通知 Bard 解除双方之间的专利许可协议，同时
以违反合同和专利侵权为由将 Bard 诉至法院。Bard 于 1992 年 9 月
4 日提起反诉，要求宣告 Mahurkar 的希克曼 I 型双腔导管专利无
效，并请求退还其就制造和销售希克曼 I 型双腔导管向 Mahurkar
已经支付的使用费。

　　根据美国判例法的规定，如果存在明示或默示许可，即使专
利权事后被宣告无效，对被许可人已经支付的许可费也不得要求
返还。❶ 但是判例法同样规定，如果不存在默示许可，专利技术使
用人可以收回因为对事实认识错误而支付的款项。❷ Bard 争辩说，
就希克曼 I 型双腔导管的制造和使用，首先不存在明示许可，因
为其与 Mahurkar 之间的许可协议明确规定许可对象仅限于用于非
血液透析的双腔导管；其次，也不存在基于衡平禁反言或者法律
禁反言的默示许可，因为没有衡平禁反言下所要求的误导行为，也
没有法律禁反言下要求的事后减损权利的行为。Mahurkar 争辩说，
该案中存在通过默许产生的专利默示许可，因为：（1）Mahurkar 默
许 Bard 制造和销售了希克曼 I 型双腔导管；（2）Mahurkar 接受了
Bard 就制造和销售希克曼 I 型双腔导管所支付的专利使用费。法
庭拒绝接受 Mahurkar 的说法，因为在 Bard 制造和销售希克曼 I 型
双腔导管时 Mahurkar 并不知情，"Mahurkar 不能默许其一无所知
的行为"。法庭最后总结了基于默许的专利默示许可的成立条件，
即专利权人明知他人制造、使用或销售其专利产品而予以默许，

---

❶ *Troxel Mfg. Co. v. Schwinn Bicycle Co.* , 465 F. 2d 1253, 1255（6th Cir. 1972）.；
　Precision Shooting Equip. , *Inc. v. Allen Archery*, *Inc.* 646 F. 2d 313, 320（7ᵗʰ
　Cir. 1981）.

❷ *Bank of Naperville v. Catalano*, 408 N. E. 2d 441, 444（Ill. App. Ct. 1980）.

且接受了他人就此给予的补偿，则除非存在否定默示许可的其他事实，否则默示许可即被授予。❶

（四）行为

行为（conduct）同样属于表示禁反言的一种形式，所以也被称为行为禁反言（estoppel by conduct）。*Freeman v. Cooke* 案确立了行为禁反言的基本规则：如果一个人用他的言行故意使另一个人相信事物的某一状态的存在，并诱使他按照这个信念行事，或改变他自己以前的立场，那么前者将被禁止对后者主张一种与当时存在的事物不同的状态……无论一个人的真实意思是什么，如果他这样做，一个有理性的人会认为表示是真实的，并且相信他应该按照该表示行事，并且确实按照该表示行事，那么作出表示的一方将同样被排除对表示的真实性提出质疑的可能性；当一个人有义务通过交易或其他方式披露信息时，通常也会产生同样的效果。❷ 也就是说，行为禁反言通常是由于对一个无辜的人所作的事实的不实陈述而产生的，基于对这种不实陈述的信任及作为一种合理的结果，被陈述者偏好性地改变了自己的立场。不实陈述既包括由被禁止反言的人自己直接作出的（无论明示还是默示），也包括由就被禁止反言的人来说应对其言行负责的其他人间接作出的。❸ 在专利法领域内，如果基于专利权人所使用的任何语言或向另一方展示的任何行为，另一方可以从中合理推断出专利权人同意其通过制造、使用或者销售的方式使用其专利技

---

❶ LIPSCOMB E B. Lipscomb's walker on patents［M］. New York：California Lawyers Co - operative Pub. Co. , 1987：35 - 36.

❷ *Freeman v. Cooke*, (1848) 2 Ex. 654.

❸ PICKERING A L. Estoppel by conduct［J］. Law quarterly review, 1939, 55（3）：400 - 421.

术，且另一方确实基于此而行为，则产生了基于行为的默示许可。❶

　　美国联邦最高法院审理的 *De Forest* 案❷是基于行为产生专利默示许可的典型案件。美国联邦最高法院结论到，该案中 AT&T 的回函以及协助生产行为已经清楚地表明，AT&T 已经默示许可美国政府使用案涉专利，只不过将专利使用费问题留待之后解决。该案中默示许可主要从专利权人的语言和行为中进行推定。AT&T 回应美国政府的语言表明其并不禁止美国政府的行为，只是希望得到补偿，而依据其向美国政府的代表以及实施专利产品生产的企业提供信息、图纸等各种协助专利产品生产的行为，都可推定出 AT&T 是事实上向美国政府授予了专利许可。如果从专利权人的语言和行为中能够合理地推定出其已同意他人实施其专利进行制造、使用、销售等行为，那么他人就获得了一种被许可实施专利的信赖，并且基于此种信赖而行为受到合同的保护，不应当被认定为侵犯专利权。❸

二、专利默示许可理论学说的基本特征

　　普通法上有关专利默示许可的理论学说源于普通法的一般理论和英美法奉行的哲学理念，与下文将谈到的大陆法上有关专利默示许可的理论学说相比具有明显的不同，呈现出如下几个方面的典型特征。

---

❶ Hughey R C. Implied licenses by legal estoppel ［J］. Albany law journal of science & technology，2003，53（14）：53－80.

❷ *De Forest Radio Tel. Co. v. United States*，273 U. S. 236（1927）.

❸ 范晓波，张慧霞，蔡婧萌，等. 美国专利许可经典案例选析［M］. 北京：知识产权出版社，2019：55.

（一）理论完全来源于司法实践，法官法学的色彩浓厚，实用性较强、体系性较弱

专利默示许可的四项理论基础全部来源于司法案例，从概念到规则均由法官通过个案提出和凝练。在法官创立上述理论并将其用于裁判案件时，没有刻意为这些理论寻找成文法或者学理上的依据，往往仅援引了相关判例。就其共通性来讲，上述四项理论基础共同源于英国衡平法上的禁反言原则。衡平法是为了克服普通法的僵化而发展起来的一套法律规则。衡平法要求法官根据公平正义原则和自己的良知作出判决，因而具有极大的伸缩性，被人们形象地称为"大法官的脚"，所以衡平法是一部典型的法官法。❶"衡平是考虑事件所有具体情境之后的正义，也经过了仁慈之芬芳的熏陶。"❷ Mansfield 勋爵曾说："一部（成文）法规很少能适用于所有的情况，因此，普通法本身的运作完全是由根据正义之泉制定的规则所决定的，因此，普通法优于议会法案。"❸ 正是由于对专利默示许可理论基础的总结来源于案件解决的需要，以解决个案为目的，所以所创立的理论实用性较强。但是在理论创立时，由于更多地考虑其实用性，对其与相关理论学说之间的衔接考虑较少，所以也呈现出体系性较弱的特性。

（二）并非一元化的封闭性理论体系，而是一个仅具指导价值的开放性的体系结构

很显然，普通法没有为专利默示许可寻求一个统一的理论基础，而是根据专利默示许可生成的具体情形，将其建筑在不同的

---

❶ 何勤华. 外国法制史 ［M］. 4 版. 北京：法律出版社，2006：151.
❷ 凯利. 西方法律思想简史 ［M］. 王笑红，译. 北京：法律出版社，2010：181.
❸ *Omychund v. Barker* (1744) 1 Atk. at p. 33. Cp. 53 L. Q. R. p. 228.

理论模型之上。普通法"习惯于具体地而不是抽象地观察事物，相信的是经验而不是抽象概念；宁可在经验的基础上按照每个案件中似乎正义所要求的从一个案件到下一个案件谨慎地进行，而不是事事回头求助假设的一般概念；不指望从被一般公式化了的命题中演绎出面前案件的判决。"❶ CAFC 提出，在司法实践中，专利默示许可不受任何一般原则的支配；同时，对专利默示许可的认定并不需要将对某种理论基础的正式裁定作为先决条件，这样做将会不合理地消除各学说之间的所有区别，相反，禁反言原则仅具指导价值。❷ 也就是说，在具体个案中专利默示许可的理论依据并不是必须存在的，即使存在，也仅发挥指导价值而非约束作用。这充分显示了英美法律文化的风格和纠纷解决的方式具有高度实用主义的特色；与欧陆法官相比，英美法官在裁判中更信任经验和先例，而非逻辑与原理。❸ CAFC 还指出，将专利默示许可的理论基础归结于衡平禁反言、法律禁反言、行为和默许四项，只是对 De Forest 案以来相关司法案件类型的总结，也即根据有限的历史经验所进行的一种理论探索，绝不意味着对专利默示许可理论基础的终结。

（三）理论内容相对具体，既是原则也是规则，对司法实践具有较强的指导性

相对于一元化的理论而言，多元化理论本身就意味着内容相对更为具体。专利默示许可的四种理论基础，每一种都有适用上

---

❶ 茨威格特，克茨. 比较法总论 [M]. 潘汉典，米健，高鸿钧，等，译. 北京：法律出版社，2004：376.

❷ *Wang Lab.*, *Inc. v. Mitsubishi Electronics America*, *Inc.*, 103 F.3d 1571, 1581 (Fed. Cir. 1997).

❸ 阿蒂亚. 英国法中的实用主义与理论 [M]. 刘承韪，刘毅，译. 北京：清华大学出版社，2008：1.

的具体条件，对于大多数案件而言，其理论归类是比较清晰的。专利默示许可的四种理论基础均来源于英美法上的禁反言原则。在英美法系的语境下，法律原则与法律规则的区别不是逻辑上的，而是程度上的，两者往往纠缠不清，司法实践和先例的确立累积更使得两者难以精确区分。❶ 从规范属性上来讲，禁反言原则既是一种原则也是一种规则。称其为一种原则，乃在于所有形式的禁反言都饱含了共同的价值取向——对公平正义的追求和对相对人信赖利益的保护。有学者就此写道："禁反言有很强的道德伦理色彩，即为保护相对人的信赖而在一定程度上牺牲了事实真相的发现。"❷ 称其为一种规则，乃是因为在概念细分的情况下，每一种形式的禁反言都具有相当的规则性，适用起来较为明确。通过法院在上文案例中对默示许可的适用能够清楚地看出，四种理论基础在各种适用范围内，对每一个具体案件中默示许可的成就与否都具有直接的证成价值。

第二节　大陆法上专利默示许可的理论基础

由于历史传统的不同，普通法系与大陆法系操持不同的法学话语体系。"在人类信史展开的最为远古的时代，可以看出，法律已然秉有自身的确定性，其为一定民族所特有，如同其语言、行为方式和基本的社会组织体制。"❸ 在当代社会，两大法系之间的

---

❶ 陈景辉. 原则与法律的来源：拉兹的排他性法实证主义 [J]. 比较法研究，2006 (4)：1–14.

❷ 娄家杭. 禁反言规则的比较研究 [D]. 北京：对外经济贸易大学，2002：2.

❸ 萨维尼. 论立法与法学的当代使命 [M]. 许章润，译. 北京：中国法制出版社，2001：7.

区分主要不是价值观上的，而是思维方式和法律技术上的。❶ 虽然难以匹敌英美国家的丰富多彩，大陆法系的德国、日本、法国等国家同样存在专利默示许可的理论和实践。伴随着司法实践的展开，大陆法系国家的法官和学者同样对专利默示许可的理论基础进行了探索，并形成了各具特色的多种理论学说。大陆法上有关专利默示许可理论基础的探讨，以意思表示理论、信赖保护理论、利益平衡理论、机会主义理论和事实合同理论为有力说。

一、有关专利默示许可的理论学说

大陆法系具有浓厚的成文法传统，出于构建统一法律体系的需要，其所提出的相关法学理论亦具有统一适用的特色。与专利默示许可有关的理论学说主要是民法上的相关理论。这些理论有些见之于成文法，有些为纯粹的学术理论。不像普通法上多种理论学说分别适用于不同类型的默示许可，大陆法上的每种理论学说都主张可以解决所有默示许可的理论基础问题，具有适用上的竞争性。

（一）意思表示理论

德国民法上意思表示制度非常发达，能够满足对以意思表示为基础的各类法律行为纠纷的处理。专利默示许可作为专利许可合同的一种形式，以通过当事人语言和行为推定出的意思为依据，在德国法上其理论基础和制度根据在于民法上的意思表示理论。"就常规言，意思表示与法律行为为同义之表达方式。使用意思表示者，乃侧重于意思表达之本身过程，或者乃由于某项意思表示

---

❶ 葛洪义. 法理学［M］. 北京：中国政法大学出版社，2008：182－183.

仅是某项法律行为事实构成之组成部分而已。"❶ 意思表示是私法自治的工具，重在对表意人的保护。以意思表示理论为据，也就是主要站在权利人的角度解决专利默示许可问题。根据德国民法的规定，意思表示有明示与默示之分，默示又包括通过可推断的行为表示的意思表示、需要通过补充解释填补的意思表示以及单纯的沉默。❷ 由于单纯的沉默只有在法律特别规定及当事人特别约定的情形下始具有表示价值，而专利默示许可一般缺乏法律规定和当事人约定，所以通过可推断的行为表示的意思表示和需要通过补充解释填补的意思表示实为专利默示许可的理论依据。如果某人在实施行为时明知法律关系将基于自己的行为而形成，则其行为构成通过可推断的行为作出的意思表示。就行为可以作为意思表示的有效工具，德国联邦最高法院在一则判决中写道："每个人都必须就自己的行为对其相对人基于交易习惯可以合理认为该行为应具有的意义负责。"❸ 如果当事人在法律关系形成当时存在意思上的缺失，但是又缺乏可以推断出意思的行为，则需要通过补充解释填补所缺失的意思表示。通过补充解释探查到的当事人的意思又被称为可推测的当事人意思。德国联邦最高法院在一则判例中指出，可推测的当事人意思"与当事人自治之间不存在直接的联系"，因为可推测的当事人意思"并不是由合同双方当事人的主观想法（所决定的），而是由法院在依据客观情形作利弊权衡的基础上得出的。"❹ 专利默示许可的认定，要么基于权利人的言辞或行为，要么基于交易的具体情形和公平原则，所以呈现出与

❶ 梅迪库斯.德国民法总论［M］.邵建东，译.北京：法律出版社，2000：190.
❷ 梅迪库斯.德国民法总论［M］.邵建东，译.北京：法律出版社，2000：252.
❸ 弗卢梅.法律行为论［M］.迟颖，译.北京：法律出版社，2013：86.
❹ 梅迪库斯.德国民法总论［M］.邵建东，译.北京：法律出版社，2000：257–258.

通过可推断的行为表示的意思表示和需要通过补充解释填补的意思表示之间高度的契合性。

　　由于德国专利法缺乏相关规定，专利默示许可在德国法上同样呈现为案例法的状态。德国的专利默示许可理论由两部分构成，一是使用许可合同与销售合同的重叠，二是权利人向购买者的默示许可的意思表达。❶也就是说，在德国法上专利默示许可是一种真正的合同关系，专利默示许可形成的基础是权利人的意思表示。在德国司法实践中，专利默示许可主要用来处理因为非专利产品销售所引致的对相关方法专利的默示许可问题。德国联邦最高法院在 1979 年的一则判决中指出，专利权人销售实施其专利方法的专用设备后，方法专利权并不会被用尽，❷但此时通常可以视为专利权人授予了购买者实施其专利方法的默示许可；这种许可是一种建立在默示之上的许可合同，是协议问题。❸此后，德国法院在司法实践中多次重申了这一立场。德国法院指出，从实践角度来说，这里衍生出的困难（专利方法的默示许可）是可以通过合同解释来解决的。具体来说就是，如果专用设备是有权授予许可的人提供的，则在供货合同中可以包括这一许可；如果合同没有明示的约定，那么可以基于合同诚实信用以及交易习惯的解释得出，许可应该被认为应授予。很显然，德国法院在这里是依据"需要通过补充解释填补的意思表示"理论来得出裁判结论的。在一些

---

❶ 任军民. 我国专利权权利用尽原则的理论体系 [J]. 法学研究，2006 (6)：39－52.

❷ 德国专利法并没有规定专利权用尽。德国法院根据科勒的"实施方式的相互联系"理论（因为销售、使用等实施方式只不过是制造行为的延续，所以自合法制造之后专利权就已经用尽）通过司法判例确认了这一原则，但规定其只被用于因为专利产品销售引发的专利权限制问题。参见：范长军. 德国专利法研究 [M]. 北京：科学出版社，2010：105.

❸ 参见：*Krauss－Maffei AG v. Aweco Gmbh*，IIC，Vol. 11，No. 3 (1980)，p504. 王国柱. 知识产权默示许可制度研究 [D]. 长春：吉林大学，2013：13.

较为新近的案例中，德国法院裁判道，购买者允许使用该设备来实施专利方法，如果使用专利方法是供货合同的目的；如果不使用专利方法，设备就无法合理使用，那么也允许使用专利方法。但是如果由专利权人提供的设备不使用专利方法也可以合理使用，同时也不是恰恰以使用专利方法为目的提供的，此时除非有特别的许可，购买者只能在避免使用专利方法的前提下使用购买的设备。❶ 可以看出，德国法院始终依据意思表示理论，通过合同解释的方法，努力将专利默示许可建立在当事人可推定的意思之上。

(二) 信赖保护理论

信赖保护是一项重要的司法原则。与尊崇行为人自主选择的意思表示理论不同，信赖保护理论旨在将交易相对人的合理信赖纳入私法规范的构造之中，以维护民事活动中的信赖投入并确保交易的可期待性。❷ 对于信赖保护的重要性，卡尔·拉伦茨曾论述道："只有当人与人之间的信赖至少普遍能够得到维持，信赖能够作为人与人之间关系基础的时候，人们才能和平地生活在一个哪怕是关系很宽松的共同体中。"❸ 对信赖利益的保护体现了民法重视交易安全的价值取向。"相对人的信赖事关交易安全，若不能得到尊重，交往秩序将不复存在。"❹ 普通法上的禁反言原则就是为了保护相对人的信赖利益，所以也可以说英美国家的专利默示许可是建立在信赖保护基础上的。❺ 国内不少学者都将信赖利益保护

---

❶ 克拉瑟. 专利法：第 6 版：德国专利和实用新型法、欧洲和国际专利法 [M]. 单晓光，张韬略，于馨淼，等，译. 北京：知识产权出版社，2016：990–992.
❷ 朱广新. 信赖保护理论及其研究述评 [J]. 法商研究，2007 (6)：71–82.
❸ 拉伦茨. 德国民法通论：上册 [M]. 王晓晔，邵建东，程建英，等，译. 北京：法律出版社，2004：58.
❹ 朱庆育. 民法总论 [M]. 2 版. 北京：北京大学出版社，2013：217.
❺ 袁真富. 知识产权默示许可：制度比较与司法实践 [M]. 北京：知识产权出版社，2018：28.

作为包括专利默示许可在内的整个知识产权默示许可制度的理论
基础。比如，陈健认为："专利默示许可只能发生于特定的情形，
其存在的主要意义在于保障他人的信赖利益。"❶ 浩然认为："知识
产权默示许可制度对被许可人的保护，即是对其合理信赖的保护，
信赖保护是知识产权默示许可制度的重要理论基础。"❷ 陈瑜认为：
"就微观个案来看，专利默示许可旨在保护相对人的信赖利益，盖
此种信赖源自专利权人的行为表示，并不是无中生有。"❸ 袁真富
不但认为"专利权人的默示行为让被控侵权人产生了被允许使用
其专利的合理信赖"是专利默示许可适用的实质条件，还总结了
专利默示许可下合理信赖成立的三项要件：信赖产生的社会基础
是诚实信用原则；信赖产生的事实基础是特定的行为情境；信赖
产生的理性基础是理性人标准。❹

　　我国法院在处理因为技术标准和技术推广产生的专利侵权纠纷
时，多确认存在对专利技术使用的默示许可，体现了信赖利益保护
的思想。最高人民法院就一起专利侵权纠纷案在给辽宁省高级人
民法院的答复中认为，由于我国标准制定机关尚未建立有关标准中
专利信息的公开披露及使用制度，在专利权人参与或同意将其专利
技术纳入技术标准而标准文件未披露专利信息的情况下，他人根据
技术标准实施专利技术的行为不被视为专利侵权行为。❺ 虽未言明，

❶ 陈健.知识产权默示许可理论研究 [J]. 暨南学报（哲学社会科学版），2016，
38（10）：82–93.
❷ 浩然，王国柱.论信赖保护理论对知识产权默示许可制度的支撑 [J]. 河南财经
政法大学学报，2013，28（5）：96–102.
❸ 陈瑜.专利默示许可研究 [D].重庆：西南政法大学，2017：71–72.
❹ 袁真富.基于侵权抗辩之专利默示许可探究 [J]. 法学，2010（12）：108–119.
❺ 参见：《最高人民法院关于朝阳兴诺公司按照建设部颁发的行业标准〈复合载体
夯扩桩设计规程〉设计、施工而实施标准中专利的行为是否构成侵犯专利权问题
的函》（（2008）民三他字第4号）。

但是该答复体现了对技术实施人信任技术标准的开放性这一信赖利益的保护。在江苏省高级人民法院审理的另一起因为技术推广引发的专利权纠纷中，法院认为专利权人将其专利纳入国家科技推广项目，并推荐设计公司采用其专利技术进行设计，势必引发后续被告按图纸施工和制造的行为；专利权人的上述行为，使被告有合理理由信赖专利权人具有许可他人实施专利的意思。❶ 上海市高级人民法院在一则侵害外观设计专利权纠纷中认为，原告专利权人德立公司已通过相关先行行为默示许可被告南充园林处在南充"印象嘉陵江"浮桥项目上使用涉案外观设计，南充园林处已经基于刘洪辉及其所代表的德立公司的相关行为获得了涉案外观设计的相关授权，并产生了合理信赖，此种合理信赖应当受到保护，不应因德立公司及其关联公司关于涉案专利申请的内部安排以及专利权人德立公司对先前行为的否认而受到损害，否则会造成不公平的结果，也不利于建立稳定的、可预期的市场秩序。将信赖利益保护作为专利默示许可的理论基础，在我国获得了学理和实务上的支持。

（三）利益平衡理论

利益平衡是指在一定的利益格局和体系下出现的利益体系相对和平共处、相对均势的状态。在法律层面上，利益平衡是指"通过法律的权威来协调各方面冲突因素，使相关各方的利益在共存和相容的基础上达到合理的优化状态。"❷ 知识产权的客体具有无形性，德霍斯将其称为抽象物，并且认为：当一个社会在抽象

❶ 参见：2009 年江苏法院知识产权司法保护典型案例之"江苏优凝舒布洛克建材有限公司诉江苏河海科技工程集团有限公司、江苏神禹建设有限公司、扬州市勘测设计研究院有限公司侵犯专利权纠纷案"。

❷ 陶鑫良，袁真富.知识产权法总论 [M].北京：知识产权出版社，2005：17-18.

物上确立了财产权时，它就面临着某种广泛的威胁权力被集中到少数人手中的危险❶，因此需要充分平衡知识产权权利人与社会公众之间的利益关系。知识产权法从促进科技文化进步和经济社会发展的最终目标出发，始终在私人权利和公共利益之间找寻平衡，希冀通过最合理的制度安排达到二者的统一进而最大程度、最高效率地实现上述最终目标。❷ 自知识产权制度建立以来，利益平衡一直是其追求的价值目标，知识产权法中的诸多原则和具体规则背后都影射了协调和解决知识产权人与社会公众之间利益冲突的思路。❸ "知识产权制度在人类的法律进化史上得以产生并发展，就在于其确认了涉及知识产品保护的各种利益，并予以合理分配。"❹ 利益平衡是知识产权法的基石。❺

专利默示许可担负着调节专利权人与专利技术使用人之间利益关系的使命，是实现专利法上利益平衡的一种具体制度建构，也是其作为制度性存在的真正价值。❻ 相当一部分专利默示许可案件中，法院都是从利益平衡入手进行处理的。1997 年，日本最高法院在审理 *BBS* 案时即根据利益平衡原则的指引确认专利默示许可的存在。BBS 是一家德国制造企业，在德国和日本就某种新式车轮拥有同族专利。日本企业 Auto 在德国从 BBS 手中采买了这种专利车轮后将其进口到日本并销售给日本企业 Lacimex，再由

❶ 德霍斯. 知识财产法哲学［M］. 周林，译. 北京：商务印书馆，2008：175.
❷ 冯晓青. 知识产权法中专有权与公共领域的平衡机制研究［J］. 政法论丛，2019（3）：55 – 71.
❸ 冯晓青. 知识产权法的价值构造：知识产权法利益平衡机制研究［J］. 中国法学，2007（1）：67 – 77.
❹ 袁秀挺. 知识产权权利限制研究：着重于知识产权制度的内部考察［D］. 北京：北京大学，2003：53.
❺ 冯晓青. 知识产权法利益平衡理论［M］. 北京：中国政法大学出版社，2006：23.
❻ 陈瑜. 专利默示许可研究［D］. 重庆：西南政法大学，2017：108，127.

Lacimex 在日本国内零售。BBS 在日本起诉 Auto 和 Lacimex 侵犯其进口权和销售权。日本最高法院经审理后认为，由于 BBS 已经通过首先销售获得了足够的报偿，且在销售时没有对购买人的后续行为进行任何限制，为了鼓励交易，为国际贸易创造条件，考虑到国际贸易中的货物自由流动和专利权人利益的平衡，应当认为专利权人赋予了购买者和再购买者可以在日本自由处置货物的默示许可。❶ 日本最高法院选择将默示许可作为解决平行进口问题的方法，充分考虑和实现了专利权人进口权和买受人自由贸易权之间的利益平衡，比起刚性的专利用尽原则更能满足不同案件当事人的多元化需求。❷ 再如在 *McCoy v. Mitsuboshi* 案中，在 McCoy 已经违约给对方造成损失的情况下，如果 Mitsuboshi 得不到销售积压在仓库中的虾刀的默示许可，显然会遭受更大的损失，这样对 Mitsuboshi 是极为不公的，因此可以认定 Mitsuboshi 基于专利权人的违约行为产生了可以销售虾刀的合理信赖。❸

我国最高人民法院在处理专利默示许可案件时也体现了对当事人利益平衡的考量。福药公司从专利权人微生物公司和方圆公司处购买了原料药，然后将原料药加工成了专利权人享有专利的药品并进行销售。微生物公司和方圆公司起诉福药公司专利侵权。最高人民法院审理后认为，如果某种物品的唯一合理的商业用途就是用于实施某项专利，专利权人或者经专利权人许可的第三人将该物品销售给他人的行为本身就意味着默示许可购买人实施该项专利。鉴于微生物公司和方圆公司销售的原料药只能用于制造

❶ KOMURO N. Japan's BBS judgment on parallel imports [J]. International trade law & regulation, 1998 (4): 27 - 28.
❷ 严桂珍. 平行进口法律规制研究 [D]. 上海：华东政法大学，2008：99.
❸ 袁真富. 知识产权默示许可：制度比较与司法实践 [M]. 北京：知识产权出版社，2018：31.

其专利产品，没有其他合理用途，所以法院判定被告的行为不构成专利侵权。虽然最高人民法院没有直接使用利益平衡的语词，但是所提出的"唯一合理的商业用途"的评判标准有效实现了对专利权人和购买人之间利益关系的平衡：既然专利权人已经通过销售行为获得了对价利益，购买人自然也应当有权正常利用所购买的商品，难以想象专利权人和购买人可以达成一项对一方当事人没有经济意义的交易。

（四）机会主义理论

机会主义理论来源于新制度经济学，主要关注机会主义行为的成因、表现及其规制。在新制度经济学看来，所谓机会主义行为是指在信息不对称的条件下，一方当事人追求自身利益最大化而不顾及对方当事人利益和合理预期的行为。❶ 机会主义行为的根源是人的逐利本性，信息不对称和人的有限理性则为其提供了滋生土壤。❷ 人的逐利本性在经济学和法学的认知上体现为经济人假设。所谓经济人，是在利己心的推动下进行活动、通过此等活动增进社会福利的人。亚当·斯密深入论述了经济人的特征："由于他管理产业的方式目的在于使其生产物的价值达到最大程度，他所盘算的只是他自己的利益……他追求自己的利益，往往是他能比在真正出于本意的情况下更有效地促进社会的利益。"❸ 经济人假设包含三项基本判断，即经济主体的完全理性、完全意志力和

---

❶ 刘强，马德帅. 机会主义知识产权诉讼行为及其法律控制：美国法的经验和启示 [J]. 湖南大学学报（社会科学版），2014，28（3）：150–155.

❷ MBA 智库·百科. 机会主义行为 [EB/OL]. (2015–04–15) [2022–03–10]. https：//wiki. mbalib. com/wiki/% E6% 9C% BA% E4% BC% 9A% E4% B8% BB% E4% B9% 89% E8% A1% 8C% E4% B8% BA.

❸ 斯密. 国民财富的性质和原因的研究（下卷）[M]. 郭大力，王亚南，译. 北京：商务印书馆，1974：27.

完全自利——前两项都服务于第三项。● 经济学和法学的整个制度架构都建立在经济人假设之上。所谓信息不对称是指在交易中当事人拥有的信息不同,掌握信息比较充分的一方较信息贫乏的对方往往处于更为有利的地位。其中为交易一方拥有但不为对方所知道的信息被称为非对称信息。信息不对称几乎无处不在。产生于交易前的非对称信息被称为事前的非对称信息;产生于交易后的非对称信息被称为事后的非对称信息。事前的非对称信息导致逆向选择(adverse selection),即掌握信息的人将会利用信息实现自身的利益而损害缺乏信息的人的利益。事后的非对称信息导致道德风险(moral hazard),即拥有信息的一方签订协议后倾向于通过某种方式将成本转嫁给缺乏信息的另一方。❷ 通过"机制设计"(mechanism design)让拥有信息的一方向缺乏信息的另一方进行信息传递,是抑制机会主义行为的根本方法。❸

合同交易是机会主义行为的高发领域。合同上的机会主义行为主要表现为"履行合同义务的一方当事人,虽然没有必然违反明示的合同条款,但是违背了另一方当事人对于合同的预期,从而导致财富从另一方当事人(单方面)转移到履行合同义务的当事人。"❹ 在专利权人与专利技术使用人的互动关系中,专利许可与专利侵权并非泾渭分明。在专利权人与专利技术使用人之间的法律关系不清晰时,二者都倾向于作出对自己有利的解释,所以存在着诱发机会主义的巨大空间。如何通过"机制设计"抑制机

---

❶ 徐国栋. 民法哲学 [M]. 北京:中国法制出版社,2009:304.
❷ 巴德,帕金. 微观经济学原理:第4版 [M]. 6版. 张伟,刘兴坤,曹景,等,译. 北京:中国人民大学出版社,2011:584.
❸ 张维迎. 经济学原理 [M]. 西安:西北大学出版社,2015:337.
❹ MURIS T J. Opportunistic behavior and the law of contract [J]. Minnesota law review, 1981, 65 (4):521-591.

会主义的产生，就成为摆在国家面前的一项重要课题。知识产权默示许可突出反映了这种需求，能够克服或者缓解机会主义行为对许可交易带来的损害；机会主义理论是知识产权默示许可制度构建的恰当理论基础。❶ 默示许可是在专利权人行为基础上的合理推定，以公平和诚信为根本指南，只要行为传达出了许可的意思，就不容许专利权人出尔反尔，能够有效抑制专利权人的机会主义行为；同时如果专利权人缺乏相应的行为意思，法院也不会支持专利使用人的抗辩。默示许可根据当事人的行为推定许可的存在，避免了冗长的磋商和谈判过程，节省了订立书面许可合同的各种费用，从而有效降低了缔约成本，所以默示许可实为一种高效的"机制设计"。莱姆利教授深入讨论了标准中的专利问题，认为在标准专利中确立默示许可能够减少知识产权所有人的投机主义。❷ 在专利权人参与技术标准化的过程中，权利人与标准制定组织、标准实施者之间的信息是不对称的，如果放任权利人隐瞒专利信息而后进行专利伏击，将会引发严重的道德风险。在专利权人违反披露义务的情况下认定默示许可的存在，有助于从根本上克服专利权人借助专利和标准耦合形成的优势地位攫取高额垄断利润的机会主义行为。前文述及的最高人民法院给辽宁省高级人民法院的复函（〔2008〕民三他字第 4 号）中对标准专利的处理思路，即充分体现了这种精神。

（五）事实合同理论

1941 年，德国民法学者豪普特（Haupt）在就任德国莱比锡大

---

❶ 刘强，金陈力. 机会主义行为与知识产权默示许可研究 [J]. 知识产权，2014 (7)：54 – 60.

❷ LEMLEY M A. Intellectual property rights and standard – setting organizations [J]. California law review, 2002, 90 (6)：1889 – 1980.

学教授职位时发表了"论事实上之合同关系"一文，提出了事实合同的概念和较为完整的事实合同理论。豪普特教授认为，依据传统的民法理论，合同关系的成立必须有意思表示的合致，且需通过"要约－承诺"的程式为之，但在现实生活中有大量的法律交易无需当事人为真正的意思表示，只需要有符合社会观念的事实行为，即可创立合同关系。传统民法理论以意思的拟制理论解释这一现象，既与现实相脱离，亦不敷生活之需要。应当勇敢地承认"合同关系在一定情况下可以因事实过程而成立"这样一项新理论，即事实合同理论。所谓事实合同，即平等主体之间不以意思合致为要素，而是基于一定事实过程而成立的债权债务关系。就其法律性质而言，事实合同关系并非系类似合同之法律关系，而是确具合同内容之实质，与传统合同观念所不同的仅其成立方式而已，故关于其内容仍应适用合同法之规定。❶ 此后，希伯特（Siebert）、西米蒂斯（Simitis）、拉伦茨（Larenz）等德国学者亦先后发表论著支持"事实合同"理论。❷ 德国联邦最高法院曾在引起广泛关注的"停车场案"的判决中采纳了该理论。在该案中，一位汽车司机多次将她的汽车停在一个设有看守人并且标明是收费停车场的停车场而拒绝付停车费给看守人。她的理由是对停车场假想的共同使用以及她并不希望看守人看管她的汽车。德国联邦最高法院判决她必须支付停车费，理由是谁在看守的时间使用了标明收费的停车场，那么谁就因此成立了合同法律关系。而且这并不取决于她是否明确表明了她相反的意愿。❸ 事实合同理论的

---

❶ 王泽鉴. 民法学说与判例研究：第一册 [M]. 北京：北京大学出版社，2009：83-97.

❷ 杨代雄. 法律行为论 [M]. 北京：北京大学出版社，2021：172.

❸ 拉伦茨. 德国民法通论：下册 [M]. 王晓晔，邵建东，程建英，等，译. 北京：法律出版社，2003：746.

提出，是 20 世纪以来个人主义和意思主义衰落，团体本位主义重新回归，和社会连带思想逐步兴起的必然结果。事实合同理论是对逐渐演进的社会关系的客观性价值判断，恰恰体现了私法制度社会功能的演变，其将契约的成立方式从拟制当中解放出来，能够更加妥适地解决实际问题。❶ 事实合同理论体现了日益丰富复杂的私法生活的现实需要，在传统的合同关系和侵权关系之外创造性地解决了现实生活中业已广泛存在的通过事实行为所成立之法律关系的法律适用问题，对于合同法上新兴的默示条款、附随义务等地位尚不明确的新动向提供了一种清晰的理论分析框架，简化了法律的适用，提升了私法生活的规范性和清晰度。

英美合同法上的默示条款制度与事实合同理论有异曲同工之妙。从合同法的角度来讲，专利默示许可来源于英美合同法上的默示条款（implied terms）制度。默示条款是指合同本身虽然没有明确规定，但在纠纷发生时由法院确认的、合同中应当包含的条款。❷ 关于默示条款的来源，英国丹宁法官在 1815 年的 *Cardiner v. Grey* 案中指出：“并不需要当事人曾经明示同意过，只要为了公平和合理的目的，就可以加上合同条款（如保证义务）。”❸ 默示条款制度发轫于 19 世纪，兴盛于 20 世纪，它打破了合同上的权利义务只能由双方通过合同中的明示条款予以确定的教条，将与合同有关的其他因素纳入对合同内容的判断过程之中，从而使合同的权利义务关系更加符合公平正义的要求。❹ 默示条款的概念虽然源于合同法，对于专利法上的专利许可制度却有完全适用的余地，

---

❶ 黄晖．论事实契约的理论基础［D］．重庆：重庆大学，2009：8.

❷ 杨圣坤．合同法上的默示条款制度研究［J］．北方法学，2010，4（2）：132－142.

❸ 丹宁．法律的训诫［M］．杨百揆，刘庸安，丁健，译．北京：法律出版社，2011：41－42.

❹ 傅静坤．二十世纪契约法［M］．北京：法律出版社，1997：116.

成为专利默示许可的制度渊源。在专利默示许可的情形下，虽然专利权人未明确表达许可使用的意思，甚至在个别情况下专利权人可能还表达了反对使用其专利的意思，但是专利使用人仍有权使用该专利技术，专利权人和专利使用人之间的关系不是一种侵权关系而是一种真正的合同关系。"无论专利权人是否具有授权许可的真实意图，根据某一特定案件的事实与情形——例如，根据交易的过程——而可能产生默示许可。"❶ "与任何其他的默示合同一样，默示许可产生于当事人的客观行为，而一个理性的人可以将此作为一种暗示，认为已经达成了一个协议。"❷ 事实合同理论主张，在若干情形下，合同关系的成立无需合意的达成，而是取决于一定事实的发生。依默示许可理论，在符合默示许可成立要件的情况下，不论当事人意思若何，得成立专利默示许可关系。可见，专利默示许可制度和事实合同理论形成了理念和制度上的耦合，应当深入挖掘事实合同理论对于专利默示许可的制度价值，将专利默示许可建立在事实合同理论之上。既然专利默示许可为事实合同的一种形式，自然应当适用合同法上的制度规范进行规制，比如合同关系相对性理论、对价理论以及履行理论等，从而使默示许可制度得以丰富和展开。

二、专利默示许可理论学说的基本特征

大陆法系有关专利默示许可的理论学说，与大陆法系民法理论一脉相承，具有极强的形式理性，深受相关哲学观念的影响，

---

❶ 德雷特勒. 知识产权许可：上 [M]. 王春燕，等，译. 北京：清华大学出版社，2003：151.

❷ *Medeco Security Locks*，*lnc. v. Lock Technology Corp.*，199 U. S. P. Q.（BNA）519，524（S. D. N. Y. 1976）.

均出自以理论研究见长的法学家之手。❶ 与出自法官之手的普通法系相比，大陆法系对专利默示许可理论基础的探讨呈现出如下特征。

（一）主要是学者们针对法院判决所进行的理论升华，学院派风格鲜明，理念性较强，实用性较弱

在大陆法系国家的法院对专利默示许可案件的判决中，虽然也会流露出法官处理此类案件的价值取向，但是往往比较隐晦，有关专利默示许可案件裁判的理论基础基本上都是由学者们总结完成的。大陆法系的法官倾向于严格遵循司法权与立法权分离的宪政原则，努力维护一个完全司法者的印象，所以在审理案件时满足于对成文法规则的逻辑演绎❷，很少脱离法律条文探讨法律背后的价值理念问题。对纷繁复杂的司法案件进行理论上的归纳总结，透视案件背后的价值理念并据此完成类型化，主要是由专注理论研究的法律学者们完成的。对专利默示许可案件理论基础的探索同样也不例外。理性思辨乃学者之所长，所以大陆法系有关专利默示许可理论基础的五项总结实为法理学有关法律价值取向的另类表达，显现出极强的理念性。

（二）力图为所有类型的专利默示许可提供一种一元化的理论基础，倾向于创建一种有法律约束力的封闭分析范式

大陆法系学者为专利默示许可所总结的五种理论基础并非匹配不同类型的案件，而且理论学说之间具有高度的同质性，因此相互间形成了适用上的竞争性。每种理论学说都试图说服法官采

---

❶ 沃森. 民法法系的演变及形成 [M]. 李静冰，姚新华，译. 北京：中国法制出版社，2005：116 – 117.

❷ 葛洪义. 法理学 [M]. 北京：中国政法大学出版社，2008：183.

用，用来解决所有类型的专利默示许可案件。这与普通法系四种理论基础分别适用于不同类型的专利默示许可案件相比，表现出极大的不同。大陆法系的五种理论学说力图嫁接于民法或专利法的基本原则之上，取得一种规范地位，以实现约束法官的思维过程和裁判结论的目的。各种理论学说都没有设置适用上的例外，先验性地认为能够被用于解决所有类型的专利默示许可案件。但实际上，由于某些理论涵摄力不足，无法有效覆盖特殊类型的默示许可案件。例如，在 *McCoy* 案❶中，CAFC 在专利权人违约的情况下，为了维护相对方的自救权而认定默示许可存在，这种情形是意思表示理论、信赖保护理论、机会主义理论和事实合同理论都无力解释的，甚至能否适用利益平衡理论都不是没有讨论的空间。可见，大陆法系的五种理论学说所创建的封闭分析范式并不能完全满足专利默示许可案件的需要。

（三）各种理论学说的内容都比较抽象，基本处于法律原则乃至更为空洞的法律理念的地位，对专利默示许可司法实践的指导性很弱

由于所有理论学说都试图覆盖各种极不同类的默示许可案件，因此必然具有较高的抽象性。正如黑格尔所言，越抽象、越普遍的东西，也就越贫乏、越空洞。这些抽象的理论学说都不具有法律规则的逻辑结构，行为模式极其模糊，法律后果晦暗不明，在司法实践中几乎难以实际应用。例如，在上文提到的 *BBS* 案中，日本最高法院借助此案改变了已经沿用了 30 年的平行进口法律规则。在之前的案件中，专利权人所提出的专利权国别独立和市场

---

❶ *Duncan McCoy, Alex Dorsett, and Alex - Duncan Shrimp Chef, Inc. v. Mitsuboshi Cutlery, Inc., and Admiral Craft Equipment Corp.*, 67 F. 3d 917（Fed. Cir. 1995）.

价格国别差异的理由都被法院接受了，并不认为专利权人利用进口权禁止平行进口有违利益平衡，那为何同样的理由在 *BBS* 案中就行不通了呢？当然，根本的原因是国际贸易自由化趋势所致，但是也说明利益平衡原则并无定型化的内容，提供不了确切的指引，给人一种"公说公有理，婆说婆有理"的不确定感。实际上，这些理论学说只是给法官提供了一种愿景，而没有指明达到这种愿景的路径，这与浸润法官内心的公平正义所提供的指引也差不了多少，难怪大陆法系的法官在专利默示许可的司法个案中鲜有援引这些理论学说的情况。理论学说与司法实践两张皮的现象在专利默示许可案件上表现得比较突出。

第三节　我国专利默示许可理论基础的重构

普通法系和大陆法系有关专利默示许可理论基础的构建各具特色，互有优缺。普通法系的理论学说实用性强，但是比较破碎，将一项完整的法律制度分割建立在多种理论基础之上。大陆法系的理论学说统一性强，但是实用性弱，难以为司法实践提供相对清晰的路径指引。如何兼取两大法系之所长，规避其所短，实为我国专利默示许可理论基础构建成败的关键。笔者认为，构建以民法上诚实信用原则为宏观价值引领，以合同法和专利法的具体理论为微观操作指导的双层理论结构，则对两大法系扬长避短的期待具有实现的可能。

一、宏观层面：以诚实信用原则为价值引领

诚实信用原则在价值取向上与专利默示许可是一致的。诚实

信用原则能够满足专利默示许可对规范依据的需求，具有极大的涵摄力，足以覆盖各种形式的专利默示许可。这些理由决定了诚实信用原则适于作为专利默示许可在宏观层面的理论基础，也已经有审判人员通过司法个案认识到专利默示许可是诚实信用原则的具体运用。❶

（一）诚实信用原则能够满足专利默示许可对价值取向的追求

现代民法上的诚实信用原则来源于罗马法中的善意（bona fides）原则，在罗马法中其功能在于为非严正法律关系下的特定义务的产生提供标准。❷ 西塞罗从词源学意义上，将 fides 解释为"行其所言谓之信"❸，徐国栋先生将其等同于中文中的"言必信，行必果"❹。bona 是"良好"的意思，用来形容 fides，二者结合后的意思为"良信"或"诚信"。诚信由主观诚信和客观诚信两部分组成，主观诚信是主体对其行为符合法律或具有合道德内容的个人确信，客观诚信是一种课加给主体的具有明显的道德内容的行为义务❺，前者要求人们具有尊重他人权利的意识，后者要求人们正当地行为❻。诚实信用为市场经济活动的道德准则，为一切市场参加者树立了一个"诚实商人"的道德标准，要求市场参与者在不损害其他竞争者和社会公共利益的前提下追求自己的利益，隐

---

❶ 韦晓云. 专利的默认许可 [J]. 人民司法，2007（17）：93-97.

❷ 梅迪库斯. 德国债法总论 [M]. 杜景林，卢谌，译. 北京：法律出版社，2004：118.

❸ 西塞罗. 论义务 [M]. 王焕生，译. 北京：中国政法大学出版社，1999：22-23.

❹ 徐国栋. 客观诚信与主观诚信的对立统一问题：以罗马法为中心 [J]. 中国社会科学，2001（6）：97-113，206.

❺ 徐国栋. 诚实信用原则二题 [J]. 法学研究，2002（4）：74-88.

❻ 徐国栋. 民法基本原则解释：成文法局限性之克服（增订本）[M]. 北京：中国政法大学出版社，2001：79.

约地反映了市场经济客观规律的要求。❶ 城市信用原则的目标就是要在民事活动中实现双重利益关系——当事人之间的利益关系以及当事人与社会之间的利益关系——的平衡❷，在利益失衡时发挥调整作用，使利益平衡局面得以恢复，以维持基本的社会经济秩序。总而言之，从价值取向来讲，诚实信用原则就是要求人们在主观上秉持善意，在客观上维持利益平衡。专利默示许可源于英美法，其理论基础在于其禁反言原则。禁反言原则的根本取向就是制止当事人出尔反尔的不诚信行为，以保护相对人的信赖利益和交易安全，具有一定的道德法律化倾向。❸ 我国有学者认为："默示许可是为了体现诚实信用这一总体原则而产生的，其目的是维持正常的社会秩序。"❹ 可以看出，专利默示许可与诚实信用原则都要求在主观上秉持交易道德，在客观上实现公平公正，二者的价值取向是一致的，而且二者都是以客观层面上的要求为主，以主观层面上的要求为辅。

（二）诚实信用原则能够满足专利默示许可对规范依据的需求

与英美法系不同，大陆法系强调成文法的根基作用，要求一切法律活动都必须建立在国家制定法的基础上。❺ 虽然大陆法系国家也重视判例的作用，但是判例本身并不构成独立的法源，先例只能作为裁判说理的依据，而不能成为在后案件的准据法。近年来，最高人民法院高度重视知识产权案例指导制度的建设，但是

---

❶ 梁慧星. 诚实信用原则与漏洞补充 [J]. 法学研究，1994（2）：22 - 29.
❷ 史尚宽. 债法总论 [M]. 北京：中国政法大学出版社，2000：331.
❸ 娄家杭. 禁反言规则的比较研究 [D]. 北京：对外经济贸易大学，2002：47.
❹ 尹新天. 专利权的保护 [M]. 北京：知识产权出版社，2005：77.
❺ 葛洪义. 法理学 [M]. 北京：中国政法大学出版社，2008：182.

最高人民法院也一再强调"构建案例指导制度不是要创设一种新的法律渊源"❶,不改变我国的成文法传统,裁判的依据仍然必须建立在现有成文法律之上。对于专利默示许可,除了国家知识产权局于 2016 年发布的《专利侵权行为认定指南(试行)》外,目前尚没有任何一部法律、行政法规或司法解释作出明确规定。《专利侵权行为认定指南(试行)》属于部门规章,根据《立法法》的规定只能作为人民法院处理案件的参考,同时该指南有关专利默示许可的规定极为简陋,根本无法满足案件处理的法律需求。在这种境遇下对法律原则的依赖就变得不可避免,寻找合适的法律原则才能确保法院裁判在形式上的合法性。前文提到的信赖保护理论、利益平衡理论和机会主义理论,其实是默示许可所要达到的价值目标,其各自本身并不具有规范属性,无法作为案件审理的法律依据。意思表示理论虽然同时为一项基本的民事法律制度,但由于其涵摄力不足,在若干情形下也难以独立成为案件审理的法律依据。诚实信用原则规定在我国《民法典》第七条❷,鉴于其与专利默示许可在价值取向上的一致性和极大的涵摄力,完全可以作为专利默示许可案件审理的规范依据。虽然诚实信用原则作为法律基本准则不具备具体法律规范的逻辑结构,难以被直接用于案件裁判,但是可以为裁判者提供价值判断方案,进行法律和合同的解释和漏洞补充。❸ 全国人大常委会于 2020 年新修正的《专利法》增设了"申请专利和行使专利权应当遵循诚实信用原

❶ 陶凯元. 立足案例应用, 构建中国特色知识产权案例指导制度 [EB/OL]. (2016 –11 – 24) [2022 – 03 – 10]. https: //www. chinacourt. org/article/detail/2016/11/id/2356575. shtml.

❷ 《民法典》第七条规定:"民事主体从事民事活动,应当遵循诚信原则,秉持诚实,恪守承诺。"

❸ 陈甦. 民法总则评注:上册 [M]. 北京:法律出版社, 2017:55.

则"的规定，使得专利默示许可建立在诚实信用原则之上具有了
更直接的法律依据。

（三）诚实信用原则能够为专利默示许可提供统一的理论
基础

理论的魅力在于其适用上的普遍性，使得人们能够通过有限
的注意力掌握大量的纷繁复杂的事物。普通法将专利默示许可视
情形的不同建立在多种理论基础之上，给人一种支离破碎的感觉，
不利于对专利默示许可案件共同本质的把握。专利默示许可是一
个否定性概念，包括了一切非明示的许可行为，来源于专利权人
的各种行为和间接言辞，因而极为丰富多样。有学者根据已有文
献和案件，非穷尽地列举了 8 种较为常见的专利默示许可类型，即
基于技术标准、技术推广、产品销售、产品修理、先前使用、原
有协议、违约行为、平行进口等产生的默示许可。❶ 不同情形下的
默示许可在构成要件和法律效力方面都存在显著的差异，除非有
一个涵盖性极强的概念，否则难以成为专利默示许可的共同理论
基础。就前文提到的大陆法系五种理论学说而言，由于涵摄力不
足，都存在难以解释的默示许可情形。诚实信用原则居于民法
"帝王条款"的地位，似君临天下统合一切，包含了主观善意和客
观平衡两个方面的要求，完全可以涵盖一切形式的专利默示许可，
能够为其提供统一的理论基础。对于如何理解诚实信用原则，我
国民法学界存在"语义说"和"一般条款说"两种观点。"语义
说"因囿于词汇本身的字面含义而作用范围较窄。"一般条款说"
着眼于立法价值取向，主张一个宽泛的适用范围。现"一般条款
说"已经成为民法学界的通说，学界一致认为诚实信用原则的要

---

❶　袁真富. 基于侵权抗辩之专利默示许可探究 ［J］. 法学，2010（12）：108－119.

求可以列举但却不能穷尽，因此给诚实信用原则下一个确切的定义几乎是不可能的。❶ 对诚实信用原则的遵守构成了法律上往来的基础，因而，凡有法律上特别约束时（如债权法、物权法）均可适用。❷ 诚实信用原则是来源于社会道德、生活中的一个"活"的变化的概念，其含义是开放和发展的，能够使民事法律与社会生活的发展变化保持动态的适应性，这就为将来新型专利默示许可的出现储备了理论基础。

二、微观层面：以"两法"协同为操作指引

诚实信用原则虽然可以为专利默示许可提供宏观指导，但是由于其内容比较抽象，在操作层面能够为专利默示许可提供的具体指引并不多。法律原则是具有高度的一般化层别的规范，它不能被直接用来对某个裁判进行证立，还需要进一步的规范性前提。❸ 法律规则将法律原则的要求具体化并将之与一般的法律效果相联系，从而间接地实现了法律原则的基本要求。合同法和专利法上的具体理论可以而且也应当成为诚实信用原则在专利默示许可事项上的执行手段。专利默示许可因为同时涉及专利权和合同关系，所以既是专利法上的制度，也是合同法上的制度，要同时考虑满足专利法和合同法的共同要求。这种满足不是专利法与合同法规则的简单叠加，而是要实现二者在专利默示许可事项上的有效协同。具体来讲，合同形式理论、合同对价理论和合同解释理论，在充分考虑专利权特殊性的条件下，将成为有效解决专利

---

❶ 江平. 民法学［M］. 2 版. 北京：中国政法大学出版社，2007：33.
❷ 马俊驹，余延满. 民法原论［M］. 3 版. 北京：法律出版社，2007：41.
❸ 阿列克西. 法律论证理论：作为法律证立理论的理性论辩理论［M］. 舒国滢，译. 北京：中国法制出版社，2002：301，321.

默示许可案件的具体法律理论，能够为其提供具体的理论基础。

（一）合同形式理论对专利默示许可形式的证成

合同是平等民事主体之间以设立、变更、终止民事权利义务关系为目的的具有法律约束力的合意。❶ 合同的形式就是这种合意的外在表现方式。❷ 合同自由是近现代民法的基本原则，形式自由是合同自由的题中应有之义。从历史发展来看，合同形式经历了一个从严格到自由的过程，法律约束力的形成原因从程式化的行为全面转换为当事人表达出来的意思本身。❸ 对于旨在引起法律后果的意思表示而言，形式成了一个并非必不可少的因素。❹ 这是因为，在订立合同时，如果强求当事人必须完成某种"要式"（例如实施某种行为或撰写书面），则当事人的意思就不可能具有一种支配的力量，因为任何"形式"都有可能阻碍当事人完全自由地表达其真实意思。❺ 原则上，除非法律有特别规定或者当事人另有约定，合同的订立并无形式要求，口头之表示已足，可以推出订立合同意思的特定行为也是可以的。❻《最高人民法院关于适用〈中华人民共和国民法典〉总则编若干问题的解释》第十八条规定："当事人未采用书面形式或者口头形式，但是实施的行为本身表明已经作出相应意思表示，并符合民事法律行为成立条件的，人民法院可以认定为《民法典》第一百三十五条规定的采用其他形式实施的民事法律行为。"上述司法解释的规定，正式确立了以行为

---

❶ 韩世远. 合同法总论 [M]. 4版. 北京：法律出版社，2018：6.
❷ 隋彭生. 合同法要义 [M]. 4版. 北京：中国人民大学出版社，2015：67.
❸ 李永军. 合同法 [M]. 2版. 北京：中国人民大学出版社，2008：92.
❹ 卡尔·拉伦茨. 德国民法通论：下册 [M]. 王晓晔，邵建东，程建英，等，译. 北京：法律出版社，2003：555.
❺ 王洪. 合同形式研究 [M]. 北京：法律出版社，2005：37.
❻ 王洪亮. 债法总论 [M]. 北京：北京大学出版社，2016：45.

方式订立合同的法律基础。在专利默示许可中，虽然缺乏权利人对于许可意思的明确表达，但是通过权利人的行为以及间接言辞仍然可以推定出存在许可的意思，所以此时认定当事人之间存在许可合同关系能够得到合同形式理论的支持。从 2008 年《专利法》修正前后对于专利许可合同形式的要求中，能够更清楚地看出这一点。在 2008 年第三次修正之前，《专利法》要求专利许可应当订立"书面实施许可合同"❶，这似乎没有为专利默示许可保留生存空间。但是最高人民法院在根据《专利法》（2000 修正）处理的一件默示许可案件中写道："该规定并非效力性强制性规定，未订立书面实施许可合同并不意味着必然不存在专利实施许可合同关系。因此，专利实施许可并不只有书面许可一种方式，默示许可亦是专利实施许可的方式之一。"❷ 2008 年《专利法》第三次修正时在专利许可合同条款中删除了"书面"二字。曾参与《专利法》第三次修正的尹新天指出："将修改前本条中的'书面'二字删除，其主要目的并非在于鼓励人们以口头方式订立专利实施许可合同，而在于通过此举为在必要的情况下认定实施专利的默示许可扫除障碍。"❸ 这意味着从专利法的角度来看，专利实施许可同样可以采用默示的形式。综上，从合同法和专利法的双重视野来看，当事人完全可以通过行为等默示手段表达许可的意思，形成许可合同关系。这就是专利默示许可在合同形式方面的理论基础。

---

❶ 《专利法》（2000 年修正）第十二条规定："任何单位或者个人实施他人专利的，应当与专利权人订立书面实施许可合同，向专利权人支付专利使用费。被许可人无权允许合同规定以外的任何单位或者个人实施该专利。"

❷ 参见：最高人民法院（2011）知行字第 99 号行政裁定书。

❸ 尹新天. 中国专利法详解 [M]. 北京：知识产权出版社，2011：172.

（二）合同对价理论对专利默示许可内容的证成

合同法调整的是动态的财产交易关系，等价有偿是对合同关系的基本要求。虽然合同并非必须为有偿——尚有无偿合同的存在，但有偿合同实为合同之常态。合同等价有偿的规范基础在于《民法典》上的公平原则。[1] 所谓公平，从罗马法来讲就是其所谓的"各得其所"，也就是柏拉图所说的给予每个人他应得东西的那种稳定而永恒的意志。公平原则在当代合同法上主要体现为给付与对待给付之间的等值性。[2] 在双务合同中，一方向另一方提供了给付以后，就应获得"适当的"、与给付的价值相适应的对待给付。[3] 这就是合同上的对价理论，它主要包括两个方面的要求。一是必须存在对待给付，而不能一方当事人一无所获。例如，在专利权人销售了只能用于实施其专利的产品或产品零部件、原材料的情况下，根据合同对价理论，应当认为买受人获得了实施其专利的默示许可，否则等于买受人一无所获。二是给付与对待给付之间的等值性。基于意思自治原则，这种等值首先是一种主观上的等值，但在当事人意思表示有瑕疵或缺乏明确约定时，需要考虑采取一种较为客观的方法确定对待给付的具体内容。对于专利默示许可而言，当事人对于许可的类型、权项、对价、期限等必要事项往往缺乏明确表示，即使确认默示许可的存在仍需要根据对价理论对许可内容的范围作出认定。在就默示许可内容的范围作出认定时，需要充分协同专利法的相关理论。以专利许可的类

---

[1] 《民法典》第六条规定："民事主体从事民事活动，应当遵循公平原则，合理确定各方的权利和义务。"

[2] 崔建远. 合同法 [M]. 北京：北京大学出版社，2012：17.

[3] 拉伦茨. 德国民法通论：上册 [M]. 王晓晔，邵建东，程建英，等，译. 北京：法律出版社，2003：60.

型为例，专利许可一般分为独占许可、排他许可和普通许可，其中独占许可和排他许可对权利人的利益影响巨大，除非根据权利人的行为能够明确推出授予独占或排他许可的意思，一般认为默示许可的被许可人获得的仅是普通许可。在许可权项和地域范围的认定上，同样需要充分尊重专利许可实践中的习惯性做法。总之，在确定专利默示许可的内容时，需要充分考虑合同法理论和专利法理论两个方面的要求，使二者形成有机融合。总体而言，合同法理论提供的是一种较为"形式化"（对价的抽象存在）的支持，专利法理论则提供的是一种更为"实质化"（对价的具体内容）的支持。

（三）合同解释理论对默示许可关系的证成

合同解释有广、狭义之分。狭义的合同解释仅指对于合同条款所用词句含义的阐明；广义的合同解释尚包括对合同缺隙的填补。两种解释均力图实现合同的含义明确、条款完备，从而使得合同项下的交易关系能够顺利进行下去。由于作为权利义务载体的语言文字的局限性、主体意识的局限性以及交易成本的影响●，合同常常出现歧义和空白，以上两种合同解释往往不可避免●。由于两类合同解释在实践中均广泛存在，故广义的合同解释乃合同理论上之通说。发现并确认合同漏洞的存在以及随后的补充，应当属于合同解释的范畴。"其道理在于：审视、甄别系争合同存否漏洞，需要通过解释系争合同方可知晓并最终予以确定。寻觅待

● 交易成本影响合同的完备性，合同的不完备通常是交易成本控制的必然结果。"不完备所造成的的损失越低，当事人就越有可能发现不值得承担撰写和执行相应条款的成本，也就越可能发现不值得为了将某个变量呈交给法院验证而招致成本。"参见：沙维尔. 法律经济分析的基础理论［M］. 赵海怡，史册，宁静波，译. 北京：中国人民大学出版社，2013：273.

● 李永军，易军. 合同法［M］. 3 版. 北京：中国法制出版社，2009：414 – 417.

补漏洞的合同条款/文字并将之填补于系争合同之中，仍须探求并确定当事人的意思，即使被认定的当事人意思是推定的当事人意思，也是如此。既然两个方面的作业都属于合同解释，那么，补充合同漏洞属于合同解释可以成立。"❶从广义上来讲，所谓合同解释是指把握合同所使用语言、文字的意义，以阐明当事人真意，从而确定、补充或修正合同内容的作业。❷

专利默示许可有多种分类方法，基于合同解释论的角度，可以将默示许可分为基于原有许可协议的默示许可和无明确许可基础的默示许可。基于原有许可协议的默示许可，可以根据狭义合同解释予以证成。所谓基于原有许可协议的默示许可，是指专利权人与被许可人就特定技术的使用许可签订了协议，后专利权人试图利用后来的取得覆盖该技术的专利权否定被许可人的使用权，法院基于对原有协议相关条款的解释确认被告拥有实施在后专利权的默示许可。前文述及的 *AMP* 案是这方面的一个典型案例。美国索赔法院审理后认为该案是一个合同解释问题，根据 AMP 公司与美国政府达成的原有许可协议，美国政府获得的是实施 AMP 公司所开发的特定技术的权利，而不限于某项专利权，基于此，美国政府获得了实施 AMP 公司在后获得的 "Vinson 专利" 的许可。美国索赔法院通过对原有协议有关条款的解释化解了这一法律纷争。

但是对于专利默示许可案件而言，无明确许可基础的默示许可居于绝对主导地位。无明确许可基础的默示许可虽然也存在于一定的合同关系之中，但是却无法通过狭义合同解释加以解决，此时只能通过广义合同解释——合同漏洞补充——进行填补。以

---

❶ 崔建远. 合同解释论：规范、学说与案例的交互思考 [M]. 北京：中国人民大学出版社，2020：325－326.

❷ 邱聪智. 民法研究：一 [M]. 北京：中国人民大学出版社，2002：35.

基于专用品销售产生的默示许可为例，由于专用品除了用于实施专利外无其他用途，如果此时买受人无权实施专利，将会导致该买卖关系对买受人而言无实际意义，基于诚实信用原则，得认为买受人取得了专利实施的许可权。CAFC 在 *Bandag* 案中提出了著名的两步测试法，即如果权利人所销售的产品不存在非侵权用途，且销售环境也支持默示许可的存在，则应当认为买受人基于买卖合同获得了专利实施的许可权。[1] 再比如，在 *McCoy* 案中，由于专利权人无正当理由拒绝接收其所定制的专利虾刀，在专利权人作为定作人构成违约的情况下，承揽人出于自救的目的，获得了自行销售专利虾刀的默示许可。CAFC 在这两个案件中即采用了合同漏洞补充的方法解决了专利默示许可的问题。具体解释方法应为合同的诚信解释方法。所谓诚信解释方法，指解释意思表示应遵循诚实信用的原则。依诚信原则，意思表示所使用文字词句有疑义时，应依诚信原则确定其正确意思；意思表示的内容有漏洞，不能妥善规定当事人的权利义务时，应依诚信原则补充其漏洞。[2] 在专利权人违约时，相对方所享有的正当合同权利，不应当因为专利权人专利权的存在而丧失或受到不合理限制。可见合同解释和漏洞补充理论能够对默示许可关系的存在起到有力的证成作用。

本章小结

法律规则并非法律理论之演绎，司法案件的解决之道亦无须服从于某种理论。但是通过法律理论我们能够更深刻地认识法律

---

[1] *Bandag, Inc. v. Al Bolser's Tire Stores, Inc.*, 750 F. 2d 903（Fed. Cir. 1984）.

[2] 梁慧星. 合同通则讲义 [M]. 北京：人民法院出版社，2021：38.

规则，借助法律理论亦能有效增强司法裁判的说服力。法律理论证明了个案对普遍性的遵从，而普遍性包含了象征法律与绝对真理之间联系的普遍有效的概念或洞见。❶ 对普遍性的遵从意味着对合法性的获得和公正性的存在。所以，即使如不求理论之完美的普通法系也在努力营建专利默示许可的理论基础。普通法系将专利默示许可的理论基础建立在衡平禁反言、法律禁反言、行为和默许等四种理论学说之上，每种理论学说都有构成要件上的规定性，具有融法理论与法规范于一体的特征。这种理论基础虽不具有一元化的形式美感，却也能够实实在在地解决实际法律问题，是英美文化传统中实用主义价值哲学的生动再现。大陆法系国家专利默示许可制度远未发达，有关其理论基础的学说亦众说纷纭、莫衷一是。现有的五种理论学说虽具有一元化适用的形式美感，但或缺乏规范基础——如信赖保护理论、利益平衡理论、机会主义理论和事实合同理论，或难以覆盖专利默示许可的各种情形——如意思表示理论；均具有实用性不足的缺憾。于法律传统而言，我国形似大陆法系，但晚近以来力图兼取两大法系之长，臻于理论同一的形式美与规则实用的实质美。专利默示许可理论基础的双层结构有望同时满足上述两个方面的需求。诚实信用原则在宏观层面为专利默示许可提供一元化的理论基础，能够彰显专利默示许可制度之道；合同法与专利法理论的协同在微观层面为专利默示许可提供多元化的理论基础，能够满足专利默示许可制度之用。双层理论结构的架设，既照顾到了我国的法律传统，又满足了司法实践对适用规则的追求，实为我国专利默示许可理论基础构建的可行方案。

---

❶ 伯尔曼．法律与宗教［M］．梁治平，译．北京：中国政法大学出版社，2003：21.

第三章

专利默示许可的
内涵、性质和分类

　　近年来，我国专利政策的重心已经从推动数量
的增长过渡到支持向现实生产力的转化。专利许可
是专利实施与运用的基本方式，包括明示许可和默
示许可两种具体形态。自专利制度在我国建立以来，
明示许可一直是立法、司法和学理研究关注的重点。
随着专利实施与运用实践向纵深发展，在专利侵权
诉讼中被告提出默示许可抗辩的案件近年来显著增
多，专利默示许可的实践价值日益凸显。现行法律
法规对于专利默示许可的正面规定极度匮乏❶，前些

---

❶　法规以上层次的立法文件中对专利默示许可作出规定的只有
　　《最高人民法院关于审理侵犯专利权纠纷案件应用法律若干问
　　题的解释（二）》第二十四条规定——"推荐性国家、行业或
　　者地方标准明示所涉必要专利的信息，被诉侵权人以实施该标
　　准无需专利权人许可为由抗辩不侵犯该专利权的，人民法院一
　　般不予支持。"该司法解释仅从反面规定了一定情形下标准必
　　要专利不成立专利默示许可，对于默示许可的成就条件及其内
　　容未作出正面规定。

年尝试进行的立法活动也因为争议太大而陷于搁浅❶。由于缺乏明确的合意，当事人就许可的存在及其内容极易发生争议，这导致专利默示许可对法律规则的特别依赖。法律供给上的不足导致司法实践中操作标准的不一，司法难以给当事人提供稳定的预期。司法实践迫切需要学理成果的支撑，专利默示许可遂逐渐成为专利法研究的热点之一。通过文献梳理发现，现有学理研究多着眼于专利法的单一视角，忽视了专利默示许可的合同关系维度，导致研究结论的偏颇和不敷使用。笔者基于合同关系的视角，在本章中就专利默示许可中的内涵、性质和类型进行了系统分析。

第一节　专利默示许可的内涵分析

从形式逻辑上来讲，概念是作出判断和进行论证的起点。语词相同的背后可能隐藏着含义上的根本断裂，这往往正是不同持论者分歧的真正源头。❷ 就专利默示许可的概念，学术界并未完全达成一致，甚至还存在一些比较重要的实质性争议。欲正确适用专利默示许可，必首先厘清专利默示许可的概念，澄清其在本书中的确切含义。综合其他学者的研究成果和专利默示许可实践，

---

❶ 最高人民法院 2008 年公布的《关于审理侵犯专利权纠纷案件应用法律若干问题的解释（征求意见稿）》、国家标准化委员会 2009 年公布的《涉及专利的国家标准制修订管理规定（暂行）（征求意见稿）》、原国务院法制办公室 2015 年公布的《中华人民共和国专利法修订草案（送审稿）》均对标准中的专利默示许可设有专条，但是前面两个文件分别于 2016 年、2013 年公布的正式版本以及全国人大常委会 2019 年公布的《〈中华人民共和国专利法修正案（草案）〉征求意见稿》均再未正面提及标准专利的默示许可问题。

❷ 金海军. 知识产权私权论 [M]. 北京：中国人民大学出版社，2004：3.

笔者认为以下三个方面是定义专利默示许可的核心要素或真正
争点。

一、是否需要专利权人行为的存在

专利默示许可的成立是否必须以专利权人的一定行为为基础？
在这一点上，学者们之间基本上不存在有意义的分歧，至多是语
词表达形式的不同。"默示行为"❶ "语言或行为"❷ "非明示的行
为"❸ "一定之行为"❹ "特定行为"，❺ 凡此种种均表达了一个共
同的意思，即专利默示许可的成就必须以专利权人的有法律意义

---

❶ "专利默示许可，也称隐含许可（implied license），有别于以书面合同等方式确
   立的明示许可，它是指在一定情形之下，专利权人以其非明确许可的默示行为，
   让被控侵权人（专利使用人）产生了允许使用其专利的合理信赖从而成立的一
   种专利许可形态。"参见：袁真富. 基于侵权抗辩之专利默示许可探究 [J]. 法
   学，2010（12）：108 – 119.
❷ "如果他人根据专利权人或被许可人的语言或行为能够正当地推定专利权人或被
   许可人同意他实施该专利而进行制造、使用、销售的行为，并且也确实实施了这
   种行为，则构成专利默示许可。"参见：邓丽星. 专利默示许可制度研究 [D].
   武汉：华中科技大学，2012：9.
❸ "不同于以书面方式确立的明示许可，专利默示许可是专利权人以非明示的行为
   使专利实施人产生了允许使用其专利的合理信赖，从而成立的专利许可形态。"
   参见：李江，王津晶，熊延峰，等. 中国专利默示许可实践探究 [J]. 中国专利
   与商标，2014（4）：67 – 71.
❹ 专利默示许可是指"在一定情形，当事人虽无口头或书面授权契约，但可自专利
   权人一定之行为，认为默示专利授权之成立。此种默示授权乃基于法律上禁反言
   原理（doctrine of estoppel）而来。即由专利权人之行为，使行为人相信他自己有
   权在专利下操作或可以实施，不虞被诉侵害专利权，且该人因信赖此引诱
   （inducement），进而实施时，此后专利权人不能对该人主张专利权之侵害。"参
   见：杨崇森. 专利法理论与应用 [M]. 台北：三民书局，2008：438 – 439.
❺ "相对于明示许可，专利默示许可制度主要的功能应在于对专利实施人'合理'
   信赖的充分保护。在实践中判定是否成立专利默示许可的重点，应在于明确对专
   利权人的特定行为专利实施人是否产生了信赖。"参见：李闻豪，于淑杰. 专利
   默示许可认定标准的反思与重构 [J]. 郑州航空工业管理学院学报（社会科学
   版），2021，40（4）：21 – 29.

的行为为前提，也就是说必须有专利权人的积极介入行为，以此就将默示许可与强制许可从根本上区分开来。"默示"是指任何非明示的表示行为。❶ 对于这种行为，根据学理和实务经验，需要从以下三个方面进行说明。

（一）包括间接言辞和单纯的行为

所谓间接言辞，是指权利人在与专利技术使用人（以下简称"使用人"）的互动关系中所实施的一切口头的和书面的非明示许可的表意行为。例如，在 *De Forest* 案中，美国政府致信有权对案涉专利发放许可的 AT&T，提出政府由于战事需要，希望能够使用后者的专利技术。AT&T 回函称，其不会干预美国政府对案涉专利的实施行为，但是其也不会放弃专利权，因为政府使用其专利权产生的相关问题留后解决。AT&T 的回函即属于授予专利实施权的"间接言辞"。单纯的行为则包括专利权人实施的可推断出许可意思表示的行为以及其他一切围绕许可权授受与使用人之间的互动行为。例如，专利权人销售只能用于生产其专利产品的原材料和零部件，或只能用于实施其专利方法的设备。这里的单纯销售行为本身虽然没有任何明示或默示的言辞表明授予专利实施权的意思，但是可以构成授予专利默示许可的"单纯的行为"。由于从法律上来讲言辞也属于行为的一种，出于概念简化的考虑，故下文将专利权人实施的间接言辞和单纯的行为统称为行为。

（二）包括作为和一定的不作为的行为

法律上的行为一般都包括作为和不作为两类，自然无须赘述。但是专利默示许可下的"不作为"必须与作为相结合，不能全部的行为都由不作为构成。单纯的不作为相当于沉默，而沉默只有

❶ 施瓦布. 民法导论［M］. 郑冲，译. 北京：法律出版社，2006：353.

在法律有规定、当事人有约定或符合交易习惯的情况下才能作为意思表示的方式。而专利默示许可不是一种法定许可，也没有当事人的明确意思，且遵循个案原则确定，故不可能符合上述情形，所以单纯的沉默不构成专利默示许可的表达形式。默许禁反言（estoppel by acquiescence）是美国专利判例法认可的因不作为形成专利默示许可的主要原因之一。默许禁反言一般适用于这种情形：如果 A 注意到 B 在错误下行为，A 有责任纠正 B 这样做但却未能纠正，而 B 由于自己的错误偏好性地改变了他的立场，则 A 应当承受 B 的行为后果。❶ 专利法上基于默许的默示许可的成立需要具备两项要件：专利权人知道但未能反对使用人的行为；专利权人接受使用人给予的对价。❷ 可见，在默许的情形下，专利默示许可下的行为就是由作为（接受对价）和不作为（知道但未反对）构成的。

（三）包括专利权人的行为及其被许可人的行为

不只是权利人的行为可以产生默示许可，经专利权人授予许可权的人在授权范围内所实施的行为同样可以产生默示许可。产品销售是形成专利默示许可的常见原因，其中相当一部分产品销售行为都是由被许可人实施的。被许可人销售只能用于实施专利权人之专利技术的专用品，与专利权人本人销售的效果是一样的，即在没有明确排除许可意思的情况下，买受人获得了实施专利的默示许可。除了专用品销售之外，其他默示许可同样可以通过被许可人达成。被许可人不但包括明示被许可人，还包括默示被许

---

❶ PICKERING A L. Estoppel by conduct [J]. Law quarterly review, 1939, 55 (3): 400 –421.

❷ HUGHEY R C. Implied licenses by legal estoppel [J]. Albany law journal of science & technology, 2003, 53 (14): 53 –80.

可人,也就是说,默示许可在一定条件下还能够继续派生新的默示许可。由于被许可人的行为与权利人自己实施的行为并无本质的不同,出于化繁为简的需要,将被许可人归并在权利人的项下,或者说这里的权利人是一个广义的概念,包括专利权人及其被许可人。

二、使用人是否需要形成合理信赖

专利默示许可的成立是否必须存在使用人的合理信赖或者对权利人许可意思的推定?这两个问题其实是一个问题,都是对权利人行为所进行的一种解读,只不过观察角度有所不同,一个是站在使用人的视角,一个是站在第三人的视角。从学理研究现状来看,绝大多数学者都将使用人的合理信赖或者对权利人许可意思的推定作为专利默示许可概念的构成要素,甚至是核心构成要素。"让被控侵权人(专利使用人)产生了允许使用其专利的合理信赖"❶ "能够正当地推定专利权人或被许可人同意他实施"❷ "使实施者产生信赖,使他人从专利权人的行为中推出了默示"❸ "该人因信赖此引诱,进而实施"❹ "判定是否成立专利默示许可的重点,应在于明确对专利权人的特定行为专利实施人是否产生了信赖"❺ "专利权人进行了有目的、有意识的积极行动,是以推定其有许可使用的意思表示,使相对人产生了获得专利使用许可的合

---

❶ 袁真富. 基于侵权抗辩之专利默示许可探究 [J]. 法学, 2010 (12): 108 – 119.

❷ 邓丽星. 专利默示许可制度研究 [D]. 武汉: 华中科技大学, 2012: 9.

❸ 李文江. 我国专利默示许可制度探析: 兼论《专利法》修订草案(送审稿)第 85 条 [J]. 知识产权, 2015 (12): 78 – 82.

❹ 杨崇森. 专利法理论与应用 [M]. 台北: 三民书局, 2018: 438.

❺ 李闯豪, 于淑杰. 专利默示许可认定标准的反思与重构 [J]. 郑州航空工业管理学院学报(社会科学版), 2021, 40 (4): 21 – 29.

理信赖"。❶ 这些都是对"合理信赖"或"推定"要求的惯常表达。

(一)基于权利人意思推定的默示许可需要合理信赖

专利默示许可来源于英美合同法上的默示条款制度。根据来源的不同,默示条款可以被区分为事实上的默示条款、习惯上的默示条款和法律上的默示条款,三者分别来源于当事人的行为、交易习惯和法律的规定。❷ 三者之间的主要区别在于对待当事人意思自治的不同态度。事实上的默示条款与当事人的真实意思高度一致,习惯上的默示条款一般也不违背当事人的意思,法律上的默示条款则主要根据法律的规定得出,与当事人的意思可能存在相当的冲突。有英美法学者指出:"法律上的默示条款实际上并非真正的合同条款,而是为了避免不公平的利益分配,通过技术化的处理,由法律虚构出来并冠之以合同条款之名,以达至利益公平分配之实。"❸ 专利默示许可的大多数情形都可被归结于事实上的默示条款,但是也存在基于习惯上的默示条款和法律上的默示条款认定专利默示许可存在的情形。无论是哪一种类型的专利默示许可,都可以通过普通法上的默示条款制度得到说明。这充分体现了专利默示许可的合同关系本质。

CAFC 将专利默示许可的理论根据归结为衡平禁反言、法律禁反言、行为禁反言和默许禁反言四项,其中适用最广泛的是衡平禁反言。CAFC 在认定专利默示许可存在的一则案件的判决书中写道,衡平禁反言关注的不是原告在起诉中的不合理拖延(这是懈

---

❶ 吴汉东. 知识产权法 [M]. 北京:法律出版社,2021:434.

❷ 李永军,易军. 合同法 [M]. 3版. 北京:中国法制出版社,2009:437.

❸ EISENBERG M A. Contracts [M]. New York:Harcourt Brace Legal and Professional Publications, Inc., 2002:155-156.

急的基础），其关注的是原告的行为不公平地误导被告使其相信不会被起诉，以及被告对上述行为的依赖所造成的损害。❶ 衡平法默示许可的适用高度依赖于个案的具体情形，需要进行利益上的综合衡平，类似于成文法一般原则的适用，是所有默示许可中最难认定的情形。基于衡平禁反言成立的专利默示许可，其根本目的是阻止专利权人"在已获得对价的许可范围内部分收回许可授权"，从而形成对利益衡平局面的破坏。在专利法领域内，如果基于专利权人所使用的任何语言或向另一方展示的任何行为，另一方可以从中合理推断出专利权人同意其通过制造、使用或者销售的方式使用其专利技术，且另一方确实基于此而行为，则产生了基于行为禁反言的默示许可。❷ 可见，基于衡平禁反言和行为禁反言的专利默示许可都特别强调了权利人的行为带给使用人的关于其有权使用专利技术的合理信赖。

（二）基于法定权利形成的默示许可不需要合理信赖

但是在一些特殊情形下，专利默示许可的产生却不是基于对权利人意思的推定或者使用人的合理信赖，这主要存在于专利权与合同权利相冲突的情况下。在 *McCoy* 案中，由于专利权人作为定作人在没有正当理由的情况下拒绝接收承揽人的工作成果（专利产品）和支付报酬，CAFC 判决承揽人获得了为弥补损失而自行销售专利产品的默示许可。❸ 在定作人违约的情况下，承揽人享有合同法上的自救权，在该权利和专利权相冲突的情况下，基于诚

❶ *Wang Lab.*, *Inc. v. Mitsubishi Electronics America*, *Inc.*, 103 F. 3d 1571, 1582 (Fed. Cir. 1997).

❷ HUGHEY R C. Implied licenses by legal estoppel [J]. Albany law journal of science & technology, 2003, 53 (14): 53 – 80.

❸ *Duncan McCoy*, *Alex Dorsett*, *and Alex – Duncan Shrimp Chef*, *Inc. v. Mitsuboshi Cutlery*, *Inc.*, *and Admiral Craft Equipment Corp.*, 67 F. 3d 917 (Fed. Cir. 1995).

实信用原则的考虑，以承揽人获得了销售定作专利产品默示许可的方式加以解决。根据美国司法判例，在专利产品被司法拍卖的情况下，买受人被视为获得了使用和销售所买受专利产品的默示许可。❶ 在后面这两种情况下，专利默示许可虽然与权利人的行为有关联，但是并非来源于对权利人意思的推定或者使用人的信赖，而是来源于法律的规定。所以，如果将对权利人意思的推定或使用人的合理信赖作为专利默示许可的构成要件，将会导致专利默示许可的概念涵盖力过小，无法满足司法实践需要的结果。

三、是否需要满足诚信原则的要求

是否需要将诚实信用原则明确为专利默示许可的产生基础？目前国内鲜有学者将诚实信用原则作为专利默示许可定义的构成要素。笔者认为应当将诚实信用原则作为专利默示许可定义的内涵要素，理由如下。

（一）实质理由

诚实信用原则与专利默示许可具有内在的一致性，适于作为专利默示许可的法理基础。从价值取向上来讲，诚实信用原则就是要求人们在主观上秉持善意，在客观上维持利益平衡。❷ 诚实信用原则的基本要求包括：（1）要求当事人言而有信，遵守已经达成的协议，保护对方的合理期待；（2）善意并尽合理的告知义务与披露义务；（3）任何一方不得以不合理的方式导致另一方的不利益；（4）以公平合理的方式调整当事人之间的不合理与不公平

---

❶ *Wilder v. Kent*, 15 F. 217, 219 (C. C. W. D. Pa. 1883).

❷ 徐国栋. 客观诚信与主观诚信的对立统一问题；以罗马法为中心 [J]. 中国社会科学, 2001 (6)：97 – 113, 206.

的权利义务。❶专利默示许可源于英美法，其理论基础主要在于其禁反言原则。禁反言原则的根本取向就是制止当事人出尔反尔的机会主义行为，以保护相对人的信赖利益和交易安全，具有一定的道德法律化倾向❷。诚实信用原则本身就是一个含有很强的道德因素的概念，是道德规则的法律化。即使是较为少见的立基于法律上的默示条款的专利默示许可，同样是符合诚实信用原则的。可以看出，专利默示许可与诚实信用原则都要求在主观上秉持交易道德，在客观上实现公平公正，二者的价值取向是一致的，而且二者都是以客观层面上的要求为主，以主观层面上的要求为辅。

（二）形式理由

除了具有极强涵盖性的诚实信用原则外，难以抽象出其他共同特征作为专利默示许可的内涵要素。专利默示许可是一个否定性概念，包含了一切非明示的许可行为，来源于专利权人的各种行为和间接言辞，因而极为丰富多样。有学者根据已有文献和案件，非穷尽地列举了8种较为常见的专利默示许可类型，即基于技术标准、技术推广、产品销售、产品修理、先前使用、原有协议、违约行为、平行进口等产生的默示许可❸。不同情形下的默示许可在构成要件和法律效力方面都存在显著的差异，除非有一个涵盖性极强的因素，否则难以成为专利默示许可的共同内涵要素。有学者主张将信赖保护原则作为专利默示许可成立的一般要件❹，发

---

❶ 江平. 民法学 [M]. 2版. 北京：中国政法大学出版社，2007：34.
❷ 娄家杭. 禁反言规则的比较研究 [D]. 北京：对外经济贸易大学，2002：47.
❸ 袁真富. 基于侵权抗辩之专利默示许可探究 [J]. 法学，2010 (12)：108-119.
❹ 陈瑜认为："专利默示许可是默示合同。"参见：陈瑜. 专利默示许可研究 [D]. 重庆：西南政法大学，2017：174.

挥等同于诚实信用原则的作用。但是信赖保护原则的涵盖力不及诚实信用原则，如 *McCoy* 案和 *Finley* 案中的默示许可纯粹基于利益平衡而成立，权利人不存在让使用人产生信赖的行为，是信赖保护原则所无法囊括的。诚实信用原则居于民法"帝王条款"的地位，似君临天下统合一切，包含了主观善意和客观平衡两个方面的要求，完全可以涵盖一切形式的专利默示许可，能够为其提供统一的内涵特征。

（三）法律理由

诚实信用原则具有明确的法律根据，能够满足专利默示许可对规范依据的需求。与英美法系不同，我国具有成文法传统，原则上一切法律活动都必须建立在国家制定法的基础上。❶ 对于专利默示许可，目前我国尚没有法律、法规提供具体的规范依据，而且由于专利默示许可适用情形的复杂性，也难以预期将来能有清晰的成文规则。即使就所有现有情形制定了琐细的成文规则，也难以指望其能涵盖将来会发生的所有情形。在这种境遇下对法律原则的依赖就变得不可避免，寻找合适的法律原则才能确保法院裁判在形式上的合法性。《民法典》第七条规定："民事主体从事民事活动，应当遵循诚信原则，秉持诚实，恪守承诺。"所以，诚实信用原则具有成文法基础，完全可以作为当事人行使权利、履行义务及法官裁判的依据。也就意味着以诚实信用原则裁判专利默示许可案件具有坚实的法律基础。全国人大常委会于 2020 年修正的《专利法》增设了"申请专利和行使专利权应当遵循诚实信用原则"的规定，使得专利默示许可建立在诚实信用原则之上具有了更直接的法律依据。

---

❶ 葛洪义. 法理学 [M]. 北京：中国政法大学出版社，2008：182.

（四）技术理由

无论明示许可，还是默示许可，都属于一种合同行为。合同又属于法律行为的一种。法律行为就其本质而言是一种意思表示行为。专利许可行为亦属于意思表示行为，其中明示许可属于以明示方式作出的意思表示，默示许可属于以默示方式作出的意思表示。于专利默示许可而言，以默示方式作出的意思表示主要是指基于"可推测的当事人意思"作出的表示行为。就"可推测的当事人意思"，梅迪库斯论述道："在探查可推测的当事人意思时，不应以当事人在考虑到有关问题的情况下可能会作出的约定为唯一标准。这样一种假设的约定，往往也是无法加以准确的确定的。因为既然当事人之间存在着争议，对于其中一方对争议焦点具有什么想法的问题，每一方大多也会提出各自的、与对方相反的主张。美国联邦最高法院在一项判决中指出，可推测的当事人意思"与当事人自治之间不存在直接的联系"；因为，可推测的当事人意思"并不是由合同双方当事人的主观想法（所决定的），而是由法院在依据客观情形作利益权衡的基础上得出的"……经由"诚实信用"，衡平的内容获得其重要性。人们往往也使用诸如"应以当事人的'诚实行为'为准"等词句，来表达衡平的意义"。❶ 故，诚实信用原则是专利默示许可这一"可推测的当事人意思"的实现方法。

综上所述，笔者认为专利默示许可的概念可以被表述为：专利默示许可是指基于专利权人的一定行为和诚实信用原则而成立的非明示的专利许可形态。需要说明的是，为了涵盖各种极不相同的专利默示许可，这个概念是高度形式化的。个案中专利默示许可的认定需要根据司法实务经验进行具体判断，概念本身所提

---

❶　梅迪库斯. 德国民法总论［M］. 邵建东，译. 北京：法律出版社，2001：257－258.

供的指引是极为有限的。

第二节　专利默示许可的法律性质

所谓专利默示许可的法律性质，也就是基于专利默示许可在权利人和使用人之间所形成的法律关系的性质。明确其法律性质，是正确适用专利默示许可的前提。专利默示许可的法律性质主要包括三个方面：专利默示许可是一种真正的合同关系；在专利侵权诉讼中，专利默示许可是一种不侵权抗辩事由；专利默示许可是一种专利运用而非权利限制制度。

一、专利默示许可是一种真正的合同关系

专利默示许可不是一种类合同关系或准合同关系，更不是其他性质的法律关系，而是一种真正意义上的合同关系。早在 1927 年的 *De Forest* 案中，美国联邦最高法院就清晰地定义了专利默示许可的合同关系性质："此后当事人之间的关系以及相关的任何诉讼都必须被认定为合同关系而不是侵权关系。"❶ 在 1976 年的 *Medeco* 案中，法院阐释得更直白一些："与任何其他的默示许可一样，专利默示许可属于当事人的合同行为。"❷ "根据这一理论，许可构成一项合同义务，禁止许可人起诉被许可人侵权，即'不起诉合同'。"❸ 虽然国

---

❶ *De Forest Radio Tel. Co. v. United States*, 273 U. S. 236 (1927).

❷ *Medeco Security Locks*, *Inc. v. Lock Technology Corp.*, 199 U. S. P. Q. (BNA) 519, 524 (S. D. N. Y. 1976).

❸ NEWMAN C M. "What exactly are you implying?": the elusive nature of the implied copyright license [J]. Cardozo arts & entertainment law journal, 2014, 32 (2): 501 – 560.

内学者也大多赞同专利默示许可的合同关系定性❶，但是所提出的法律建议往往未能与之保持逻辑上的一致。明确专利默示许可的合同关系性质具有如下几个方面的现实意义。

（一）在法律关系的形成上，权利人与使用人应当存在直接的交往关系

根据合同法原理，合同关系是一种相对法律关系，当事人双方都是特定的。《民法典》第四百六十五条第二款规定："依法成立的合同，仅对当事人具有法律约束力……。"这意味着对任一方来讲，合同关系的相对方都应当是显在的，在合同关系形成时彼此知悉对方，知悉在与对方进行某种法律交易。唯有如此，请求和给付才有对象，才可能实现。这与以物权为代表的绝对权存在根本不同。在绝对权法律关系中，权利人是特定的，义务人则是权利人之外的不特定任何人，所以权利人和义务人之间完全可能而且往往也是完全陌生的关系。在司法实践和学理研究中，基于技术标准和技术推广而产生的专利权纠纷多被认定为专利默示许可关系❷，实为对专利默示许可的误用。根据相关案件判决书披露的信息❸，在技术标准和技术推广中的专利技术被实际采用之

---

❶ 例如袁真富认为"默示许可是一种合同关系"；参见：袁真富. 知识产权默示许可：制度比较与司法实践 ［M］. 北京：知识产权出版社，2018：9. 。陈瑜认为"专利默示许可是默示合同"；参见：陈瑜. 专利默示许可研究 ［D］. 重庆：西南政法大学，2017：183. 。李闯豪、于淑杰认为"专利默示许可在性质上属于合同的一种"；参见：李闯豪，于淑杰. 专利默示许可认定标准的反思与重构 ［J］. 郑州航空工业管理学院学报（社会科学版），2021，40（4）：21 - 29.

❷ 袁真富. 基于侵权抗辩之专利默示许可探究 ［J］. 法学，2010（12）：108 - 119.

❸ 季强、刘辉与朝阳市兴诺建筑工程有限公司专利侵权纠纷案，参见辽宁省高级人民法院（2007）民辽四知字第126号民事判决书；江苏优凝舒布洛克建材有限公司与江苏河海科技工程集团有限公司、江苏神禹建设有限公司、扬州市勘测设计研究院有限公司侵犯专利权纠纷案，参见"2009年江苏法院知识产权司法保护典型案例"。

时,专利权人和使用人彼此都不知道对方的存在,使用人甚至都不知道所使用的技术为专利技术,双方不存在任何直接交往关系,因权利人偶然发现使用人的使用行为而成讼,如此怎么能够认定双方之间形成的是合同关系呢?在国外法例上从未出现类似情形。

(二)在权利的救济方式上,不存在适用惩罚性赔偿的问题

对于故意侵犯专利权的行为判处惩罚性赔偿已经成为国际通行的专利制度。美国专利法第284条规定,在确定被告的侵权行为属于故意侵权时,可以将赔偿数额最高提升至补偿性赔偿的3倍。在我国专利法中引入惩罚性赔偿,早已成为理论界和实务界的共识,并被两界呼吁多年❶。全国人大常委会2020年修正的《专利法》第七十一条第一款规定:"侵犯专利权的赔偿数额按照权利人因被侵权所受到的实际损失或者侵权人因侵权所获得的利益确定;权利人的损失或者侵权人获得的利益难以确定的,参照该专利许可使用费的倍数合理确定。对故意侵犯专利权,情节严重的,可以在按照上述方法确定数额的一倍以上五倍以下确定赔偿数额。"至此,惩罚性赔偿正式成为我国专利法上的制度。但是在合同关系中,我国始终坚持的是补偿性原则,除非法律有特别规定,即使故意违约也不存在判处惩罚性赔偿的问题。❷ 在专利默示许可下使用人的行为常出于故意,将其识别为合同行为或侵权行为对使用人利益影响巨大。如果认定存在默示许可,即使使用人因为未支付使用费等存在违约行为,也不存在施于其惩罚性赔偿的问题。

---

❶ 王利明. 论我国民法典中侵害知识产权惩罚性赔偿的规则 [J]. 政治与法律, 2019 (8): 95 – 105.

❷ 苏号朋. 合同法教程 [M]. 3版. 北京: 中国人民大学出版社, 2015: 280.

（三）在法律关系的内容上，合同关系远比侵权关系要更为复杂

侵权法律关系的核心是赔偿，合同法律关系可能还要涉及更为复杂的履行问题。以《民法典》侵权责任编和合同编为例，侵权责任编共 10 章 95 条，主要涉及一般规定、损害赔偿、责任主体的特殊规定以及特殊侵权；合同编包括 3 个分编 29 章 526 条，涵盖了合同的订立、效力、履行、保全、转让、终止、违约责任以及 19 种有名合同，几乎占据了整个《民法典》的半壁江山。如果将专利默示许可判定为专利侵权行为，接下来只存在颁发禁令和确定赔偿数额的问题；而如果判定为合同关系，则除了可能产生的使用费问题外，往往还要确定许可权的类型、权项、地域等一系列许可合同履行问题。相当一些专利默示许可案件真正的争点并不是默示许可存在与否，而是默示许可期限、对价或地域等履约因素。例如在 CAFC 审理的 *Carborundum* 案中，对于购买人从原告处购买压力泵后获得实施其专利方法的默示许可，原、被告双方没有争议，但是关于默示许可的存续期限，原、被告存在重大分歧，CAFC 也就着重审理了默示许可的期限问题。将专利默示许可识别为合同法律关系，适用了不同类型专利默示许可的复杂情况，能够精细化地解决当事人的矛盾和纠纷，更好地实现当事人的合理期待和公平正义，避免将复杂问题简单化处理。

（四）在意思自治的方面，允许权利人事先明示排除适用

基于事实和习惯上的默示条款所形成的专利默示许可，是基于权利人的行为对其意思的推定。推定的基础仍然是意思自治原则，所以不得与当事人明确表示的意思相悖。德国民法学巨擘弗卢梅认为，如果行为人明确声明其行为不包含默认的意思表示，则不应该认为其行为构成默示的意思表示，明确的"异议"可以

排除推断行为所引起的意思表示作出的表象。❶ 在专利默示许可案件的裁判中，美国法院一再确定这一规则。在 *LifeScan* 案中，法院判定使用人在权利人提出明确限制之前的行为构成默示许可，之后的行为构成专利侵权。❷ 在徐斌、路宝公司诉铭健公司侵害发明专利权纠纷案中，法院驳回了被告单纯基于原告专利被纳入技术标准所提出的默示许可抗辩；法院的主要依据即在于原告作为专利权人在技术标准中已经明确表达了使用人必须获得其许可的意思，从而排除了被告获得默示许可的可能。❸ 所以，默示许可的认定不得违反权利人相反的明确意思。如果权利人拒绝许可的明确表示构成专利权滥用或者垄断，权利人的表示可能不会产生所期待的法律效果，被告将获得免于担责的抗辩，但是这种抗辩的基础是专利法或反垄断法的其他规定，而非专利默示许可。

二、专利默示许可是一种不侵权抗辩事由

由于专利默示许可的成立往往根据权利人的行为或者法律规

---

❶ 弗卢梅. 法律行为论［M］. 迟颖，译. 北京：法律出版社，2013：88.

❷ *LifeScan，Inc. v. Can - am Care Corp.*，859 F. Supp. 392（N. D. Cal. 1994）.

❸ 二审法院判决认为："关于铭健公司的行为是否构成侵权的问题。铭健公司认为依照最高人民法院在相关问题的函中的意见，涉案专利成为行业标准后，即使被控侵权产品落入涉案专利的保护范围，其使用该标准也不属侵权行为。因铭健公司援引的最高人民法院函中的意见是在考虑标准制定机关没有建立有关标准中专利信息的公开披露及使用制度的情况下作出的。而本案中，标准'单元式多向变位梳形板桥梁伸缩装置'在引言部分披露了标准涉及的专利及权利人的情况，标准的实施人不可能不知道该标准与涉案专利相关，同时，引言部分的内容还称专利权人'愿意同任何申请人在合理和非歧视的条款和条件下，就使用授权许可证进行谈判'。因此表明专利持有人并未放弃对授权许可进行审查，不能直接推定为对所有使用人是默示许可，铭健公司作为本行业的专业公司，对于该标准特别是引言部分的内容应当是知悉的，但铭健公司并未就使用许可与涉案专利的权利人进行过谈判，其未经许可生产被控侵权产品的行为应属侵权行为，对此在原审认定正确。"参见：陕西省高级人民法院（2016）陕民终 567 号民事判决书。

定推定而来，缺乏当事人之间的明确合意，专利默示许可合同关系是隐含的，通常只会在双方就是否能够使用专利或者是否应该付费的问题发生争议时才会显现出来。❶ 由于许可本身的存在不明确，对使用人威慑力强大的禁令救济只能在侵权诉讼中被提出，侵权诉讼能比合同诉讼给使用人形成更大的压力，所以权利人倾向于在发生纠纷时提出侵权指控。"以默示方式发生的专利实施许可，由于许可事项未经明示，当事人容易从合同纠纷转至侵权争端。"❷ 目前所见的国内外所有专利默示许可案件都是以侵权诉讼的形式被提出的。为了对抗权利人的侵权指控，使用人往往将默示许可作为一种抗辩事由。

抗辩（exceptio）一词来源于罗马法。抗辩是被告据以对抗原告诉权的权利，它能够使被告的权益得到司法保护，是"使被告摆脱惩罚或减轻对其惩罚的条件"❸。"所有的抗辩都是从法律或者具有法律地位的规定中获得根据，或者是根据裁判官的司法权而创设的。"❹ 许多实体权利都是由于法律或者裁判官赋予当事人以抗辩权而获得承认和保护的。❺ 所以，抗辩在司法诉讼中具有极为重要的意义。我国《专利法》没有使用抗辩这一语词，也没有对本质上属于抗辩事由的法律规定进行分门别类，导致在司法实务和学理研究中在抗辩事由的种类和性质上的争议。借鉴国外的立法和理论研究成果，可以将专利侵权抗辩事由分为不侵权抗辩、

---

❶ 袁真富. 知识产权默示许可：制度比较与司法实践［M］. 北京：知识产权出版社，2018：1.
❷ 吴汉东. 知识产权法［M］. 北京：法律出版社，2021：435.
❸ 斯奇巴尼. 民法大全选译/司法管辖权 审判 诉讼［M］. 黄风，译. 北京：中国政法大学出版社，1992：30.
❹ 盖尤斯. 法学阶梯［M］. 黄风，译. 北京：中国政法大学出版社，1996：118.
❺ 黄风. 罗马法［M］. 北京：中国人民大学出版社，2009：23.

免除责任抗辩和专利权无效抗辩三类。不侵权抗辩是指抗辩事由直接否定侵权行为的构成，从而来否定责任的承担。也就是说，抗辩事由属于侵权行为的消极构成要件，抗辩事由的存在直接排除了侵权行为的构成，而非对已经发生的侵权债务的免除。在专利侵权诉讼中，默示许可抗辩属于不侵权抗辩。免除责任抗辩是指抗辩事由不排除侵权行为的构成，但排除责任（包括部分责任）的承担❶，如销售者提出的"不知道是专利产品"的抗辩。

根据《专利法》的规定，所谓专利侵权是指未经权利人许可，以生产经营为目的实施他人专利的行为。❷ 专利默示许可与明示许可一样是经许可实施专利的行为，只不过默示许可来源于对权利人之行为或者法律规定的推定，而不像明示许可那样来源于权利人的明确授权意思，但是二者没有本质上的不同。"许可的性质是授权，因此默示许可也应当被视为授权。"❸ 既然专利默示许可下对专利的使用也是一种经授权的使用，那就不符合专利侵权的要件构成，也就是说其本质上是一种不侵权行为，故默示许可抗辩应当归属于不侵权抗辩事由的类别中。北京市高级人民法院发布的《专利侵权判定指南（2017）》第 131 条第 3、4 项规定了基于

---

❶ 北京市第一中级人民法院知识产权庭. 侵权专利权抗辩事由 [M]. 北京：知识产权出版社，2011：7.

❷ 《专利法》（2020 年修正）第十一条规定："发明和实用新型专利权被授予后，除本法另有规定的以外，任何单位或者个人未经专利权人许可，都不得实施其专利，即不得为生产经营目的制造、使用、许诺销售、销售、进口其专利产品，或者使用其专利方法以及使用、许诺销售、销售、进口依照该专利方法直接获得的产品。外观设计专利权被授予后，任何单位或者个人未经专利权人许可，都不得实施其专利，即不得为生产经营目的制造、许诺销售、销售、进口其外观设计专利产品。"

❸ 万琦. 专利产品首次销售侵权抗辩研究：以财产权转移理论为研究进路 [M]. 北京：知识产权出版社，2014：80.

产品销售的两种默示许可，但是却将其与专利权用尽、先用权等《专利法》第七十五条规定的不视为侵权的抗辩归并为一类，而非将其与"非生产经营目的的实施"一起归并为不侵权抗辩。应该说这种分类方法混淆了专利默示许可与不承担侵权责任抗辩事由之间质的不同：前者不符合侵权构成，后者仅是专利权的例外。❶其实，从本质上来讲，在成立专利默示许可的情况下，权利人以侵权为由向使用人主张权利属于对法律关系的性质主张错误，即将合同关系主张为侵权关系。在专利默示的情形下，并不成立合同责任与侵权责任的法律责任竞合。所谓法律责任竞合，是指同一行为虽符合多种民事责任的构成要件，可成立几种民事责任，但受害人只能选择其一而为请求。❷由于默示许可并不构成侵权行为，所以对使用人而言无侵权责任的存在。既然无侵权责任的存在，权利人也就没有选择合同责任或侵权责任的空间。在使用人能够证明默示许可存在的情况下，使用人或法院甚至都不需要援引不侵权的抗辩，法院径直以权利人对法律关系性质主张错误为由驳回起诉都无不妥。

三、专利默示许可是一项专利权实施制度

有学者将专利默示许可视为一种对专利权利的限制制度，从而将其与《专利法》第七十五条规定的不视为侵权专利权的情形等同视之。这种看法主要基于如下两点理由：一是在司法个案中作为抗辩事由能够对抗和消解专利权人的权利主张；二是法院根据外观事实认定默示许可的成立，从而在一定程度上限制专利权

---

❶　冯晓青，刘友华 . 专利法 ［M］. 北京：法律出版社，2010：215.
❷　韩世远 . 合同法总论 ［M］. 4 版 . 北京：法律出版社，2018：885.

人纯粹的意思自由。❶ 笔者认为，这种观点值得商榷。专利权的限制制度都具备两个方面的特征。一个是形式方面的，即存在法律的明确规定，因为权利限制对专利权人利益影响重大，所以必须具有实定法上的依据。"权利例外须是法律规定的例外。在国际贸易体制中，权利例外条款源于各缔约方在加入世界贸易组织的减让表中所作出的承诺。在一国专利法律制度中，则是以'法定主义原则'为基础，对权利限制与权利产生一样采取列举式规定，不能扩大解释而类推适用。"❷ 另一个是实质方面的，即基于公共利益的需要对权利人利益的必要牺牲，因为专利法同样需要平衡权利人和社会公众之间的利益关系，在特殊情形下可以为了公共利益在一定范围内牺牲权利人的私人利益。❸ 然而，专利默示许可并不具备这两个方面的特征。首先，专利默示许可并没有被实定法规定为一种权利限制制度，甚至都没有出现在法律条文中；其次，也是更为根本的，专利默示许可既不是对专利权人私人利益的限制，也不是对公共利益的保护措施，不满足权利限制制度的精神实质。

专利默示许可不等于免费许可，美国联邦最高法院在 *De Forest* 案中写道，"至于所构成的许可是否免费，应当取决于当时的具体情况"；我国最高人民法院在给辽宁省高级人民法院的一则答复中明确标准专利中的默示许可是需要支付使用费的❹。实际上，使用人是否已经支付使用费往往是法院判定默示许可是否成立的关键。

---

❶ 陈瑜. 专利默示许可研究 [D]. 重庆：西南政法大学，2017：118.
❷ 吴汉东. 知识产权法 [M]. 北京：法律出版社，2021：410.
❸ 张平. 知识产权法 [M]. 北京：北京大学出版社，2015：158.
❹ 最高人民法院（2008）民三他字第4号《最高人民法院关于朝阳兴诺公司按照建设部颁发的行业标准〈复合载体夯扩桩设计规程〉设计、施工而实施标准中专利的行为是否构成侵犯专利权问题的函》。

法院常常会基于报酬理论以及避免重复受益的不公平来论证默示许可的存在。例如，美国判例法将基于法律禁反言的专利默示许可的成立要件归纳为如下三项：专利权人许可他人使用其专利技术；专利权人已经从被许可人处获得使用对价；事后专利权人试图通过其他方式减损已经授予被许可人的权利。❶《专利法》第七十五条规定的各种专利权利限制情形都不存在权利人因此收取对价的问题。既然专利默示许可不剥夺权利人的许可收益，也符合权利人推定的意思，怎么能够被视为权利限制制度呢？

就其本质来讲，专利默示许可与明示许可一样应当属于权利实施或运用制度。2015年12月原国务院法制办公布的《中华人民共和国专利法修订草案（送审稿）》第八十五条规定了标准专利的默示许可制度，该条文即位于新增设的第八章"专利的实施和运用"之中。国家知识产权局将该章的增设理由表述为："健全以市场需求为导向的专利技术转化机制，更好地激励创新并推动专利的实施和运用。"❷ 虽然草案（送审稿）的规定最终未上升为立法，但是其所传达的制度理念，即专利默示许可属于专利实施制度的一部分，已经被学术界广为接受。所以，就其实质来讲，专利默示许可是一种基于权利人默示意思和诚实信用原则的专利实施制度，旨在于保障权利人正当利益的条件下寻求权利人与使用人之间利益关系上的平衡。

---

❶ HUGHEY R C. Implied licenses by legal estoppel〔J〕. Albany law journal of science & technology, 2003, 53 (14): 53-80.

❷ 国家知识产权局. 国家知识产权局关于《中华人民共和国专利法修订草案（送审稿）》的说明〔EB/OL〕.（2015-12-02）〔2022-03-10〕. http://www.chinaiprlaw.cn/index.php? id=3151.

第三节　专利默示许可的理论分类

专利默示许可的发生情形众多，科学的分类有助于加深对其规律性的认识和提出公正的解决之道。目前国内学术界对专利默示许可探索了多种分类方法❶，但是失之于分类标准不统一、涵盖力不足、分类结果缺乏逻辑性和规范性，以及未能将专利默示许可的合同关系本质考虑在内。"对于法及法学而言，更重要的是那些自始就包含规范性因素的类型……必须基于规范性的观点来从事选择和界分。"❷ 本诸专利默示许可是一种真正的合同关系的定性，笔者从专利默示许可的形成原因的角度，基于规范性的需要，将专利默示许可区分为依附基础合同关系的专利默示许可以及构成独立合同关系的专利默示许可，其中每一类又可以被区分为若干子类。

一、依附基础合同关系的专利默示许可

合同就其本质来讲，"不过是有关规划将来交换的过程的当事

---

❶ 例如，袁真富将专利默示许可分为基于技术标准、技术推广、产品销售、产品修理、先前使用、原有协议、违约行为以及平行进口等8种原因形成的专利默示许可，参见：袁真富. 知识产权默示许可：制度比较与司法实践 [M]. 北京：知识产权出版社，2018：66 - 88. 。陈瑜将专利默示许可区分为因产品销售、指示制造权、在先协议、未披露标准专利、权利人懈怠等5种原因形成的专利默示许可，参见：陈瑜. 专利默示许可研究 [D]. 重庆：西南政法大学，2017：130 - 141. 。闫宏将专利默示许可区分为基于销售行为、原许可行为、委托代理和权利人的违约行为等4种原因形成的专利默示许可，参见：闫宏. 专利默示许可规则探析 [D]. 北京：清华大学，2007：11 - 29.

❷ 拉伦茨. 法学方法论 [M]. 陈爱娥，译. 北京：商务印书馆，2003：340.

人之间的各种关系。"❶ 即使是最简单的合同关系也会包含一系列相互依存的交换条件。专利默示许可在相当情况下不过是权利人与使用人之间基于特定交易目的所形成的包含一系列交易条件的合同关系的一部分。专利许可关系是权利人与使用人之间合同关系中一个方面，只不过没有像其他组成部分一样被明确表示出来，呈现为默示和依附的状态。此时的专利默示许可只是对业已存在的合同关系的一个合同解释或漏洞补充问题，它与合同关系的其他组成部分互为依存。根据其所依附的基础合同关系的不同，专利默示许可又包括如下几个子类。

（一）依附产品买卖合同的专利默示许可

此时专利默示许可依附于一个业已成立的产品买卖合同，基于合同解释或者漏洞补充能够正当地得出，作为买受人的使用人获得了实施作为出卖人的权利人之相关专利的默示许可。根据司法实务经验，依附产品买卖合同的专利默示许可包括以下三种类型。

1. 基于零部件、原材料等专用品销售的专利默示许可

如果出卖人所销售的零部件、原材料等非专利物品，除了组装或加工成出卖人的专利产品外没有其他合理用途，则买受人获得了将所购买的零部件、原材料等专用品制造为专利产品的默示许可。CAFC 在 *Bandag* 案中就此提出了著名的 "Bandag 测试框架"，即如果所售产品 "不存在非侵权用途" 且 "根据交易环境可以清晰地推定默示许可的存在"，则应当认定买受人获得了实施出卖人专利的默示许可。❷ 在这里真正困难的问题是如何判定产品是

---

❶ 麦克尼尔. 新社会契约论［M］. 雷喜宁，译. 北京：中国政法大学出版社，2004：4.

❷ *Bandag*，*Inc. v. Al Bolser's Tire Stores*，*Inc.*，750 F. 2d 903（Fed. Cir. 1984）.

否存在"非侵权用途"? 对于何为"非侵权用途",*Bandag* 案并未给予正面回答,而且该标准被认为过于严格,导致默示许可在产品销售方面难以存在真正的适用空间。例如在 *Bandag* 案中,被告 Al Bolser's 轮胎店从许可来源购买的轮胎翻新设备的正常用途就是用于实施原告 Bandag 公司拥有的一项关于轮胎翻新方法的专利,初审法院也认可了被告 Al Bolser's 轮胎店据此提出的专利默示许可抗辩,但是 CAFC 拒绝了被告的这种抗辩。CAFC 认为,Al Bolser's 轮胎店购买的轮胎翻新设备具有非侵权用途。CAFC 设想,涉案设备的非侵权用途可能包括对该设备进行改装以使其适于实施其他的轮胎翻新方法,或将该设备拆分为备件进行销售。很显然,CAFC 所设想的这些用途都不是被告 Al Bolser's 轮胎店从许可来源购买的轮胎翻新设备的正常用途,这些所谓的"用途"都会造成产品本身的"浪费",严重违背了物尽其用的价值理念,必将严重损害设备所有人 Al Bolser's 轮胎店的正当利益,造成专利权人和专利使用人之间的利益天平过分偏向权利人一方。由于不满足 CAFC 在 *Bandag* 案中提出的"非侵权用途"的判定标准,随后美国法院又通过司法实践探索了"任何商业上可行的用途""具有实际可能性的用途""合理的用途"等相对宽松的判断标准。❶ 我国最高人民法院在微生物公司诉福药公司等专利侵权案❷中所提出的"唯一合理的商业用途"标准,宽严适度,颇具开创性和实用性,可以作为我国专利法上"非侵权用途"的判定标准。对于只能被用于组装为专利产品的零部件,如果权利人同时销售整件专

---

❶ 董美根. 论专利默示许可:以对专利产品合理期待使用为目标 [M] //国家知识产权局条法司. 专利法研究 2010. 北京:知识产权出版社,2011:486.

❷ 江苏省微生物研究所有限责任公司与福州海王福药制药有限公司、辽宁省知识产权局、辽宁民生中一药业有限公司、常州方圆制药有限公司专利侵权纠纷处理决定案,参见:最高人民法院 (2011) 知行字第 99 号行政裁定书。

利产品本身，则由于买受人可以将专用零部件用于替换整件专利产品中的相应部件，并非没有直接制造外的其他用途，所以买受人无权将所购买的零部件制造为专利产品❶，特别是在零部件相对于整件专利产品来讲价值占比不大的情况下。

2. 基于用于实施专利方法的专用设备销售的专利默示许可

这里所适用的规则与基于零部件、原材料等专用品销售的专利默示许可基本一致，即如果权利人所销售的专用设备除了用于实施其专利方法外没有其他合理用途，则买受人获得了实施其专利方法的默示许可。广西壮族自治区高级人民法院前些年曾经审结过一个专利实施许可及买卖合同纠纷案件❷，就涉及这种情况。在该案中专利权人获得了两项专利权，一项是关于一种制造方法的专利，另一项是用于实施该方法专利的专用设备专利。在该案中，专利权人分别获得了一种镁粉深加工工艺的方法发明专利权和实施该方法专利的专用设备高速涡流镁粉机实用新型专利权。专利权人与对方签订了一份协议，约定由专利权人销售给对方高速涡流镁粉机专利设备，对方可以无偿使用一种镁粉深加工工艺的方法专利。事实上，专利权人销售给他人高速涡流镁粉机专利设备，且没有提出限制性条件，就表明专利权人默许他人可以无偿使用一种镁粉深加工工艺的方法专利，他人无须另行与专利权人签订专利实施许可合同。此类情形所遇到的实际问题是买受人可以实施专利的许可期限问题。CAFC 在 *Carborundum* 案中对这一问题进行了回答。在该案中，原告拥有一项关于熔融金属提纯系统的方法专利，但是并没有出售用于实施该方法的整套系统设备，

---

❶ *Hunt v. Armour & Co.* , 185 F. 2d 722（7ᵗʰ Cir. 1950）.

❷ 参见：广西壮族自治区高级人民法院（2005）桂民三终字第 8 号民事判决书。

而是出售专门用于实施其专利方法的压力泵。被告销售该压力泵
的替代品，有购买者从被告处购买产品用于替换之前从权利人处
购买的压力泵以继续实施原告的专利方法。对于购买人从原告处
购买压力泵后获得实施其专利方法的默示许可，双方没有争议。
但是对于默示许可的存续期限，原、被告存在重大分歧。原告认
为默示许可的期限仅限于其所销售的每个压力泵的使用寿命，被
告认为许可期限覆盖整个专利有效期。CAFC 支持了原告的主张，
因为在 CAFC 看来，如果原告出售的是整个提纯系统的话，默示
许可的期限是整个系统的寿命，如果出售的仅仅是系统中的压力
泵，那么许可期限就应该是压力泵的寿命；购买人在从原告处采
购压力泵时预期自己在整个专利有效期内都有权利更换压力泵是
不合理的。❶

3. 基于整件专利产品销售的专利默示许可

整件专利产品销售后买受人的权利问题一般是通过权利用尽
原则加以解决的。即根据多数国家专利法的规定，在一国范围内，
买受人可以自由使用、许诺销售和销售专利产品，而不受专利权
人的干涉，但是这种对专利权的限制是否适用于从一国到另一国
的进出口行为则存在不同见解，对这一问题 TRIPS 也没有给出正
面回答。❷ 虽然权利用尽原则最初也是从专利默示许可发展而来，
但是在权利用尽原则上升为成文法以后，一般不再将默示许可视
为其法理基础。但是有两个问题权利用尽原则并未能给予回答：
平行进口和产品修理。根据《巴黎公约》规定的独立保护原则，

---

❶ *Carborundum Co. v. Molten Metal Equipment Innovations*, *Inc.*, 72 F. 3d 872（Fed. Cir. 1995）.

❷ TRIPS 第六条规定："就本协定项下的争端解决而言，在遵守第二条和第四条规定的前提下，本协定的任何规定不得用于处理知识产权的权利用尽问题。"

同族专利在各国的专利权是相互独立的。但是据此并不能确切地推断出同族专利在各国的专利权人是否也是相互独立的。TRIPS 等国际公约在这一问题上采取了刻意回避的态度，留由各成员方自行决定。❶ 日本最高法院在 1997 年的德国 BBS 公司诉日本 Auto 和 Lacimex 公司侵犯其进口权和销售权案中认为，由于专利权人 BBS 公司在销售时没有对购买人的后续行为进行任何限制，应当认为买受人获得了将专利产品进口到日本的默示许可。❷ "当知识产权产品第一次被售出时，如果权利人或者被许可人没有明确提出限制性条件，则意味着购买者获得了某种默认许可；因此，权利人不能对售出后的知识产权产品再进行任何控制。相对'权利穷竭'而言，'默示许可'的适用范围更广，不仅适用于有关被售出产品本身的知识产权，还可能影响同一权利人所拥有的其他权利❸。"但是随着我国 2008 年修正的《专利法》及美国联邦最高法院在 *Lexmark* 案❹中均采用了专利权国际用尽原则，默示许可在解决平行进口中的重要性正在显著降低。

专利产品在使用过程中因为发生故障而需要通过更换零部件等方式进行修理时，是否应当获得专利权人的许可？对这一问题，存在两种不同的观点：一种观点采用专利默示许可的进路，认为对专利产品使用和销售的默示许可包括了对专利产品修理的默示许可❺；另一种观点采用了物权之所有权的进路，认为对物品的修

---

❶ 崔国斌. 专利法：原理与案例 [M]. 2 版. 北京：北京大学出版社，2016：570.

❷ KOMURO N. Japan's BBS judgment on parallel imports [J]. International trade law & regulation，1998 (4)：27 – 28.

❸ 曲三强. 平行进口与我国知识产权保护 [J]. 法学，2002 (8)：73.

❹ *Impression Products*，Inc. v. Lexmark International，Inc. 581 US _ (2017).

❺ 田村善之. 修理、零部件的更换与专利侵权的判断 [M]. 李扬，译//吴汉东. 知识产权年刊：2006 年号. 北京：北京大学出版社，2007：36 – 52.

理权根源于所有权❶。笔者赞同第二种观点。使用默示许可解决专利产品的修理问题预设了一个条件，即专利权人享有修理权，因为只有权利人依法享有的专利权利，他人才有获得许可的必要，否则即为使用人的自由。例如，根据《专利法》（2020 年修正）第十一条第二款的规定，外观设计专利权人只享有"制造、许诺销售、销售、进口其外观设计专利产品"的权利，并不享有像发明和实用新型专利权人一样的"使用权"，所以他人使用外观设计专利产品的行为并不需要权利人的许可，相关行为可自由进行，并无侵权之虞。实际上，根据专利方面的国际公约和各国专利法的规定，专利权人并不享有"修理权"，专利产品所有人的修理行为并未落入专利权的效力范围。因此，"修理权"并非一种与默示许可有着亲缘关系的利益，事实上其根本与许可利益无关。❷ 如果使用人进行的是一种真正意义上的修理行为，则无须借助默示许可即可自由进行。实际上，两种观点不存在实质上的不同，无论根据哪一种观点都不允许买受人以修理之名行再造之实——那样将会侵犯专利权人的制造权。这里真正的难点是修理和再造的区分问题。"在具体的个案中，区分修理和再造并非易事。法院可能的考虑因素包括：损毁部分是否为专利产品的核心部件；损毁部分与专利产品的预期寿命对比；存留部分剩余的市场价值；修理本身的难度与成本；专利权人的合理预期和相关行业的通常习惯等。显然，这是一个综合权衡的过程，也涉及重要的产业政策。因此，在修理和再造之间，并不存在一条特别分明的界限。"❸

---

❶ 陈瑜. 专利默示许可研究 [D]. 重庆：西南政法大学，2017：149.

❷ JANIS M D. A tale of the apocryphal axe: repair, reconstruction, and the implied license in intellectual property law [J]. Maryland law review, 1999, 58 (2): 423 - 527.

❸ 崔国斌. 专利法：原理与案例 [M]. 2 版. 北京：北京大学出版社，2016：559.

（二）依附许可协议的专利默示许可

如果专利权人与使用人已经就专利技术的实施许可达成了协议，但是由于合同条款的不清晰或者不完备，使用人的实施行为是否在许可的范围之内时有争议。如果通过合同解释方法得出使用人基于许可协议已经获得了实施专利技术的许可，此时即为依附许可协议的专利默示许可。依附许可协议的专利默示许可实质上是一个合同解释的问题，且常常表现为针对合同条款具体含义的澄清，即为狭义的合同解释。依附许可协议的专利默示许可又可以被区分为对权利人嗣后专利权的默示许可以及基于指使制造权的默示许可两种具体情形。

1. 对权利人嗣后专利权的默示许可

专利就其本质而言不过是一种受到专有权保护的技术方案而已。技术方案是权利的客体，是利害关系人争夺的目标。如果技术方案的所有人已经就该技术方案的使用授予他人实施许可，则无论在授予许可时该技术方案在法律上的地位如何，也无论根据该法律地位是专利许可、商业秘密许可还是以其他任何名义的许可，如果所有人试图以嗣后取得的专利权——无论该专利权是通过申请得来还是受让得来，减损已经授予他人的实施许可，在法律上都将被禁止，此时使用人基于对许可协议的解释获得了实施权利人嗣后专利权的默示许可。这种情形在美国专利法上称为基于法律禁反言的默示许可。与衡平禁反言相比，法律禁反言是指范围较窄的一类行为，包括专利权人许可或转让一项权利，并且获得了对价，然后寻求减损所授予的权利的情形。1968 年美国索赔法院审理的 *AMP* 案是这方面的典型案例。AMP 许可美国政府使用其一项专利技术，在许可协议履行完毕后使用其嗣后受让的覆盖该许可技术的专利权起诉美国政府侵权。法院经审理认为，任何人不能通过后来的行为减损其已经授予他人的权利，根据美国政府与 AMP 的协议，美国政府有权利使用 AMP 所开发的技术，而不论该技术为 AMP 的哪项专利所覆盖，基于法律上的禁反言原则，美国政府获得了使用 AMP 嗣后受让专利的默示许可。❶ 在大陆法上虽然没有英美法上的禁反言理论，但是大陆法上的诚实信用原则完全可以发挥与英美法禁反言理论同样的功效。这种事后减损之前授予他人权利的行为，既是一种破坏利益平衡局面的行为，也是一种背弃诺言的不诚信行为，可以被通过诚实信用原则进行规制。我国司法机关也曾经审理过一起类似的案件，涉及同一发明专题的实用新型专利和发明专利的许可衔接问题，只不过该案权利人是从请求支付许可费的角度而非专利侵权的角度主张其权利的。最高人民法院经审理认为："本案中，涉及相同主题的发明和实用新型专利同日向国家知识产权局提出申请，实用新型专利权终止前，同日申请的相同主题的发明专利已经获得授权。高学敏、李信斌与蓝畅公司签订专利技术使用合同，即负有维持该合同所涉专利权处于有效状态的义务，蓝畅公司即取得合同所涉专利技术的使用权，并默示许可蓝畅公司使用其所拥有的与合同所涉专利技术属于相同技术的另一专利权，否则将无法实现合同的目的。而且，在本案诉讼中，涉及相同技术的发明专利的专利权人高学敏、李信斌也明确表示，发明专利是实用新型专利权利的延续，其有权主张使用费。综上，二审判决认定蓝畅公司应当按照合同的约定支付相应的技术使用费，并无不当。"❷

---

❶ *AMP Inc. v. United States*, 389 F. 2d 448（Ct. Cl. 1968）.
❷ 参见：最高人民法院（2009）民申字第 802 号民事裁定书。

2. 基于指使制造权的默示许可

指使制造权（have-made rights）的概念来源于美国判例法，指的是专利被许可人所享有的委托他人代为制造专利产品的权利。美国法院在 *Carey* 案中解释了指使制造权的具体含义：被许可人获得专利实施许可并不意味着必须亲自制造专利产品，其可以委托第三方代为制造专利产品。❶ 指使制造权如果规制不当可能会成为被许可人对禁止分许可的规避手段，从而损害专利权人的利益。分许可，又称从属实施许可，如果实施许可合同中允许被许可人再与第三方签订实施许可合同，那么被许可人与第三方签订的实施许可合同就是从属实施许可合同。❷ 指使制造权与分许可在外观上存在相似之处，二者均是由被许可人授权第三人实施专利，但是法律对二者的要求却是相反的：如专利许可协议无明确约定，对指使制造权推定存在，而对分许可则推定不存在。❸ "在此类争议中，法院除了参考侵权案件中的考虑因素外，还要引入合同解释的因素。"❹ 因此，为了区别于专利分许可，适用指使制造权有一项至关重要的限制条件：第三人必须为被许可人生产专利产品，即最终的受益者必须是被许可人，而不能是生产产品的第三人或者任何其他人。*Shell* 案是一起以虚假指使制造合同规避专利分许可侵权的典型案例。❺ 在该案中，专利产品需求人 Union Carbides 试图获得专利权人 Du Pont 的许可但未能成功，于是转而与 Du

---

❶　*Carey v. United States*，326 F. 2d 975（Ct. Cl. 1964）.

❷　冯晓青，刘友华 . 专利法 ［M］. 北京：法律出版社，2010：242.

❸　《专利法》（2020 年修正）第十二条规定："任何单位或者个人实施他人专利的，应当与专利权人订立实施许可合同，向专利权人支付专利使用费。被许可人无权允许合同规定以外的任何单位或者个人实施该专利。"

❹　崔国斌 . 专利法：原理与案例 ［M］. 2 版 . 北京：北京大学出版社，2016：548.

❺　*E. I. Du Pont de Nemours & Co. v. Shell Oil Co.*，498 A. 2d 1108（Del. 1985）.

Pont 的被许可人 Shell 接洽，但是 Shell 的制造能力只能满足自身需求，无力供给 Union Carbides。为了规避 Shell 无权发放分许可的限制，双方达成协议，由 Shell 基于其指使制造权委托第三方生产，然后再由 Union Carbides 将其购回自用。Du Pont 起诉专利侵权，Shell 以指使制造权进行抗辩。法院审理后认为，Shell 不是为自身使用利益而生产，从而超越了指使制造权的范围，遂驳回了被告的指使制造权抗辩。指使制造权是基于被许可人行事不必亲力亲为之常情常理而作出的推定，常隐含于许可协议所赋予的制造、使用或销售的基本权利之中。[1] 所以，即使许可合同中没有关于指使制造权的明确约定，被许可人也可基于默示的推定获得指使制造权，除非合同中存在相反限制。[2] 但是，此种推定不应超越基于诚实信用原则所确定的双方当事人的真实意图。

（三）依附定作合同的专利默示许可

定作合同属于承揽合同的一种，是承揽人按照定作人要求制成特定产品，定作人接受该产品并向承揽人支付报酬的合同。如果所定制的特定产品属于专利产品，在专利权人作为定作合同一方当事人构成违约的情况下，出于对定作合同另一方当事人权利救济的目的，可以认为另一方当事人取得了许诺销售、销售或制造所定作专利产品的默示许可。依附定作合同的专利默示许可，究其实质而言，实为在合同权利与专利权产生冲突的情况下，对守约方正当合同权利的维护。依附定作合同的专利默示许可，根据专利权人在合同中的不同地位，可以被分为权利人为定作人以

---

[1] 陈瑜. 专利默示许可研究 [D]. 重庆：西南政法大学，2017：133.

[2] HATFLELD A L. Patent exhaustion, implied licenses, and have – made rights：gold mines or mine fields？[J]. Computer law review and technology journal，2000，2000 (1)：1–59.

及权利人为承揽人两种具体情形。

1. 权利人为定作人的专利默示许可

如果专利权人为定作人，在所定作的专利产品已经完成，但其没有正当理由拒绝接受产品且拒绝支付报酬的情况下，根据承揽人在定作合同中的自救权❶，视为承揽人获得了销售所制作完成的专利产品的默示许可，将销售收入抵作专利权人作为定作人应当支付的报酬。CAFC 审理的 *McCoy* 案❷就是这方面的一件经典案例。CAFC 认为，在专利权人违约的情况下，合同相对人有权利不经专利权人同意销售专利产品以挽回损失，专利权的存在并不能否定对方当事人的正当合同权益，合同相对方因为专利权人的违约行为获得了销售相关专利产品的默示许可。

2. 权利人为承揽人的专利默示许可

在专利权人为承揽人的情况下，如果承揽人无故违约致使定作人不能依约取得所定制的专利产品，且所定制的专利产品为定作人自用而非在市场上公开销售，那么此时定作人获得了自行或委托第三方制造专利产品的默示许可，以在专利权人作为承揽人违约的情况下实现自救。❸ 权利人作为承揽人的专利默示许可远不

---

❶ 各国合同法对于承揽人自救权规定不完全相同。比如，我国《民法典》第七百八十三条规定："定作人未向承揽人支付报酬或者材料费等价款的，承揽人对完成的工作成果享有留置权或者有权拒绝交付，但是当事人另有约定的除外。"德国民法典第 647 条规定："承揽人所制作或者修缮的定作人的动产，在制作时被承揽人占有，或者为修缮而被承揽人占有的，对于由承揽人由合同产生的债权，承揽人享有该动产产生的质权。"德国民法典第 647 条所规定的承揽人的质权是一项法定质权。参见：陈卫佐. 德国民法典 [M]. 北京：法律出版社，2004：215 – 216.

❷ *Duncan McCoy, Alex Dorsett, and Alex – Duncan Shrimp Chef, Inc. v. Mitsuboshi Cutlery, Inc. , and Admiral Craft Equipment Corp. , 67 F. 3d 917（Fed. Cir. 1995）.*

❸ O'ROURKE M A. Rethinking remedies at the intersection of intellectual property and contract：toward a unified body of law [J]. Iowa law review, 1997, 82（4）：1169 – 1170.

如其作为定作人的情况常见。美国第八巡回法院审理的 *Finley* 案❶
是这方面的一个代表性案例。在该案中，Finley 就某种柏油路铺路
设备拥有专利权。圣路易斯市（St. Louis）在市政公路的铺设方面
采用了某种专用规范，根据该规范，施工单位必须使用 Finley 的铺
路专利设备才能完成施工。National Fin-Mix 就上述铺路专利设备
拥有独占许可。Asphalt 竞得了圣路易斯市市政公路铺设上的一个
标段。为了完成施工任务，Asphalt 在中标时与 National Fin-Mix 达
成了向后者定作铺路专利设备的合同，合同约定了押金、报酬以
及交货时间。Asphalt 履行了合同，但 National Fin-Mix 在履行时间
到来后未能交货。为了履行与圣路易斯市签订的铺路合同，
Asphalt 遂委托第三方制造了 Asphalt 享有专利权的铺路设备，并在
收到设备后将其用于工程施工。Finley 和 National Fin-Mix 以专利
侵权为由起诉了 Asphalt。法院审理后认为，根据原、被告之间签
订的定作合同，在原告作为承揽人因为违约未能按期交付专利设
备时，被告在以自用为目的的范围内获得实施原告专利的默示许
可；遂驳回了原告的侵权指控。

二、构成独立合同关系的专利默示许可

默示合意在合同领域广泛存在，它既可以表现为明示合同的
一个隐含条款，也可以表现为整个合同关系，即所谓的默示合同。
在现代合同法中有一个被普遍接受的规则：合同的成立一般没有
形式上的要求；合同可以以书面、口头、行为方式或这些方式中
的两种或三种形式成立。❷ 该原则亦被称为"形式自由原则"，而

---

❶ *Finley v. Asphalt Paving Co.*, 69 F. 2d 498（8ᵗʰ Cir. 1934）.

❷ 阿狄亚. 合同法导论［M］. 5 版. 赵旭东，何帅领，邓晓霞，译. 北京：法律出
版社，2002：168.

"形式自由原则"乃合同法基本原则——合同自由原则的题中应有之义。❶《民法典》第四百六十九条亦对此作出了规定，即"当事人订立合同，可以采用书面形式、口头形式或者其他形式"。那些完全通过行为方式成立的合同通常表现为默示合同，甚至在合同成立时当事人都没有意识到合同关系的存在，直到因发生纠纷接受司法裁决时当事人才认识到其行为的合同意义。阿狄亚将此类合同称为"法院制造的合同"，以区别于"当事人制造的合同"。就"法院制造的合同"的特征及其生成原因，阿狄亚解释道：在实践中，很多合同由法院判决存在，在这些情况下当事人并不想订立合同或根本没有认识到他们正在订立合同，而且很多合同义务也是由法院判决存在，这些义务实质上不是契约性的，而是假定契约或根本没有契约的情形下产生的义务；在很多情况下我们传统的要约和承诺规则由于不符合实质正义，导致了这些附加合同或合同义务的产生（可以说是法院创制的）。❷ 这种情况非常类似于德国学者豪普特所说的"事实合同"，或者美国学者麦克尼尔所提出的"关系合同"❸。

专利默示许可囊括了一切必要情势下的专利非明示许可。即使不依附于当事人合意达成的任何基础合同关系，仅根据当事人

---

❶ 韩世远. 合同法总论 [M]. 4 版. 北京：法律出版社，2018：107.

❷ 阿狄亚. 合同法导论 [M]. 5 版. 赵旭东，何帅领，邓晓霞，译. 北京：法律出版社，2002：91.

❸ 关系合同论（Relational Contract Theory）是由美国学者麦克尼尔（Ian Roderick Macneil，1929 - 2010）提出的理论，认为合同不过是有关规划未来交换过程的当事人之间的各种关系，当事人之间的允诺或者合意只是其中的一个组成部分，只是合同关系的片段；另外，社会习俗、身份、习惯及其他为人所内化的东西（总称为非允诺机制），对于规划未来的交换，也发挥着至关重要的作用。在全部合同领域，允诺总是由重要的非允诺机制相伴随。换言之，合同并非一个允诺或合意了之，合同是一组规划未来交易的关系，包含着大量未经合意的内容。参见：韩世远. 合同法总论 [M]. 4 版. 北京：法律出版社，2018：8 - 9.

之间的一系列交往关系，在诚实信用原则和实质正义理念的指导下，也可以认定专利默示许可的存在。此时的专利默示许可关系具有显著的"法院制造的合同"特征，常常经由法院的裁判才能最终确认许可关系的存在及其具体内容。此时的专利默示许可虽然不依附于任何基础合同关系，不是对基础合同关系解释的结果，但是并不意味着当事人之间不存在任何与专利许可有牵连关系的合同关系。当事人之间是否存在与专利许可有牵连关系的一定合同关系，对认定默示许可的存在没有直接的、根本性的决定作用，即使存在这种关系也仅作为推定权利人许可意思的一种事实行为加以考虑；相反，如果其他因素足够，即使不存在这种关系也不影响对默示许可的认定。

为了认识上的方便，根据专利默示许可的认定因素中是否包含有一定牵连关系的合同关系，可以将构成独立合同关系的专利默示许可区分为有一定合同关系因素的专利默示许可以及无直接合同关系因素的专利默示许可。需要说明的是，这两类专利默示许可并没有本质上的不同，这种区分方法只是为了说明：即使有一定合同关系因素的专利默示许可也是一种构成独立合同关系的专利默示许可，而非派生于当事人之间已经存在的一定合同关系。有一定合同关系因素只是最终认定存在合同关系的诸种因素之一。

（一）有一定合同关系因素的专利默示许可

此类专利默示许可的成立取决于权利人和使用人之间的一系列互动关系，通过这些互动关系，使用人能够合理地信赖权利人授予了专利实施许可。在权利人与使用人之间的一系列互动关系中，包含了权利人与使用人之间已经发生或正在发生的与专利许可有一定牵连关系的某种合同关系，但是该合同关系仅为证成专利默示许可的因素之一，而不是专利默示许可的唯一或决定性来源。而且专利默示许可的成立并不是为了补足已经发生的与专利许可有一定牵连关系的合同关系在许可意思上的缺乏，而是为了解决其他情形下使用人对专利使用的许可问题。

CAFC 审理的 *Wang Lab* 案是这方面的一个典型案例。在该案中，CAFC 认定被控侵权人 Mitsubishi 公司获得了免费使用 Wang 公司专利技术的默示许可，原因在于：（1）Wang 公司在隐瞒专利申请信息的情况下，误导电子产业标准化组织将其专利技术纳入技术标准，且公开宣称任何公司要使用其技术均无须获得许可；（2）Wang 公司和 Mitsubishi 公司之间进行了长达六年的合作，期间 Wang 公司通过主动提供设计、建议和样品，一再诱使 Mitsubishi 公司使用其专利技术；（3）Wang 公司确实也从 Mitsubishi 公司采购了专利产品。Wang 公司的一系列行为使得 Mitsubishi 公司合理信赖自身获得了使用其专利技术的许可。在 Wang 公司和 Mitsubishi 公司的一系列互动关系中，包含了二者之间的专利产品采购合同关系。但是该采购合同关系仅为认定默示许可存在因素之一，而且认定默示许可的存在并不是为了解决该采购合同关系中 Mitsubishi 制造行为的专利许可问题，而是为了解决在该采购合同关系之外 Mitsubishi 向其他公司所销售专利产品的制造许可问题。法院审理后认为，虽然没有正式的授权许可，但是基于双方之间的一系列互动关系以及衡平禁反言原则，Mitsubishi 公司已经获得了不可撤销且无须支付使用费的默示许可。在美国专利法上，衡平禁反言关注的不是原告在起诉中的不合理拖延（这是懈怠的基础），其关注的是原告的行为不公平地误导被告而使其相信不会被起诉，以及被告对上述行为的依赖所造成的损害。❶

---

❶ 穆勒. 专利法：第 3 版［M］. 沈超，李华，吴晓辉，等，译. 北京：知识产权出版社，2013：393－394.

（二）无直接合同关系因素的专利默示许可

此类专利默示许可的成立完全取决于权利人和使用人之间的互动关系，且在一系列互动关系中不包括任何真正意义上的与专利许可有关的合同关系，也就是说，在专利默示许可关系被确认成立之前，权利人与使用人之间没有任何与专利许可有关的合同关系存在。在美国专利法上此类默示许可的成立基础往往被归结为其行为禁反言（estoppel by conduct）理论。*Freeman v. Cooke* 案确立了行为禁反言的基本规则：如果一个人用他的言行故意使另一个人相信事物的某一状态的存在，并诱使他按照这个信念行事，或改变他自己以前的立场，那么前者将被禁止对后者主张一种与当时存在的事物不同的状态。❶ 也就是说，行为禁反言通常是由于对一个无辜的人所作的事实的不实陈述而产生的，基于对这种不实陈述的信任及作为一种合理的结果，被陈述者偏好性地改变了自己的立场。❷ 在专利法领域内，如果基于专利权人所使用的任何语言或向另一方展示的任何行为，另一方可以从中合理推断出专利权人同意其通过制造、使用或者销售的方式使用其专利技术，且另一方确实基于此而行为，则产生了基于行为的默示许可。❸

美国联邦最高法院审理的 *De Forest* 案是基于行为产生专利默示许可的典型案件。❹ 在该案中基于分许可人 AT&T 对使用人美国政府回函表示不会干涉其委托生产行为，且 AT&T 向美国政府提供了生产所需的信息、图纸和蓝图，并允许美国政府的代表实地

---

❶ *Freeman v. Cooke*，(1848) 2 Ex. 654.

❷ PICKERING A L. Estoppel by conduct [J]. Law quarterly review, 1939, 55 (3): 400 – 421.

❸ HUGHEY R C. Implied licenses by legal estoppel [J]. Albany law journal of science & technology, 2003, 53 (14): 53 – 80.

❹ *De Forest Radio Tel. Co. v. United States*, 273 U. S. 236 (1927).

参观和学习 AT&T 的生产流程，美国联邦最高法院认定美国政府
已经获得了实施 De Forest 专利技术的默示许可。美国联邦最高法
院认为，并非只有正式的授权行为才能成立许可，根据专利权人
所使用的任何语言或采取的任何行为，只要他人可以正当地由此
推定专利权人已经表达了许可的意思，就可以成立专利许可；至
于是否需要交纳许可费，则取决于当时的具体情况。

本章小结

　　"并非所有的许可都采用明示和做成文件记录的书面协议方
式，许可也可能是默示的。"❶ 默示许可是与明示许可并行的一种
专利许可方式。科学厘定专利默示许可的概念，是正确认识专利
默示许可的逻辑起点。所谓专利默示许可，是指基于专利权人的
一定行为和诚实信用原则而成立的专利许可形态。明确专利默示
许可的性质，是正确适用专利默示许可的前提。就其法律性质而
言，专利默示许可是一种真正的合同关系，是一种不侵权抗辩事
由，是一种专利运用制度。专利默示许可包含了一切形式的非明
示许可，因而是极为复杂多样的。当抽象——一般概念及其逻辑
体系不足以掌握某生活现象或意义脉络的多样表现形态时，"类
型"化是一种重要的补助思考形式。❷ 在一般规则难以构建的情况
下，调整对象的类型化是一种重要的法律方法。从专利默示许可
的释出方法来看，专利默示许可被分为依附基础合同关系的默示

---

❶　德雷特勒. 知识产权许可：上［M］. 王春燕，等，译. 北京：清华大学出版社，
　　2003：183.

❷　拉伦茨. 法学方法论［M］. 陈爱娥，译. 北京：商务印书馆，2003：337.

许可和构成独立合同关系的默示许可，其中前者又可以被划分为依附产品买卖合同、许可协议以及定作合同的默示许可，后者则可以被划分为有一定合同关系因素和无直接合同关系因素的默示许可。其中每一种类型的专利默示许可在司法实践中都形成了自己的适用规则。当然，也应当看到专利默示许可类型的开放性——随着司法实践的发展可能会有更多的类型被总结和提炼出来。综上所述，从专利默示许可的概念、法律性质、类型来看，合同关系的本质是专利默示许可的全部要义所在，合同关系的进路是准确理解和正确适用专利默示许可的"钥匙"。

第四章

专利默示许可的
要件、内容和程序

作为合同法律关系的一种，专利默示许可的构成要件、具体内容和程序证据，是几乎所有案件司法适用的中心问题。在明确了专利默示许可的内涵、性质和类型之后，继续基于合同关系的视角深入考查专利默示许可的要件、内容和程序，是专利默示许可制度研究的逻辑延伸。专利默示许可的形成原因虽然千差万别，但是作为同一种性质的法律关系，在法律关系的构成要件上仍存在同一的模式。科学合理地确定专利默示许可之构成要件，对于在具体案件中判定默示许可之有无具有重要的指导意义。"今天的判决将决定明天的对错。如果法官打算明智地宣告判决，那么就必须有某些原则来指导他从各种争取获得法律之认可的可能判决中作出选择。"❶

---

❶ 卡多佐. 司法过程的性质［M］. 苏力，译. 北京：商务印书馆，2002：9.

在专利默示许可要件齐备，许可法律关系业已成立的条件下，在具体案件中可能还需要进一步就专利许可关系中的具体实操问题，即许可类型、许可范围、许可期限和许可对价问题，作出精细化判断。唯其如此，当事人之间围绕专利默示许可发生的争端才能得到完全化解。由于专利默示许可案件的法律适用同时需要满足合同法和专利法的双重要求，司法诉讼过程中的程序性权利和义务与普通合同诉讼或专利诉讼也就有所不同，需要在准确把握诉讼性质的基础上，对诉讼过程中的具体事项作出科学安排。

第一节　专利默示许可的构成要件

民法规范将法律关系或权利变动（法律效果）系于一些前提要求，这些前提要求因此是权利变动的法律上的原因，被称为法律要件或构成要件。❶ 构成要件属于法律事实的范畴，是指一定法律关系的产生、变更和消灭应当具备的要素。"法律事实是法律使某一权利的取得、变更或丧失赖以发生的条件，换言之，是引起法律后果的事实。"❷ 专利默示许可的有无取决于其构成要件是否齐备。因此，构成要件是专利默示许可最核心的问题。美国学者德雷特勒认为，目前并没有简单的公式可以决定何时发生默示许可，而且一般原则也过于模糊。没有简单的公式并不意味着无规律可循。德雷特勒也承认既往的司法实践还是显现出了若干相互

---

❶ 龙卫球. 民法总论 [M]. 北京：中国法制出版社，2002：149.
❷ 彭梵得. 罗马法教科书：2005年修订版 [M]. 黄凤，译. 北京：中国政法大学出版社，2005：41.

一致的事实模式。❶ 理论研究要想有效指导专利默示许可的司法实践，必须就其构成要件给出一些指导性意见。根据国内外司法实践给予的启示，笔者将专利默示许可的构成要件尝试归纳为下列三项要素。

一、存在直接互动关系

所谓存在直接互动关系，是指权利人与使用人之间就默示许可的授受存在直接的沟通交流。前已述及，专利默示许可在权利人和使用人之间形成的法律关系是一种真正的合同关系。根据法律关系的效力范围和实现条件的不同，法律关系有相对法律关系和绝对法律关系之分。相对法律关系，也称效力仅及于相对人的法律关系，需由具体义务人的协助才能实现。❷ 权利义务的相对性和主体身份的特定性，是相对法律关系的本质特征。合同法律关系属于相对法律关系，合同的相对性是合同法的基本规则。主体的相对性、内容的相对性和责任的相对性，是合同相对性的具体体现。❸ 因为合同关系是一种请求权关系，即要求他人为或者不为一定行为的关系，只有双方主体特定、相互知悉，才能够实现这种"请求"。故任何合同关系的形成都要求当事人之间必须存在直接的互动关系，相互间存在对对方身份和合同关系的认知，唯其如此才能在合同关系形成后履行给付义务。在 *Stickle* 案中，CAFC 认为，在专利权人的行为和侵权行为之间缺乏关联的情况下不存在默示许可。❹ 对于这里所讲的直接互动关系，可以通过如下两个

---

❶ 德雷特勒. 知识产权许可：上 [M]. 王春燕，等，译. 北京：清华大学出版社，2003：184.

❷ 龙卫球. 民法总论 [M]. 北京：中国法制出版社，2002：115.

❸ 王利明. 合同法研究：第一卷 [M]. 北京：中国人民大学出版社，2002：96−100.

❹ *Stickle v. Heublein，Inc.*，716 F. 2d 1559（Fed. Cir. 1983）.

方面进一步澄清其逻辑含义。

(一) 双方当事人身份的显在性

在专利默示许可关系建立时，权利人和使用人已经知悉对方的身份，也就是说对任何一方来讲，对方都不应当是潜在的或抽象的。"通常，为了说明自己对权利人的信赖，被控侵权人（使用人）必须跟权利人之间业已存在某种关系或者交流，而正是该关系或交流使被控侵权人有了一种❶安全感。"❷ 在德国法上，专利默示许可是通过其民法上的"默示的意思表示"理论证成的。就通过"默示的意思表示"建立法律关系的要求，拉伦茨论述道："默示的意思表示是指：某种行为或某种语言表述，虽然不能直接表达特定的法律行为意思，但可以间接地表达这种意思，即可以从直接表述出来的内容或从事的行为中，推知出行为人要表达的法律行为意思。'默示的意思表示'这一称呼是容易令人误解的。因为我们不是将沉默，而是将某种积极的表述（它直接表达的是另一种意义或纯粹的'事实行为'）解释成对特定法律行为意思的表述。因此，为了避免混淆，许多人称这类表示为'间接的''非直接的'意思表示，或称为因'可推断的'作为而为的表示……在通过'可推断的行为'发出的间接表示中，这种行为的主要目的虽然不是为了表达某种法律行为意思，但是行为人必须向间接表示的相对人表明这种行为。相对人必须具备知悉这种行为、并对此作出相应评价的可能性。"❸ 根据合同关系成立的一般模型，

---

❶ 被许可从而不侵权的。

❷ LEMLEY M A. Intellectual property rights and standard - setting organization ［J］. California law review, 2002, 90 (6): 1889 - 1980.

❸ 拉伦茨. 德国民法通论: 下册 ［M］. 王晓晔, 邵建东, 程建英, 等, 译. 北京: 法律出版社, 2003: 488.

以书面、口头或行为方式作出的要约和承诺是必须具备的要件，二者缺一不可。要约和承诺的对象都是特定的，且必须送达对方或为对方所知悉。之所以对适格要约和承诺作出如此严格的要求，乃在于使双方当事人知悉合同关系的建立和具体内容，以便于合同权利的享有和义务的履行，避免当事人陷入无妄违约之境地。例如在交叉要约❶场合，通说认为两个意思表示均到达时合同关系成立，两个意思表示若非同时到达则合同成立的时间以后一个要约达到的时间为准❷，亦为此理。

在我国司法实践中偶然出现的并被个别学者推崇备至的所谓基于技术标准和技术推广的专利默示许可，就不符合这项基本要求——在笔者看来根本不应当据此判定专利默示许可的成立。2007年辽宁省高级人民法院判决的季强、刘辉诉朝阳市兴诺建筑工程有限公司专利侵权纠纷案❸，2009年江苏省高级人民法院判决的优凝公司诉河海公司等侵犯专利权纠纷案❹，即是这方面的典型案例。前者确认了基于技术标准的专利默示许可，后者确认了基于技术推广的专利默示许可。两者的共同特点在于专利技术经权利人同意被纳入了国家技术标准或技术推广项目，但是并未在技术标准和推广项目文件中表明技术的专利信息，专利技术使用人在实施专利技术时也不知道专利权及专利权人的任何信息，专利权人同样对使用人的信息一无所知；专利权人通过偶然的机会发现

---

❶　交叉要约，指合同当事人采取非直接对话的方式，相互提出两个独立但内容一致的意思表示。

❷　韩世远 . 合同法总论［M］. 4 版 . 北京：法律出版社，2018：151.

❸　季强、刘辉与朝阳市兴诺建筑工程有限公司专利侵权纠纷案，参见：辽宁省高级人民法院（2007）民辽四知字第 126 号民事判决书。

❹　江苏优凝舒布洛克建材有限公司与江苏河海科技工程集团有限公司、江苏神禹建设有限公司、扬州市勘测设计研究院有限公司侵犯专利权纠纷案，参见：2009年江苏法院知识产权司法保护典型案例。

了使用人的实施行为，遂产生了案件中的专利权使用法律纠纷。法院仅仅基于专利技术被纳入技术标准和技术推广项目这一因素认定当事人之间存在默示许可，实质上就等于确认两个毫无行为关联的陌生人之间存在合同法律关系。因为专利技术被纳入技术标准和技术推广项目这一事实并未让专利权人和专利技术使用人形成任何意义上的互动——至少对于专利权人来讲，仅仅基于这一事实推定其知悉使用人的身份，从而可以行使其支付使用对价的请求权，不但是不合理的，而且是几乎完全不可能的。如果不是权利人偶然发现使用人的实施行为从而提起法律诉讼，使用人在专利默示许可合同关系下的使用费支付义务何以履行？❶ 显然，在此类案件中认定存在专利默示许可的逻辑是不能自洽的，在实践中将会损害权利人的利益，特别是在被控侵权人构成恶意侵权的情况下。"即使是默示许可，也需要形成一条可以与被指控受到侵害的专利相连接的授权锁链，而这一授权锁链与专利的连接不可能经由一个毫无关系的人来完成。"❷ "默示许可的双方当事人都必须是特定的，其实质问题是，专利权人必须知道或者应当知道默示许可的相对人即被许可人。"❸ 根据专利法的规定，以上两起案件中使用人的行为属于非故意侵权行为，依法应当承担侵权责任。只不过由于我国当时尚未建立标准中所涉专利的信息披露机制，基于技术标准本身的开放性，对案件可以灵活处理，在判令使用人支付合理使用费的条件下可以不颁发禁令。虽然说法院最后的处理结果也是支持使用费不支持禁令，但是将该结果建立在

---

❶ 在这两个案件中，法院最终确认被告应当向原告支付专利使用费，并判决了使用费的具体数额。

❷ 德雷特勒. 知识产权许可：上［M］. 王春燕，等，译. 北京：清华大学出版社，2003：199.

❸ 吴汉东. 知识产权法［M］. 北京：法律出版社，2021：434.

默示许可的基础之上损害了专利法体系的逻辑自洽性。

（二）不以合理信赖的存在为必要

在权利人与使用人之间的互动关系中，并非只有使用人对权利人的行为形成信赖时才能产生默示许可，出于协调合同权利与专利权相互冲突的需要，纯粹基于法律的原因同样可以产生专利默示许可。不少学者都将权利人的默示行为让使用人产生了允许其使用专利的合理信赖作为专利默示许可成立的实质性条件。[1] 实际上，这种解读方法将专利默示许可狭义化了。不可否认，在大多数情况下，专利默示许可的成立都是因为使用人对权利人的默示行为产生了合理信赖，所以美国法院才将专利默示许可的理论基础主要归结为英美法上的禁反言原则，即不允许权利人出尔反尔，不允许权利人否认或撤销其产生默示许可的默示行为。但是美国法院也指出，专利默示许可的理论基础并不局限于禁反言原则，甚至在根据具体案情认定默示许可时都不需要讨论其理论基础，更不需要将其建立在某种理论基础上，专利默示许可的理论基础作为一种学说是开放的。根据目前可及的案例，在定作合同关系中，在专利权人违约的情况下，使用人出于自救所获得的默示许可，与是否存在对权利人默示行为的信赖并没有关系。在前文述及的 *McCoy* 案和 *Finley* 案中，法院之所以认定默示许可存在，并不是基于权利人的默示行为，甚至在这两个案件中根本不存在权利人的默示行为，而是基于使用人作为合同受害方根据普通法所享有的自救权。在权利人违约时，权利人试图利用其专利权阻止使用人作为合同受害方行使其自救权。在这两种权利发生冲突

---

[1]　袁真富.知识产权默示许可：制度比较与司法实践［M］.北京：知识产权出版社，2018：117.

的情况下，基于对违约方的制裁和对守约方的保护这一正义理念的驱动，法院将使用人的自救权置于权利人的专利权之上。但是专利权毕竟仍然有效存在，为了在逻辑上协调两种权利之间的矛盾关系，法院推定权利人已经授予了使用人以默示许可权。这种推定并没有任何权利人行为上的基础。权利人所提起的侵权诉讼充分说明其并不认可这种推定的存在，被告也没有提出合理信赖的抗辩，这种推定完全是基于法律逻辑和公平正义而作出。所以，并非所有案件中专利默示许可的成立都需要使用人对权利人的行为形成信赖。缺乏信赖也能够成立专利默示许可充分说明了专利默示许可的复杂性。

二、存在专利使用对价

专利默示许可原则上仍为收费许可，其与明示许可的区别仅在于许可意思表示的形式不同，并非专利权使用上的有偿性。是否已经支付使用对价，常常影响着对默示许可是否存在的判定。当然，对专利默示许可之许可对价的判断更为复杂，需要综合考虑双方当事人的全部交易条件。

（一）专利默示许可一般仍为收费许可

专利默示许可是一种与明示许可同质的法律关系。专利使用对价（使用费）问题同样是默示许可的核心问题。知识产权法就其本质而言是一种市场经济条件下的商业法，追求经济利益是知识产权权利人投身知识产品生产的根本目的，保障权利人获得合理的经济回报乃是知识产权法律的核心使命。❶《专利法》（2020

---

❶ 黄海峰. 知识产权的话语与现实：版权、专利与商标史论 [M]. 北京：华中科技大学出版社，2011：2.

年修正）第十二条规定："任何单位或者个人实施他人专利的，应当与专利权人订立实施许可合同，向专利权人支付专利使用费。"该条文所述的实施许可，既包括明示许可，也包括默示许可。因此，除非权利人有明确赠予的意思，专利默示许可也应当存在使用对价。"默示许可必须有某种形式的对价存在，即专利权人给予了专利许可，同时也应收到专利使用费或者其他条件的回报❶。"当然，这种对价在授予许可的行为发生时或者说默示许可被认为成立时，并不要求必须已经支付。如果存在权利人允许延后支付对价的意思，或者根据法律的规定使用对价被作为对使用人在关联法律关系中所受损害的补偿时，未实际支付对价并不影响专利默示许可的成立。例如在 De Forest 案中，美国政府作为专利技术使用人在实施专利技术时并未支付对价，但是权利人在给美国政府的回函中明确表示不会干涉美国政府的实施行为且其他问题留后解决，因此美国联邦最高法院依然判决默示许可成立。美国联邦最高法院就此评论道："至于所构成的许可是否免费，则另当别论。"

（二）对价的支付影响默示许可的成立

但是不得不承认的事实是，在大多数情况下，默示许可成立时对价都已经支付，甚至对价是否支付常常成为法院判断默示许可是否成就的一项重要因素。例如在依附产品买卖合同和依附许可协议的默示许可中，法院在形成默示许可存在这一裁判结论时就曾多次强调使用对价已经支付这一要素。在 Univis 案中，美国联邦最高法院认为，权利人镜片毛坯的销售价格中已经包含了专利使用对价，买受人据此获得了将其加工成最终专利产品的默示

---

❶　吴汉东. 知识产权法［M］. 北京：法律出版社，2021：434-435.

许可，如果不然，权利人将获得双重受益。❶ 美国法院将依附许可协议的专利默示许可的理论基础归结为法律禁反言原则。专利权人已经从被许可人处获得使用对价，是法律禁反言三项构成要件中最为核心的一项。在使用人已经支付对价的情况下，如果不认为存在默示许可，则必然产生专利侵权这一逻辑结论，权利人将以侵权赔偿的名义再次获得使用对价，从而导致权利人双重受益这一不公平现象的发生。在默示许可仍需支付使用对价这个意义上，我们也能够得出我国法院和学者前些年倡导的"基于技术标准和技术推广的专利默示许可"其实并不能成立的结论。因为在基于技术标准和技术推广的使用行为发生时，使用人并没有支付使用对价，且也没有证据证明权利人同意嗣后支付使用对价或使用人有支付对价的打算。如果认定默示许可成立，无异于强制权利人对使用人发放许可授信，而这将是不公平的。

(三) 对价的判定应当综合考虑全案情况

当然，我们也应当认识到使用对价判断上的复杂性。这种复杂性主要表现在两个方面。其一，对价的有无不能完全局限于现实金钱的交付。如果使用人的行为已经导致权利人实质受益，或者部分冲抵了权利人应当承担的赔偿责任，则可以认为权利人已经获得了使用对价。前者如在 *Wang Lab* 案中，法院认为权利人的开放许可行为导致专利产品市场的扩张，权利人 Wang 公司因此得以购买价格更为低廉的产品，已经从中获得了充分的利益，而且 Mitsubishi 公司承担了开发和模具成本，重新设计了 SIMMs，满足了 Wang 公司的首选设计。这一切导致 Wang 公司获得了"有价值的对价"，且并非仅仅许可使用费可以构成有价值的对价，而这些

---

❶ *United States v. Univis Lens Co.*，316 U. S. 241，53 U. S. P. Q.（1942）.

对价是 Mitsubishi 公司提供的，所以 Mitsubishi 公司据此获得了无须支付使用费的默示许可。后者如 *McCoy* 案，使用人在权利人违约后通过行使所获默示许可实现自救：使用人应当支付的使用对价因冲抵了权利人应当承担的损害赔偿，而在行为发生时被视为已经支付。其二，关于使用对价的充足性问题。使用人所支付的对价是否充足是一个棘手的问题，因为从根本上来讲这是一个市场博弈的问题。在这个问题上，根据合同法的一般原理，一般情况下应当采取的是主观等值而非客观等值的处理办法。也就是说，只要权利人接受了使用人给付的对价且未及时提出异议，则认为使用人支付的对价是等值的，权利人无权要求使用人再行支付，或以支付不足为由请求补充支付。

三、符合诚信原则要求

专利默示许可的成立从根本上来讲取决于权利人的行为与默示许可结果之间的匹配度问题。在行为与结果的匹配这一问题上，由于专利默示许可情形的极度复杂性，难以制定出适用于所有情形的一般规则，但法院作出裁判尤其是面临新型案件时又不能没有一定的指导性方针。结合国内外司法实践和学术研究成果，笔者认为，从法律规范的角度来讲，诚实信用原则最适于担当权利人之行为与默示许可结果之间的连接因素。所谓符合诚实信用原则的要求，也即在特定情形下，如果认定默示许可存在将符合诚实信用原则的精神，那么否定默示许可的存在会违背诚实信用原则的要求。诚实信用原则是一切合同关系应当遵循的根本准则。既然在特定情形下否认默示许可的存在有违诚实信用原则，认定默示许可的存在就是适当的。对于专利默示许可而言，对诚实信用原则的认定主要从以下三个方面进行综合考量❶。

(一) 价值取向在于实现权利人和使用人之间利益关系上的平衡

　　诚实信用是一种课加给主体的具有明显道德属性的行为义务，它要求人们除了为保护自己的合法利益之必要外不得损害他人之利益，最终达到交易双方利益关系上的平衡。从历史考察可以看出，诚实信用原则是作为对形式主义的纠偏而发展起来的。在大陆法系中，诚实信用原则作为对概念法学建立起来的抽象的法律体系的平衡器，也是形式正义与实质正义的平衡器。诚实信用原则可以避免因形式逻辑而导致民法滑向"恶法"的倾向，使民法之正义与善良之剑永远发光。❷ 于专利默示许可，如果认为其不存在将会违背人们对交易道德的认知，进而导致对利益平衡局面的打破，损害使用人的利益，则应当认定默示许可的存在，反之则认为默示许可不存在。诚实信用原则能够有效阻却权利人单纯以缺乏明示授权的理由行损害使用人正当利益的行为，使双方当事人的行为均建立在善意的基础之上。例如在专用零部件销售上，如果专用零部件只能被用于制造权利人的专利产品，则一般认为买受人获得了使用该零部件制造专利产品的权利，否则使用人通过购买行为将一无所获；但是如果权利人在销售零部件的同时销售整件专利产品，零部件可以被用于替换专利产品中相应部件的损耗，则不应当认为买受人获得使用零部件制造整件专利产品的权利❸，因为通

❶ 徐国栋. 客观诚信与主观诚信的对立统一问题：以罗马法为中心 [J]. 中国社会科学，2001 (6)：97-113，206.
❷ 江平. 民法学 [M]. 2版. 北京：中国政法大学出版社，2007：34.
❸ 德雷特勒. 知识产权许可：上 [M]. 王春燕，等，译. 北京：清华大学出版社，2003：194.

常而言，零部件的销售利润与整件产品的会存在显著不同，认定默示许可存在将会使使用人侵占本应属于权利人的利润。

（二）评价标准是一个第三方的理性人标准

对诚实信用的评价尺度不是当事人的主观标准，而是一个基于第三方理性人视角的客观标准，该标准由主体行为与法律标准或典型的中等的社会行为的对比构成。在这里奉行的是"当事人旁观者的原则"，即在一个有理智的第三人来看存在关于专利许可的默示合同或默示条款。"与任何其他的默示合同一样，默示许可产生于当事人的客观行为，而一个理性的人可以将此作为一种暗示，认为已经达成了一个协议。"❶ 因此，就默示许可是否存在及其内容发生争议时，双方当事人的意见甚至包括行为当时的真实意思都不是决定性的，一个理性的第三人站在客观立场所得出的认识才是判断标准。CAFC 在 *Carborundum* 案中以被告"在购买压力泵时所产生的认为自己在整个专利权保护期内都能更换压力泵的预期是不合理的"为理由，驳回了被告对默示许可的主张。判断标准上的客观性就等于在告诫人们：成为一个通情达理的理性人，行为符合这个标准你将会受到保护，否则你就要为自己行为上的过失承担不利后果。其实这表达了这样一个理念，即在一个以分工和交换为基础的现代社会中，法律必须提供使得人与人之间的行为能够有机衔接的保障机制。

（三）考虑因素包括客观的社会背景和主观的当事人心态

也就是说，在就默示许可的存在及其内容作出判断时，要综

---

❶ 德雷特勒. 知识产权许可：上 [M]. 王春燕，等，译. 北京：清华大学出版社，2003：185.

合考量所有相关的客观和主观因素。在客观因素方面，主要考虑主体实施行为的社会背景，包括法律、习惯和社会公共政策。例如，在因为专用零部件销售所产生的专利默示许可的认定上，就要综合考量专利权保护和自由竞争这两项公共政策之间的协调。如果一件专利产品由多项专用部件组成，权利人和第三人都在销售专用部件，购买人使用从权利人和第三人处购买的专用部件共同组装成专利产品，此时究竟是认定购买人获得了自行组装专利产品的默示许可，还是认定购买人构成直接侵权以及第三人因销售专用零部件同时构成间接（帮助）侵权？"销售专利产品具有唯一用途零部件的行为构成间接侵权抑或是成立默示许可的背后实质上反映了对于专用零部件（设备）市场利益的争夺。"❶ 专利间接侵权制度是对专利权人利益保护的延伸，默示许可制度是对专利权人控制范围过度延伸的控制，这两项具有二律背反性质的公共政策时常处于法律适用上的竞争状态。所以，对于专用零部件的销售行为是否构成默示许可的判断并不是一个单纯的逻辑分析，而是要受到一个国家公共政策等价值因素的制约，具体来讲就是：如果国家政策倾向于强化专利保护，可能不认为存在默示许可；如果国家政策倾向于强化自由竞争，可能认为存在默示许可，而且国家的公共政策经常在二者之间摆动，所以对类似的案件在不同时期的处理可能存在不同。在主观因素方面，包括对行为主体之故意和过失等主观因素的考查，以体现主观诚信的要求和惩恶扬善的价值取向。

---

❶ 张耕，陈瑜. 美国专利默示许可与间接侵权：冲突中的平衡 [J]. 政法论丛，2016（5）：69－76.

第二节　专利默示许可的具体内容

专利默示许可的成立意味着在权利人和使用人之间建立了一种真正的合同关系——专利许可合同关系。在专利默示许可案件中，与默示许可是否成立居于同等重要地位的还有许可合同的具体内容问题，也就是基于专利默示许可的授受，在权利人和使用人之间建立的具体法律关系的内容若何。Gregory M. Luck 教授认为，一旦认定许可是默示的，法庭接下来必须审视各种条件因素以决定许可的范围。确定专利默示许可合同关系的具体内容至关重要。使用人在合同关系内的实施行为构成默示许可，如果超出了这一范围则可能构成专利侵权行为。所以，专利默示许可合同关系的具体内容问题实质上是默示许可与专利侵权之间的边界问题。专利默示许可合同关系的具体内容与明示许可是一致的❶，集中体现了专利默示许可的合同关系维度，也从反面说明了专利默示许可绝不仅仅是一种侵权抗辩制度。作为专利许可合同关系的一种，专利默示许可合同关系一般包括许可类型、许可范围、许可期限和许可对价等许可合同关系的一般内容。下面将围绕这几个方面来探讨专利默示许可的具体内容。"知识产权许可的内容通常由合同详细地约定，但在默示许可中，并没有明确的许可协议，因此，知识产权默示许可的内容只能从其产生的特定情境中加以

---

❶ LIPSCOMB Ⅲ认为："许多明示许可的规则都可以用于默示许可。"SWOPE M J. Recent developments in patent law: implied license – an emerging threat to contributory infringement protection [J]. Temple law review, 1995, 68 (1): 281–306.

探查和确定。"❶ "默示许可的范围与该默示许可是否存在是相互独立的一个问题,它需要另行进行事实调查。"❷ 对默示许可的范围必须根据个案的具体事实来判断。❸ 专利默示许可情形的极度多样性,决定了专利默示许可合同关系内容上的巨大差异性。

一、专利默示许可的类型

专利许可根据不同的标准可以有多种划分方法,其中对司法实践影响最大的是根据所授予权利的不同,将专利许可划分为独占许可、排他许可和普通许可。独占许可是指专利权人在约定的地域、期限和方式的范围内,许可他人实施自己的专利技术,此后许可人不得再向第三方许可实施该专利技术,自己也不得再实施该专利技术。排他许可是指专利权人在约定的地域、期限和方式的范围内,许可他人实施自己的专利技术,自己也可在此范围内实施该专利技术,但不得再许可第三方实施该专利技术。普通许可是指专利权人在约定的地域、期限和方式的范围内,许可他人实施自己的专利技术,且自己仍可在此范围内实施该专利技术,同时也有权继续在此范围内许可第三方实施该专利技术。❹ 独占许可、排他许可和普通许可的法律效力具有明显的差异:许可人保有的权利依次增大,而被许可人的权利逐渐缩小;与此对应,技术转让的费用也会梯次递减。无论采取何种方式,当事人都要根据市场应用行情、同业竞争态势以及专利技术寿命和价值等作出

---

❶ 袁真富. 知识产权默示许可:制度比较与司法实践 [M]. 北京:知识产权出版社,2018:141.

❷ 德雷特勒. 知识产权许可:上 [M]. 王春燕,等,译. 北京:清华大学出版社,2003:199.

❸ 王国柱. 知识产权默示许可制度研究 [D]. 长春:吉林大学,2013:65.

❹ 刘春田. 知识产权法学 [M]. 北京:高等教育出版社,2019:142.

综合评判，以决定自己的专利许可方式。❶专利明示许可首先应当明确许可权类型。明示许可的许多规则同样适用于默示许可，专利默示许可一旦被判定成立，同样需要确定许可权的类型。

（一）专利默示许可一般多为普通许可

对于专利默示许可的类型归属，有学者认为其只能是一种普通许可，而且没有转许可的权利。❷这种看法符合专利默示许可的多数情形，但是未能全面反映专利默示许可的复杂现实。有效保护专利权人的专有权利是专利法的基本使命。相较于普通许可而言，独占许可和排他许可对专利权人的权利形成了较大限制，原则上只能通过权利人明确的授权意思表示而设立。例如，根据《专利法》（2020 年修正）第六章有关特别许可的规定所授予的推广许可❸、开放许可❹和强制许可等特别许可均为普通许可。《最高人民法院关于审理技术合同纠纷案件适用法律若干问题的解释》第二十五条第二款规定："当事人对专利实施许可方式没有约定或者约定不明确的，认定为普通实施许可。"专利默示许可多属于此处所谓"没有约定或者约定不明确"的许可情形。"通常情况下，独占许可和转许可需要明确的意思表示才能确定，而默示许可是

---

❶　吴汉东. 知识产权法［M］. 北京：法律出版社，2021：432.

❷　韩立余. 知识产权权利限制研究［EB/OL］.（2008 - 04 - 19）［2022 - 03 - 10］. http://www. sipo. gov. cn/sipo2008/dtxx/zlgzdt/2007/200804/t20080419/ - 384713. html.

❸　《专利法》（2020 年修正）第四十九条规定："国有企业事业单位的发明专利，对国家利益或者公共利益具有重大意义的，国务院有关主管部门和省、自治区、直辖市人民政府报经国务院批准，可以决定在批准的范围内推广应用，允许指定的单位实施，由实施单位按照国家规定向专利权人支付使用费。"

❹　《专利法》（2020 年修正）第五十条规定："专利权人自愿以书面方式向国务院专利行政部门声明愿意许可任何单位或者个人实施其专利，并明确许可使用费支付方式、标准的，由国务院专利行政部门予以公告，实行开放许可。"

对权利人行为或间接言辞等意思表示进行推定的结果，默示许可此人实施并不意味着禁止他人实施，因此自然不能推出独占许可和转许可的成立，默示许可只能是普通许可，除非专利权人有其他明确表示。"❶ "如果从赖以建立专利默示许可的情形中无法确定专利默示许可的类型，此时应该将专利默示许可推定为普通许可，因为专利默示许可毕竟是一种非明示的许可形式，不能给权利人施加过于苛刻的不合理限制。"❷ 在专利默示许可的诸种情形中，绝大多数系根据专利权人的行为、基于诚实信用原则推定成立，缺乏权利人的明确授权意思，更难以探知其授权类型，所以被许可人不能获得强于法定特别许可下被许可人的权限，故一般只能属于普通许可。例如，对于"基于零部件、原材料等专用品销售的专利默示许可"，只要购买零部件、原材料等专用品的人获得了普通许可，就足以保障其所购买的专用品发挥正常作用，从而充分维护了其作为一个普通购买者的经济利益，也就无须赋予其对专利权人形成重大限制的排他许可或独占许可。同时，基于民法上的公平原则也能够得出相同的结论：购买专用品的人，其所支付的对价仅仅是专用品本身的价格，专利权人从中获得的收益有限，所以其仅能主张基于该专用品的专利实施权，不可能且也没有必要主张超出该专用品之外的抽象的专利实施权。其余大多数种类的专利默示许可也是这样。

（二）专利默示许可可为独占或排他许可

但有一类情形可能是不同的，这就是"依附许可协议的专利默示许可"，此类专利默示许可从根本上来讲来源于专利权人的意

---

❶ 陈瑜. 专利默示许可研究 [D]. 重庆：西南政法大学，2017：183.

❷ 李闻豪. 专利默示许可制度研究 [M]. 北京：知识产权出版社，2020：336.

思，而且这种意思往往通过之前的许可协议已经被明确表示出来，所以此时使用许可的类型完全取决于原许可协议对于许可权的规定。如果原许可协议约定的是某种独占或排他许可，则此时被许可人取得的就是独占或排他许可。例如，权利人通过原许可协议许可他人使用其技术秘密，授予的是独占或排他许可；在许可协议履行过程中，权利人又就该技术秘密获得了专利权，则此时被许可人应被视为默示获得了实施该嗣后专利的许可权，且所获许可权仍为独占或排他许可权。不无疑问的是"构成独立合同关系的专利默示许可"的许可权类型——虽然此时一般仍应为普通许可，但是如果权利人的言辞或行为已经明确无误地显示出其授予了独占或排他许可的意思，从理论上来讲也存在成立此类专利许可的可能性，只是到目前为止尚未发现能够很好说明该情形的合适案例。至于被许可人是否有发放分许可的权利，也存在不同的看法。分许可，指的是专利使用人不仅可以自己实施该专利技术，还可以允许第三人全部或部分实施该技术。❶ 有观点认为，专利默示许可的类型不会是分许可❷，也就是说，在默示许可中被许可人无权发放分许可。这种看法有失偏颇，如果专利默示许可属于"依附许可协议的专利默示许可"，原许可协议授予被许可人发放分许可的权利，则嗣后成立的专利默示许可就有可能存在分许可。专利默示许可情形下的分许可问题与判断许可类型原理相同。在司法实践中要注意分许可与指示制造权之间的区分。指示制造权属于默示许可的范围，获得默示许可的使用人可以为自己的利益委托第三人制造专利产品，但是也要防止使用人打着指示制造权

---

❶ 司法部法学教材编辑部，郑成思．知识产权法教程［M］．北京：法律出版社，1993：210.

❷ 刘邦德．论专利默示许可［D］．杭州：浙江大学，2016：15.

的幌子行分许可之实，从而侵害专利权人的权利。

二、专利默示许可的范围

专利默示许可的范围指的是专利使用人所享有的专利实施权的具体内容，也就是专利许可的权项问题。根据《专利法》（2020年修正）第十一条的规定，产品发明和实用新型专利权人的权利包括制造、使用、许诺销售、销售和进口其专利产品的权利，方法发明专利权人的权利包括使用其专利方法以及使用、许诺销售、销售、进口依照该专利方法直接获得的产品的权利，外观设计专利权人的权利包括制造、许诺销售、销售、进口其外观设计专利产品的权利。专利默示许可的成立，并不意味着被许可人获得了对上述全部专利权利的实施权，相反被许可人所获得的常常仅为成立默示许可所必须的部分实施权。"知识产权默示许可的使用范围也要受到其据以产生的条件的制约或限制。"❶ "与明示许可相反，默示许可要受到内在的限制。它们的范围受到其据以产生的可能存在的任何情形或文件的制约。因此，如果某一默示的版权许可系由因为特定目的而交付有版权作品复制件的行为所产生的❷，那么，该默示许可的范围限于前述目的。同样地，基于机器或其组成部分的授权销售而产生的默示的专利许可，其范围亦仅限于所销售之物。因此，与明示许可不同的是，由于默示许可并

---

❶ 袁真富. 知识产权默示许可：制度比较与司法实践 [M]. 北京：知识产权出版社，2018：146.

❷ 美国第七巡回法院推翻了地区法院所作出的关于客户可以按其意愿对默示许可所包含的图纸作任何使用的结论，并作出如下简易判决：在允许客户完成书面协议或者图纸本身所指的工程时，允许客户以最利于保护建筑师版权的方式使用图纸。参见：I. A. E.，Inc. v. Shaver，74 F. 3d 768，776-777，37 U. S. P. Q. 2d（BNA）1436（7th Cir. 1996）.

不受到赞同，故而默示许可在本质上受到其据以产生的条件的限制。"❶ 不同情形下专利默示许可的权项范围可能存在较大不同，专利默示许可的形成原因决定了专利默示许可的权项范围。

（一）基于零部件、原材料等专用品销售的专利默示许可范围

"基于零部件、原材料等专用品销售的专利默示许可"赋予购买人默示许可权的目的在于保证专用品价值的正常发挥，因此购买人所获得的许可权为基于该专用品而形成的专利产品的制造、使用、许诺销售和销售权。购买人获得的许可权不能脱离该专用品的物理实体，也即是说其没有获得对抽象专利技术的一般实施权，一旦该专用品在法律上或事实上被进行了处分，基于该专用品产生的专利默示许可将随同转移或灭失。对于根据销售专利专用品产生的默示许可而言，如果专利权人在销售时并未对销售对象进行限制，那么销售对象就可能既包括个人使用者，也包括制造后进行销售的经营者，相应地默示许可的权项就应该包括制造、使用、销售、允诺销售。❷ 基于利益平衡原则，如果专利权人对整套设备及其构件均享有独立专利权，权利人同时销售整套设备及其构件，则购买构件的使用人仅获得使用构件替换从许可来源购买的整套设备中相应部件的权利，而不能获得利用该部件（加非许可来源的其他部件）建造整套设备的权利，因为专利权人销售整套设备与单纯销售构件的获益是不同的。❸ 也就是说，此时使用人对于整套设备只有使用权，并无制造权。

---

❶ 德雷特勒. 知识产权许可：上 [M]. 王春燕，等，译. 北京：清华大学出版社，2003：188 - 189.

❷ 陈瑜. 专利默示许可研究 [D]. 重庆：西南政法大学，2017：184.

❸ *Hunt v. Armour & Co.*，185 F. 2d 722（7th Cir. 1950）.

（二）基于用于实施专利方法的专用设备销售的专利默示许可范围

"基于用于实施专利方法的专用设备销售的专利默示许可"，购买人所获得的是使用该专利方法的权利，以及使用、许诺销售、销售依照该专利方法直接获得的产品的权利。在一项专利有多项权利要求的情况下，对某一专利中特定的权利要求的默示许可并不必然包括对该专利中其他权利要求的默示许可。"一项专利的每一个权利要求都使专利权人得到一项专有权。某人获得默示许可，可以使用由一组权利要求所覆盖的产品，但仅仅因为该事实并不能使其获得默示许可，以使用与其他产品组合而成的由另一组权利要求所覆盖的产品。"❶ "基于整件专利产品销售的专利默示许可"，一般只被用于解决平行进口问题，至于专利产品的使用、许诺销售和销售问题一般通过权利用尽制度加以解决。正是基于上述理由，"基于整件专利产品销售的专利默示许可"的被许可人获得了进口专利产品的权利。由于《专利法》2008 年修正以来采用了专利权国际用尽原则，所以即使不依据专利默示许可，任何人也可以将专利产品进口到中国而不会侵犯专利权人的进口权。如果拟进口专利产品的国家未明确是否允许平行进口，此时购买人可以专利默示许可为其进口行为提供依据。对于整件专利产品因故障需要进行修理时，购买人可以进行旨在正常功能恢复的修理行为。"修理"并非专利权人专有权的范畴，但是修理行为本身不能构成实质意义上的产品再造，否则就会侵犯专利权人的制造权。

"依附许可协议的专利默示许可"下，被许可人的权利范围完全取决于原许可协议的约定，既不受到嗣后专利权的不利影响，

---

❶ *Stukenborg v. United States*，372 F. 2d 498，504（Ct. Cl. 1967）.

也不得在实施嗣后专利权时扩大其权利。在"依附定作合同的专利默示许可"中，如果专利权人为定作人，在定作人违约拒绝接受定作产品致使承揽人遭受经济损失的情况下，承揽人为了弥补其经济损失，获得了许诺销售、销售已经制成的专利产品的权利，但不能获得为了弥补损失之外的其他权利，比如制造权和使用权。例如，在 *McCoy v. Mitsuboshi Cutlery，Inc.* 案中，美国联邦巡回上诉法院基于专利权人的违约行为认定被控侵权人获得了默示许可。但这种默示许可的许可范围只限于销售或允诺销售，被控侵权人不能基于该默示许可在美国或其他专利权覆盖的地方制造或进口专利产品。❶ 在"依附定作合同的专利默示许可"中，在权利人为承揽人的情况下，如果承揽人违约造成定作人因无法按时获得专利产品而可能遭受较大经济损失时，定作人获得了在原定作合同目的范围内自行制造专利产品的默示许可。如果原定作合同的目的范围是使用该专利产品，则使用人获得了制造和使用专利的默示许可，而不包括许诺销售和销售。如果原定作合同的目的范围是销售，则使用人在原合同约定的销售范围获得了制造、许诺销售和销售的默示许可。

（三）构成独立合同关系的专利默示许可范围

"构成独立合同关系的专利默示许可"，适用情形非常广泛，不同情形之间差异大、共性小，难以采用统一的标准确定被许可人的权利范围，"这里的专利默示许可范围的确定应当综合得以产生专利默示许可的所有情形，并考虑相关当事人的合理期待"❷。"很明显默示许可的范围必须与特定个案的特定事实情况有关。这

---

❶ 闫宏. 专利默示许可规则探析 [D]. 北京：清华大学，2007：32.

❷ 李闯豪. 专利默示许可制度研究 [M]. 北京：知识产权出版社，2020：337.

个决定必须依据当事人销售的情况判断得到默示许可的范围。就默示许可的范围来讲，当事人的单方面期望是不相关的。"❶ 在专利法领域内，如果基于专利权人所使用的任何语言或向另一方展示的任何行为，另一方可以从中合理推断出专利权人同意其通过制造、使用或者销售的方式使用其专利技术，且另一方确实基于此而行为，则产生了基于行为的默示许可。❷ 例如，在 *Wang Lab* 案中，由于 Wang 公司和 Mitsubishi 公司之间进行了长达六年的合作，期间 Wang 公司通过主动提供设计、建议和样品，一再诱使 Mitsubishi 公司使用其专利技术，并从 Mitsubishi 公司处采购了专利产品，坐视 Mitsubishi 公司向公开市场大量销售专利产品，且未进行任何限制，故 Mitsubishi 公司获得了制造、使用、许诺销售和销售 Wang 公司专利产品的全部许可权项。而在 *De Forest* 案中，由于使用人美国政府只是就专利产品的生产和自我使用问题征询了分许可人 AT&T 的意见，AT&T 回函表示不会干涉其委托生产行为，所以美国政府获得的只是制造和使用权项，并不包括在双方交流过程中未提及的许诺销售和销售行为。"总之，专利默示许可规则的适用范围要根据其发生情形来判断，要考察专利权人的具体行为，法院应当在适用的时候考量专利权人的主观意愿及各行业的特点。"❸

三、专利默示许可的期限

专利默示许可的期限要解决的问题是，被许可人究竟是在专

---

❶ *Carborundum Co. v. Molten Metal Equipment Innovations*, *Inc.*, 72 F. 3d 872 (Fed. Cir. 1995).

❷ HUGHEY R C. Implied licenses by legal estoppel [J]. Albany law journal of science & technology, 2003, 53 (14): 53 – 80.

❸ 刘邦德. 论专利默示许可 [D]. 杭州: 浙江大学, 2016: 17.

利权的全部剩余期间还是仅仅在一个特定的时间段内有权实施专利。专利默示许可的情形千差万别，专利默示许可的期限高度取决于专利默示许可产生的特定环境，不存在完全统一的判断标准。根据专利默示许可的一般原理，结合司法实践所给出的具体指引，专利默示许可的期限大体可以划分为以下三种情形。

（一）专利默示许可的期限取决于专用品的自然寿命期间

这种情形主要是指"依附产品买卖合同的专利默示许可"，具体包括"基于零部件、原材料等专用品销售的专利默示许可""基于用于实施专利方法的专用设备销售的专利默示许可""基于整件专利产品销售的专利默示许可"。此类专利默示许可的设立旨在发挥专用品的正常功能，因此只要该专用品仍处于正常合理的自然寿命期限内，就应当允许购买人利用上述专用品持续实施专利。相反，一旦专用品的自然寿命终止，购买人实施专利的权利亦告终止，购买人无权通过从他处另行购买替代品或自行再造的方式延续对专利的实施，否则将会导致购买人与专利权人之间利益的失衡，损害专利的市场价值。

CAFC 审理的 *Carborundum* 案是这方面的一个典型案例。在该案中，原告拥有一项关于熔融金属提纯系统的方法专利，但是并没有出售用于实施该方法的整套系统设备，而是出售专门用于实施其专利方法的压力泵、熔融金属的输送管道以及气体喷射装置，并且在出售压力泵时没有附加任何限制性条件。被告销售该压力泵的替代品，有购买者从被告处购买产品用于替换之前从权利人处购买的压力泵以继续实施原告的专利方法。对于购买人从原告处购买压力泵后获得实施其专利方法的默示许可，原、被告双方没有争议。但是关于默示许可的存续期限，原、被告存在重大分歧。原告认为默示许可的期限仅限于其所销售的每个压力泵的使用寿命。被告认为基于专利权人出售行为产生的默示许可的效力应该及于专利权的整个有效期，即在专利权的整个有效期内允许购买者重置专利系统，而不仅是修理系统的某一部分。CAFC 支持了原告的主张，因为在 CAFC 看来，如果原告出售的是整个提纯系统的话，默示许可的期限是整个系统的寿命，如果出售的仅仅是系统中的压力泵，那么许可期限就应该是压力泵的寿命；购买人在从原告处采购压力泵时预期自己在整个专利有效期内都有权利更换压力泵是不合理的。❶ 被告继续争辩到，对默示许可效力期限的限制必须是明示的，但是原告在该案中并没有这样做。CAFC 就此指出：出售非专利零部件所产生的默示许可的有效期仅仅限于该部件的寿命，这一点并非一种特殊限制，而是由所售部件本身的性质所决定的。当他人的行为已经清楚地超过了默示许可的范围时，不需要由专利权人明示其限制条件。❷

　　但是，如果专利产品的部件或用于实施专利方法的设备之部件属于通常意义上的消耗品，则默示许可的期限另当别论。据美国法院在 *LifeScan* 案❸中的裁判观点，如果专利权人没有要求使用人必须从许可来源购买消耗品，则从许可来源购买了整装设备的使用人获得了从非许可来源购买替代性消耗品的默示许可，直至整装设备自然寿命终止，提供替代性消耗品的第三人也不会构成间接侵权；如果专利权人要求使用人必须从许可来源购买替代性消耗品，则使用人使用权利人专利的期限仅限于从许可来源购买的替代性消耗品的自然寿命期限，第三人擅自提供专用的替代性

---

❶ *Carborundum Co. v. Molten Metal Equipment Innovations, Inc.*, 72 F. 3d 872（Fed. Cir. 1995）.

❷ 尹新天. 专利权的保护［M］. 北京：知识产权出版社，2005：82.

❸ *LifeScan, Inc. v. Can-am Care Corp.*, 859 F. Supp. 392（N. D. Cal. 1994）.

消耗品的行为将构成间接侵权。

（二）专利默示许可的期限取决于原许可协议约定的期限

"依附许可协议的专利默示许可"，其成立完全基于双方当事人在原许可协议中表达的意思，由此成立的专利默示许可的内容亦取决于双方共同的意思。如果原许可协议对于技术使用的许可期限有明确约定，则专利默示许可的期限同于原许可协议规定的期限。但是如果原许可协议约定的许可期限超出了专利本身的有效期则另当别论。美国联邦最高法院在 *Brulotte* 案中指出："专利权人利用对超出专利权有效期的许可协议收取使用费属于本身违法。如果专利权人可以利用这样的工具，专利到期后的自由市场将受制于垄断的影响，而垄断在此是本无存身之地的。"❶ 也就是说，许可协议约定的许可期限只能限于专利有效期内，超过专利有效期的约定无效；使用人在专利权过期后可以自由使用专利技术，此时既不存在侵权，亦不存在违约。如果原许可协议只表达了许可的意思但是没有约定许可期限，一旦双方当事人对许可期限产生争议且无法达成一致，则应当通过合同解释的方法加以解决。在合同法理论上，有一时合同与继续性合同之分。一时合同，又称一次给付合同或单发合同，指合同的内容因一次给付即可实现。继续性合同指合同的内容并非一次给付可以完结，而是持续地实现，其基本的特色是，时间因素在债的履行上居于重要的地位，总给付的内容取决于应为给付时间的长度。❷ 没有明确终止期限的专利实施许可合同在性质上属于继续性合同。对于继续性合同的解除问题，《民法典》第五百六十三条第二款规定："以持续

❶ *Brulotte v. Thys Company*，85 S. Ct. 176（1964）. 参见：范晓波，张慧霞，蔡婧萌，等 . 美国专利许可经典案例选析［M］. 北京：知识产权出版社，2019：235.

❷ 王泽鉴 . 债法原理：一［M］. 北京：中国政法大学出版社，2001：132.

履行的债务为内容的不定期合同，当事人可以随时解除合同，但是应当在合理期限之前通知对方。"也就是说，对于没有约定许可期限的情况，专利权人有权随时终止许可合同，但应当给被许可人留出合理的宽限期。此时专利默示许可的期限实际上主要取决于权利人单方面的意思。

（三）专利默示许可的期限取决于实现特定目的所需合理期限

这个期限可能是剩余的全部专利有效期限，也可能是一个较短的期限。此类专利默示许可的产生主要是基于专利权人销售、许可之外的行为，以及由此产生的专利使用人的合理信赖。所以，此类专利默示许可都有一个特定的设立目的，实现该目的所需要的期限即为专利默示许可的期限，期限的长短取决于专利权人和专利使用人共同的合理期待。例如，在"依附定作合同的专利默示许可"中，如果作为定作人的专利权人违约拒绝接受所定作的产品，则承揽人获得了在合理期限内许诺销售、销售已经制作完成的专利产品以弥补损失的权利。此时专利默示许可的期限为承揽人基于市场行情许诺销售、销售专利产品的合理期限。如果双方就期限的长短产生争议，应当由法院本着合理的原则进行裁决。在"依附定作合同的专利默示许可"中，如果作为承揽人的专利权人违约未能按时提供专利产品，定作人获得了自行或委托第三人制造专利产品的默示许可，此时专利默示许可的期限以制作完成合同约定的专利产品的合理期限为限。如果定作人在完成了合同约定的专利产品后继续实施专利，则超出了设立默示许可的目的范围，从而构成了专利侵权。

在"构成独立合同关系的专利默示许可"中亦是如此——专利默示许可的期限完全取决于设立专利默示许可的目的之实现所

需要的合理期限。例如，在 *Wang Lab* 案❶中，基于专利权人 Wang
公司作出的一系列支持实施其专利的行为，专利使用人 Mitsubishi
公司合理信赖获得了实施其专利技术的永久许可，授予专利默示
许可的目的是解决 Mitsubishi 公司向公开市场持续不断地提供专利
产品的问题，所以 CAFC 指出该案中的默示许可是不可撤销的，
相当于是永久的。但在 *De Forest* 案❷中，设立专利默示许可的目
的是解决美国政府基于战事需要而对专利产品的需求的问题，所
以一旦战事需要结束，专利默示许可的期限也就相应终止；美国
政府并没有获得永久实施专利的权利。

　　上述由专利权人的行为导致的默示许可，看似许可期限捉摸
不定，实则有规律可循——这就是专利默示许可的目的期限。这
类默示许可在目的期限实现之前，一般不允许权利人通过单方面
的行为缩短专利许可的期限，否则将会损害专利使用人的合理期
待和正当权益。在 *Met-Coil* 案❸中，专利权人试图通过在后的单方
声明缩短专利默示许可的期限，但是该主张被 CAFC 驳回。这意
味着，单纯基于事实行为成立的权利，只能因为客观事实自身的
变化被改变，一般不允许一方当事人通过其意思来干预，因为事
实变化过程本身并不受当事人意思的约束，而是由事物自身规律
性所决定。"很多知识产权默示许可得以产生的事实基础难以改
变，此时，权利人通常无法干预默示许可的期限长短。"❹ 所以，
有学者认为"在其他根据权利人行为推定默示许可的情况下，一

❶　*Wang Laboratories, Inc. v. Mitsubishi Electronics America, Inc.*, 103 F. 3d 1571, 1580
　　（Fed. Cir. 1997）.

❷　*De Forest Radio Tel. Co. v. United States*, 273 U. S. 236 （1927）.

❸　*Met-Coil Systems Corp. v. Korners Unlimited, Inc.*, 803 F. 2d 684 （Fed. Cir. 1986）.

❹　袁真富. 知识产权默示许可：制度比较与司法实践 [M]. 北京：知识产权出版
　　社，2018：153.

且权利人作出了相反的意思表示，则应视为默示许可终止"❶，这种看法是不足取的。

四、专利默示许可的对价

专利默示许可绝不意味着当然的免费许可，恰恰相反，绝大多数专利默示许可都是一种有对价的许可，只不过对价多以隐蔽形式体现。所以，个别学者提出的"知识产权默示许可就是永久性的免费许可"❷这一观点是不能成立的。专利默示许可与明示许可一样，都属于专利许可合同关系的一种形式。既然是合同关系的一种，自然应当遵循等价有偿原则等合同法的一般原则，故绝大多数专利默示许可乃为有对价之许可。只不过由于许可对价的支付，可能在默示许可纠纷尘埃落定后实际支付，也可能在默示许可纠纷发生前已经隐性支付，甚至有可能作为对另一关联法律关系中经济损失的补偿而变相支付。如此多样化的支付方式使得专利默示许可的对价支付问题显得异常复杂，以至于由于默示许可纠纷发生后往往并不需要现实对价的支付，专利默示许可才给人一种免费许可的错误印象。与许可类型、许可范围、许可期限等问题一样，由于需要考虑促成专利默示许可的一切相关因素，许可对价问题亦极具多样性，从而显得复杂甚至凌乱。根据许可对价的支付情况，专利默示许可对价问题大体可以被划分为以下四种情形。

---

❶ 陈瑜. 专利默示许可研究 [D]. 重庆：西南政法大学，2017：183-184.
❷ 韩立余. 知识产权权利限制研究 [EB/OL]. (2008-04-19) [2022-03-10]. http://www.sipo.gov.cn/sipo2008/dtxx/zlgzdt/2007/200804/t20080419/-384713.html.

（一）许可对价已经支付，无须在默示许可纠纷中再次
支付

此类情形主要包括"依附产品买卖合同的专利默示许可"和
"依附许可协议的专利默示许可"。以"依附产品买卖合同的专利
默示许可"为例，在专利默示许可纠纷发生时，相关专用品、专
用设备或专利产品的买卖合同关系已经完成，专利权人已经从相
应的买卖合同关系中获益，且由于相关专用品、专用设备或专利
产品具有法律保障的市场垄断性❶，专利权人基于其市场优势地位
已经进行了垄断定价，相关产品的交易价格中已经包含了接下来
必然发生的实施专利技术的许可对价，如果此时再要求专利使用
人对专利技术的使用支付对价，则将会导致专利权人双重受益，
这将是不公平的。即使在个别情况下，在专利默示许可成立时，
专利使用人作为买受人虽获得了相关产品但尚未依买卖合同约定
支付对价，此时只需要求专利使用人继续履行原买卖合同即可，
而无须通过专利许可渠道再为作为出卖人的专利权人设置一项与
买卖合同竞合的请求权。比较两类请求权，买卖合同项下请求权
的内容因为有具体约定作为依据而清晰明了；专利默示许可关系
下的请求权由于缺乏明确的共同意思表示，可能不得不面临价格
鉴定、履行期限酌定等一系列复杂问题。所以，买卖合同项下请
求权应为优选。"依附产品买卖合同的专利默示许可"，只要严格
执行了原买卖合同，专利默示许可的对价也就得到了实现，买受

---

❶ 《最高人民法院关于审理侵犯专利权纠纷案件应用法律若干问题的解释（二）》
（2020年修正）第二十一条第一款规定："明知有关产品系专门用于实施专利的
材料、设备、零部件、中间物等，未经专利权人许可，为生产经营目的将该产品
提供给他人实施了侵犯专利权的行为，权利人主张该提供者的行为属于民法典第
一千一百六十九条规定的帮助他人实施侵权行为的，人民法院应予支持。"

人无须再就专利默示许可单独付费。在 *Univis* 案❶中，美国联邦最高法院认为，由于 Univis 销售的镜片毛坯除了加工成专利镜片外没有其他用途，所以批发商和零售商作为镜片毛坯的购买人获得了将其加工成专利产品的默示许可，Univis 已经通过销售价格实现了专利法给予专利权人的报偿，所以其对所出售产品的专利垄断权已经耗尽，无权控制后续行为并从中获益。"依附许可协议的专利默示许可"与上述"依附产品买卖合同的专利默示许可"同理。

（二）许可对价作为对相对人所造成损失的弥补，无须再行支付

此类情形主要是指"依附定作合同的专利默示许可"，具体包括"权利人为定作人的专利默示许可"和"权利人为承揽人的专利默示许可"两个子类。以"权利人为定作人的专利默示许可"为例，由于专利权人作为定作人无正当理由拒绝接收所定作的专利产品从而给承揽人造成了经济损失，承揽人获得了自行销售已经制作完成的专利产品以挽回损失的权利。❷ 在承揽人销售的专利产品的收益中包含了专利权的收益，但该收益已经依法作为对承揽人经济损失的补偿，相当于承揽人用自己的损失冲抵了定作人应得的专利权收益，属于本质意义上的已经支付了许可对价的情形，所以承揽人无须就其销售专利产品的行为另行向专利权人支付对价。但是基于民法上的损失填平原则，承揽人只能销售与其所受损失相当的专利产品；如果所售产品的价值超过其经济损失，超过部分可能构成专利侵权和不当得利，应当将多余部分转付专

---

❶ *United States v. Univis Lens Co.*, 316 U. S. 241, 53 U. S. P. Q. (1942).

❷ *Duncan McCoy, Alex Dorsett, and Alex-Duncan Shrimp Chef, Inc. v. Mitsuboshi Cutlery, Inc., and Admiral Craft Equipment Corp.*, 67 F. 3d 917 (Fed. Cir. 1995).

利权人；如果销售全部产品后仍不足以弥补其经济损失，则承揽
人有权请求专利权人另行支付赔偿金。"权利人为承揽人的专利默
示许可"，其操作方式理应同上。

（三）因专利权人表达了免费许可的意思，专利使用人无
须支付对价

此类情形一般发生在"构成独立合同关系的专利默示许可"
中。CAFC 审理的 *Wang Lab* 案❶是这方面的典型案例。在该案中，
CAFC 认定被控侵权人 Mitsubishi 获得了对 Wang Lab 专利的免费
默示许可，其主要理由在于：Wang Lab 在公开举行的行业协会会
议上说，Wang Lab 不会就相关技术寻求专利保护，想要生产相关
产品的公司也无须从 Wang Lab 获得许可，相关产品的生产商也可
以将其产品出售给任何第三方，Wang Lab 的目标就是通过市场的
快速扩张和产量的提升，降低相关产品的市场售价；Wang Lab 虽
为专利技术的开发者，但只会从市场上购买相关产品而不会生产
相关产品，所以 Wang Lab 最终会从扩大的产品市场获益。
Mitsubishi 信赖了 Wang Lab 上述言论，使用 Wang Lab 的技术生产
了相关产品并销售，Wang Lab 为其提供了技术支持且向其采购了
相关产品。在推动将相关技术纳入技术标准和广泛的市场采用的
同时，Wang Lab 私下为相关技术申请了专利保护，并在相关产品
市场充分扩张之后对 Mitsubishi 提出了专利侵权诉讼。CAFC 认为，
虽然没有正式的授权许可，但是基于双方之间的一系列互动关系
以及衡平禁反言原则，Mitsubishi 公司获得了不可撤销且无须支付
对价的默示许可。Wang 公司有关免费许可的公开言论，是 CAFC

---

❶ *Wang Laboratories*, *Inc. v. Mitsubishi Electronics America*, *Inc.*, 103 F. 3d 1571, 1580
（Fed. Cir. 1997）.

认定 Mitsubishi 公司无须支付对价的主要原因。只不过，值得注意的是，由于免费许可对专利权人的利益形成了重大限制，在认定此类专利默示许可时应持谨慎态度。

（四）在专利默示许可成立后，需要实际支付许可对价

此类情形一般也多发生在"构成独立合同关系的专利默示许可"中。由美国联邦最高法院审理的作为专利默示许可制度滥觞的 *De Forest* 案❶是这方面的典型案例。De Forest 是案涉专利的专利权人，AT&T 为有权发放分许可的被许可人。美国政府致函 AT&T，希望使用案涉专利技术，AT&T 回函同意了美国政府的请求并为美国政府的委托生产商提供了技术支持。De Forest 获悉后，以美国政府未获正式授权从而构成专利侵权为由提起诉讼。美国联邦法院审理后认为，并非只有正式的授权行为才能成立许可，根据专利权人所使用的任何语言或采取的任何行为，只要他人可以正当地由此推定专利权人已经表达了许可的意思，就可以成立专利许可；至于是否需要交纳许可费，则取决于当时的具体情况。在该案中，AT&T 虽许可美国政府使用案涉专利技术，但是也明确表示许可费问题留后解决，并没有表达任何免费的意思，所以美国政府在专利默示许可成立后仍有义务向 AT&T 支付专利使用费。

我国法院近些年来也处理了一些事后支付许可对价的默示许可案件。最高人民法院（2008）民三他字第 4 号复函中针对技术标准产生的专利默示许可的许可费问题说明道："专利权人可以要求实施人支付一定的使用费，但支付的数额应明显低于正常的许可使用费；专利权人承诺放弃专利使用费的，依其承诺处理。"此类专利默示许可纠纷真正的争点往往在于专利许可费的数额。指

---

❶ *De Forest Radio Tel. Co. v. United States*，273 U. S. 236（1927）.

控专利侵权常常是专利权人力图获得较高专利许可费的一种法律策略。在优凝公司诉河海公司等侵害专利权纠纷案中，一审法院认为：涉案的"挡土块"发明专利已被纳入"948"科技推广项目，泰州市翻身河综合整治工程属于"948"科技推广项目项下的工程；原告参与了"948"科技推广项目的制定和实施，应当被视为其许可他人在实施该科技推广项目时实施该专利权；被告河海公司依法中标按图施工、神禹公司按图制造专利产品都属于正当的生产经营行为；故原告起诉被告河海公司、神禹公司侵犯其专利权，要求停止侵权、赔偿损失的诉讼请求，没有事实和法律依据，应予驳回。优凝公司不服一审判决提起上诉；江苏省高级人民法院驳回优凝公司的上诉，维持一审判决，但鉴于优凝公司在二审中提出支付许可费的主张，从减轻当事人诉累和平衡各方当事人利益出发，酌情加判河海公司、神禹公司向优凝公司支付专利许可使用费3万元。不过应当承认的是，此类须嗣后付费的案件在专利默示许可纠纷中较少，并非专利默示许可的常规。

第三节　专利默示许可的认定程序

由于缺乏明确的许可意思，权利人和使用人就专利默示许可的存在经常陷入争议之中，最终被迫通过司法程序加以解决。对于专利默示许可认定的程序问题，我国现行法律、法规没有作出特别规定，学理上存在争议，实践中操作不一。对专利默示许可诉讼性质的把握是否准确，实体法权利与程序法权利的衔接是否得当，诉讼权利和义务的配置是否合理，都直接影响着裁判结论的公正性。在专利默示许可的司法认定程序中，专利默示许可认定的性质、抗辩权的行使方式以及举证责任的分配，是决定认定结果的三项中心问题。

一、专利默示许可的认定是一个法律问题

事实问题与法律问题的区分是民事诉讼的基础问题，专利诉讼作为民事诉讼的一种自然也不例外。之前这一问题在我国并未引起足够的重视，但是随着党的十八届四中全会明确人民陪审员只参与审理事实认定问题的司法改革方向❶和《人民陪审员法》对人民陪审员参加的七人合议庭中人民陪审员职能的重新定位❷，事实问题与法律问题的区分逐渐为学理和实践所关注。特别是在2021年10月1日最高人民法院《关于完善四级法院审级职能定位改革试点的实施办法》施行之后，由于向最高人民法院申请再审原则上限定于"适用法律有错误"之情形❸，事实问题和法律问题

---

❶ 党的十八届四中全会通过的《关于全面推进依法治国若干重大问题的决定》提出："逐步实行人民陪审员不再审理法律适用问题，只参与审理事实认定问题。"

❷ 《陪审员法》第二十二条规定："人民陪审员参加七人合议庭审判案件，对事实认定，独立发表意见，并与法官共同表决；对法律适用，可以发表意见，但不参加表决。"

❸ 《关于完善四级法院审级职能定位改革试点的实施办法》（法〔2021〕242号）第十一条规定："当事人对高级人民法院作出的已经发生法律效力的民事、行政判决、裁定，认为有错误的，应当向原审高级人民法院申请再审；符合下列情形之一的，可以向最高人民法院申请再审：（一）再审申请人对原判决、裁定认定的基本事实、主要证据和诉讼程序无异议，但认为适用法律有错误的；（二）原判决、裁定经高级人民法院审判委员会讨论决定的。当事人对高级人民法院作出的已经发生法律效力的民事、行政调解书申请再审的，应当向相关高级人民法院提出。"；第十四条规定："原判决、裁定适用法律确有错误，且符合下列情形之一的，最高人民法院应当裁定提审：（一）具有普遍法律适用指导意义的；（二）最高人民法院或者不同高级人民法院之间近三年裁判生效的同类案件存在重大法律适用分歧，截至案件审理时仍未解决的；（三）最高人民法院认为应当提审的其他情形。最高人民法院对地方各级人民法院、专门人民法院已经发生法律效力的判决、裁定，发现确有错误，且符合前款所列情形之一的，可以裁定提审。"

的区分显得更为重要。区分事实问题与法律问题的实践意义在于，一是审理权的归属不同——英美法系的陪审团和我国的人民陪审员原则上只审理事实问题，法律问题由法官作出判断；二是是否适用职权主义不同——事实问题原则上须由当事人主张和举证，法律问题法官一般应当主动作出判断。"只有事实，即实际状况和实际发生的事件才能并且必须被证明；对于事实的法律判断不是应由当事人证明的对象，而是法官衡量和决定的对象。"❶ "事实问题"就是要查明发生了什么事情，以直观感知作为判断基础；"法律问题"就是要确定所发生事情的法律后果，以法律规定作为裁断尺度。❷ 当然事实问题与法律问题的区分并非泾渭分明，某些问题具有二者交错的混合性质❸，此时常根据"优势法"❹并结合实践经验作出归类。规范和事实之间的双向归属通常是在一种"眼光的往返流转"过程中进行的。❺

在专利侵权诉讼中，事实问题主要涉及侵权行为及主观过错，法律问题则涉及对权利要求的解释以及抗辩事由的运用。❻ 当然，由于混合问题的存在，在专利侵权诉讼中，法律问题中也可能附带一些需要认定的事实问题。"一般而言，是否存在默示许可被认

---

❶ 拉伦茨. 法学方法论［M］. 黄家镇，译. 北京：商务印书馆，2020：388.

❷ 卿越. 知识产权审判中事实问题与法律问题的区分［J］. 苏州大学学报（哲学社会科学版），2019，40（5）：76－81.

❸ 高翔. 陪审员参审民事案件中事实问题与法律问题的区分［J］. 法律科学（西北政法大学学报），2018，36（3）：179－188.

❹ 区分事实问题与法律问题的"优势法"是指，当法庭遇到事实与法律的混合问题时，对其属性的界定取决于该问题的本质，以事实为主，视为事实问题，反之则为法律问题。

❺ 齐佩利乌斯. 法学方法论［M］. 金振豹，译. 北京：法律出版社，2009：125.

❻ 徐薇，刘影. 美国专利诉讼中事实问题和法律问题二分的研究［J］. 专利代理，2019（2）：30－33.

为是一个法律问题。"❶ 因为专利默示许可的认定就其本质而言，实际上是根据在案证据材料判断权利人和使用人之间法律关系性质的过程，即究竟是侵权关系还是合同关系。"对已发生的事件，借下述表达方式所为的归类，则已属于法律问题：只能通过法秩序，特别是通过类型的归属、'衡量'彼此分歧的观点以及在须具体化的标准的范围内的法律评价，才能确定其于现有脉络中的特殊意义内容的表达方式。"❷ 将案件事实涵摄于法律关系构成要件的过程，是一个法律适用过程，其中所涉问题为法律问题。专利默示许可的认定过程，就是将相关案件事实涵摄于专利许可合同关系构成要件的过程，因为属于法律问题。但是默示许可案件最初都是以专利侵权诉讼的形式被提出的，而"决定是否发生了侵权事实"是由陪审团确定的问题❸，所以专利默示许可案件在美国司法实践中经常有陪审团参与审理。无论如何，是否存在默示许可这一最终问题离不开附属的事实调查，诸如所售之物是否存在非侵权用途、销售时是否设有限制条件，或者销售行为是否根据专利权人的授权而实施。法律规范是案件事实的前提与先决条件，审判中的事实的形成需要依据法律规范进行摘选、修饰，根据法律规定予以"格式化"，以形成裁判者判断是否符合法律所规定的事实要件的基础。在诉讼中，事实的构成、审查和外观均具有对法律的从属性。❹ 因此，用于决定是否存在默示许可的最恰当的法律程序是，先就基础性的事实问题由陪审团作出特别裁决，后由

---

❶ 德雷特勒. 知识产权许可：上 [M]. 王春燕，等，译. 北京：清华大学出版社，2003：189.

❷ 拉伦茨. 法学方法论 [M]. 黄家镇，译. 北京：商务印书馆，2020：390.

❸ *Markman v. Westview Instruments*, *Inc.*, 517 U. S. 370 (1996).

❹ 黄海涛. 双重属性视角下陪审事实审范围问题研究：从"性质论"到"功能论" [J]. 中国政法大学学报，3021 (5)：225－236.

法官对是否存在默示许可这一最终问题作出判决。❶

二、专利默示许可是一种无须主张的抗辩

民事诉讼法将被告的辩护分为两类，一类是被告否认原告的事实陈述，另一类是被告另外对原告的诉讼请求提出反驳——这第二类的就叫作抗辩。在专利侵权之诉中，专利默示许可的提出不在于否认权利人对于案件事实的陈述，而在于反驳其所提出的诉讼请求。所以，专利默示许可在程序法上属于抗辩而非否认的范畴。根据抗辩事由是否需要提出，将抗辩区分为需要主张的抗辩和无须主张的抗辩。从民法上来讲，有些抗辩事由无须被告主张即自动产生效力，有些仅仅依据被告的相关愿望才产生效力，前者被称为无须主张的抗辩，后者被称为需要主张的抗辩。一般来讲，一项抗辩是否需要主张，从法律的表述或者其立法目的中能够看出来。实体法上的抗辩，还可以被区分为事实抗辩和权利抗辩。事实抗辩是对原告权利本身的抗辩，比如权利未形成、不存在，或者对方的权利虽然曾经发生过，但因某种事由已经消灭。权利抗辩则是对原告请求权的对抗，其对抗的内容是：虽然对方的请求权存在，但是依据抗辩权自己行为合法或享有拒绝给付的权利。诉讼中，事实抗辩不以当事人主张未适用前提，如果法官从双方的陈述等知晓抗辩事实的存在，哪怕被告未予主张，法官亦可以主动援引，查明事实。而权利抗辩需要当事人自行主张，即使该权利抗辩的基础事实系原告披露，而被告并没有主张此权利抗辩，那么法官不应主动援引该权利抗辩的事实以

---

❶ 德雷特勒. 知识产权许可：上 [M]. 王春燕，等，译. 北京：清华大学出版社，2003：190.

驳回原告的请求。有观点认为，专利默示许可是一种需要主张的权利抗辩。❶ 笔者持与之相反的立场，认为专利默示许可是一种无须主张的事实抗辩。

德国法学家梅迪库斯认为，应当对需要主张的抗辩的适用范围作更大程度上的限制，并尽量将普通抗辩认为是无须主张的抗辩——只有在权利人必须在两种风险之间作出选择，或者必须作出某种个人决策的时候，法律规定一项需要主张的抗辩权才是有意义的；由于违反善良风俗的行为不应得到容忍，因此一项违反诚实信用原则的行为永远构成一种无须主张的抗辩。❷ 在成立专利默示许可的场合，权利人对使用人实施权的否认是违背诚实信用原则的，而且也不存在使用人必须在两种风险之间作出选择或因为可能违背良心需要作出个人决策的情事，所以专利默示许可在专利侵权诉讼中属于一种无须主张的抗辩。将默示许可定性为一种无须主张的抗辩的实操意义在于，如果法官从原、被告双方的陈述，在案证据等知晓抗辩事实的存在，即使被告未予主张，法院亦得主动适用。专利默示许可案件的实质是对涉案法律关系性质的判定，即到底是合同关系还是侵权关系。对于案件中当事人之间法律关系的认定构成案件裁判的基础，无论当事人对法律关系的性质如何主张以及是否有自己的立场，基于案件事实和原告所提出的诉求，法官都应当独立地作出判断，而不可仅根据原告一方的陈述就将本属于默示许可的案件判定为侵权法律关系。因为原告应当对其所主张的侵权请求权的要件事实进行证明，即证明有效专利权的存在、被告的使用行为未经许可、被告的使用行

❶ 北京市第一中级人民法院知识产权庭. 侵犯专利权抗辩事由 [M]. 北京：知识产权出版社，2011：6.
❷ 梅迪库斯. 德国民法总论 [M]. 邵建东，译. 北京：法律出版社，2001：86.

为以生产经营为目的、原告因被告的擅自使用行为遭受损害。在默示许可案件中，由于被告的使用并非未经许可，所以不符合侵权构成要件。而侵权构成要件抗辩属于一种事实抗辩，所以，即使被告未提出默示许可抗辩，只要从案件事实中足以认定默示许可的存在，即可否定侵权要件的成就；法院应当主动根据默示许可的规则作出裁判，驳回原告对于侵权的主张。

三、专利默示许可判定中举证责任的分配

虽然在专利侵权诉讼中，默示许可是一种无须主张的抗辩，专利权人作为原告应当就其主张的侵权责任构成要件提供证明，但是这并不代表使用人无须就默示许可存在的要件事实承担举证责任。恰恰相反，除非根据权利人陈述的事实已经足以认定默示许可的存在，使用人应当就专利默示许可的成就所需要的事实承担举证责任。实际情况是，作为专利权人的原告往往不会就默示许可存在的事实进行自认，甚至可能会刻意回避，而其陈述一般仅限于专利权的存在以及被告对专利技术的使用等对己方有利的事实。由于在专利默示许可的情形下不存在明示许可，基于专利权所具有的推定有效的法律效力，如果使用人确实实施了受专利权保护的行为，应当首先推定侵权成立。在这种情况下，使用人必须举证证明存在对专利实施行为的默示许可，才可能推翻对侵权成立的推定。"当被告在侵权诉讼中主张存在默示许可，从而作为其抗辩理由时，他就要承担证明存在该默示许可以及许可的内容的举证责任。"❶ 如果被告不能证明默示许可要件的齐备，又不能证明存在其他免于承担侵权责任的抗辩事由，则原告的侵权主

---

❶ 德雷特勒. 知识产权许可：上 ［M］. 王春燕，等，译. 北京：清华大学出版社，2003：189.

张很容易获得法院的支持。

从证明的内容上来讲，由于专利默示许可的情形复杂多样，不同类型的默示许可所需要证明的事实存在很大差异，本书所总结的三项构成要件也仅为一种方向性的指引，使用人应当根据案件的具体情况结合既往判例，进行针对性举证证明。例如，对基于产品销售的默示许可，使用人应当主要举证证明产品销售已获授权、所售产品不存在非侵权用途、销售时未附加限制性条件等；而对基于许可协议的默示许可，使用人主要应当证明存在对专利所覆盖技术的使用许可、使用人已经支付使用对价、利用嗣后专利权提起诉讼有违诚信原则等。从证明的标准上来讲，美国判例法要求使用人将默示许可证明到表面证据案件（a prima facie case），此后证明责任将转移至原告一方❶；根据我国《民事诉讼法》的规定则需要将要件事实证明到高度盖然性的程度。当然，在使用人已经完成举证责任的情况下，如果权利人要进行反驳，则提供反驳证据的责任由权利人承担。例如，就基于产品销售的默示许可的要件事实之"不存在非侵权用途"的证明而言，如果使用人证明已售产品或部件是为特定设计及特殊预期用于实施方法等专利，则此后举证责任转移至专利权人，由专利权人举证反驳已售产品存在其他非侵权的用途。❷ 对于专利权人的反驳，被控侵权人可继续举证认为这一其他非侵权使用不合理或从商业观点上看不明智。❸ 可见，虽然默示许可的要件事实主要是由使用人承

---

❶ LUCK G M. The implied license: an evolving defense to patent infringement [J]. IPL newsletter, 1997, 16 (1): 3 – 5, 28 – 30.

❷ 董美根. 论专利默示许可: 以对专利产品合理期待使用为目标 [M] //国家知识产权局条法司. 专利法研究 2010. 北京: 知识产权出版社, 2011: 493.

❸ ROVNER A H. Practical guide to application of (or defense against) product – based infringement immunities under the doctrines of patent exhaustion and implied license [J]. Texas intellectual property law journal, 2004, 12 (2): 228 – 286.

担举证证明责任，但是根据权利人和使用人在诉讼过程中的攻防，举证责任的承担将可能是一个动态的分配过程，根据诉讼进程由法官根据公平原则进行灵活分配。

本章小结

虽然在决定何时发生专利的默示许可时没有简单的公式，但是既往的司法实践还是显现出了若干相互一致的事实模式❶，即相对抽象的构成要件的总结仍然是可能的。科学归纳专利默示许可的构成要件是正确适用专利默示许可的关键。所有类型的专利默示许可均具备三个方面的构成要件：权利人与使用人之间就默示许可的授受存在直接的互动关系，存在默示许可的使用对价，以及默示许可的成立符合诚实信用原则的要求。当然也应当看到，专利默示许可构成要件理论的价值是有效的。在决定某一案件是否构成专利默示许可时，构成要件只是提供了一种裁判方向，而不是一把可以精确测度的标尺。法院对每一项构成要件的判断都需要进行价值权衡，以至于存在较大的自由裁量空间和结果上的不确定性。

专利默示许可的类型、范围、期限和对价问题，与专利默示许可是否成立的问题同样重要。在专利默示许可成立之后，也几乎必然面临着许可类型、范围、期限和对价等许可具体内容的确定问题。二者如影随形，甚至在判断专利默示许可是否成就时，就不得不同步就许可的具体内容作出判断。"如果一家公司试图主

---

❶ 德雷特勒. 知识产权许可：上 [M]. 王春燕，等，译. 北京：清华大学出版社，2003：184.

张他们通过购买相关产品获得了专利权人允许其实施某些专利权利的默示许可，那么该公司必须明确已获得许可的权利范围。一旦认定默示许可存在，法院将根据销售情况确定默示许可的范围。"❶ 专利默示许可本身的极度复杂性，决定了专利默示许可的具体内容高度取决于其产生的特定情境，专利默示许可的类型、范围、期限和对价均受其据以产生的条件的制约或限制，难以抽象出完全统一的适用标准。❷ 但专利默示许可的具体内容亦非完全无规律可循。基于形成原因对专利默示许可所作的类型划分，与专利默示许可的具体内容存在内在的相关性，同一种类型的专利默示许可在具体内容方面往往表现出相当的一致性。科学划分专利默示许可的类型，并在类型细分的基础上探寻专利默示许可的具体内容，实为明晰专利默示许可使用规则的一条可行之路。上述对专利默示许可内容的分析，均建立在本书对专利默示许可类型划分的基础之上。

在有关专利默示许可（侵权）的诉讼中，合理配置相关的程序权利和义务，是正确适用专利默示许可的保障。从程序法上来讲，有关专利默示许可的认定主要是一个法律问题，专利默示许可是一种无须主张的抗辩，专利默示许可要件事实的举证责任应当由使用人承担。

---

❶ JUHASZ P R. Patent exhaustion, implied license and the strategic use of nonasserts in agreements [R]. Washington, D. C.: AIPLA Annual Meeting, 2003.

❷ 袁真富. 基于侵权抗辩之专利默示许可研究 [J]. 法学, 2010 (12): 108.

CHAPTER 05 >> 第五章

专利默示许可制度构建的
中国方案

自 2001 年加入世界贸易组织以来，我国加速融入以 TRIPS 为核心的世界知识产权体系，知识产权制度与国际通行制度全面接轨，在某些方面已经具有全球引领性。"经历三十多年实践探索和发展证明，以知识产权为核心的创新市场机制获得了党和国家的高度信赖和认可。在国家战略层面，中国知识产权治理实现了从消极接受向主动变革的转变，可以从容科学谋划全局、牢牢把握战略主动。"❶ 随着社会主义市场经济快速发展激发的内生需要，一系列专利制度得以引入、尝试和成长。正是在这样的历史背景下，专利默示许可在我国的司法实践和立法活动开始了探索历程，在向国外成熟经验学习的同时，也展现了中国方案和中国智慧。对标默示

---

❶ 马一德. 中国知识产权治理四十年 [J]. 法学评论，2019，37 （6）：10 – 19.

许可嬗变的历史规律，我国的司法和立法活动既取得了一定的成绩，也存在较为明显的不足。总体来看，有关专利默示许可的司法实践和立法活动渐趋科学化：专利默示许可的合同性质在司法实践中得到明确，立法上不再盲目追求专利默示许可的成文法化，以案例为基础的规则适用体系逐渐得以建立。系统归纳总结现有司法和立法活动，深入分析其利弊得失，提出默示许可制度中国化的科学方案，有助于默示许可在我国落地生根，从而为我国专利制度的完善和专利事业的发展贡献力量。

第一节　我国专利默示许可的司法实践

进入 21 世纪以来，有关专利默示许可的案件开始在我国司法实践中出现，且呈现出逐年递增的态势，最近几年的增长速度明显加快，这从一个侧面说了我国专利实践开始向纵深发展，知识产权利益的分配机制日益精细化。我国人民法院对专利默示许可案件的处理经验不断丰富，逐渐从摸索走向相对成熟。当然，由于实务经验仍不充足，相关学理研究还不够深入，对于专利默示许可案件的处理思路并未形成完全统一的认识，同案不同判的现象并未被消灭，有关专利默示许可的司法实践活动既取得了重要成就，也存在一些明显不足。

一、司法实践开展情况

从 21 世纪专利默示许可案件开始在我国司法实践中出现，截止到 2021 年底，我国各级各地人民法院大概处理了 28 起专利默示许可案件。这些案件均以专利侵权为由被提出，被告也都提出了默示许可抗辩，运行方式与国际上的专利默示许可案件如出一辙，体现出了共同的事物本性。但是人民法院最终认定存在默示许可的案件还不多，种类还不够丰富，甚至有关标准专利默示许可的认定还走过了一段弯路，但还是积累了极为宝贵的司法实务经验。

（一）现有案例统计

通过以"专利"及"默示许可"为关键词的方式检索中国裁判文书网，辅之以从中国知网相关论文中发掘二手文献，经逐一甄别，截止到 2021 年底，笔者共搜集到我国法院有关专利默示许可的案例 28 件（同一时点、同一法院处理的类案，视为一件❶）。在这些案例中，民事案件的被告（被控侵权人）或行政案件的原告（因专利侵权被处罚的行政相对人），均将实施行为已获得专利权人默示许可作为不侵权的抗辩事由，故均可以被视为有关专利默示许可的案件，当然其抗辩事由是否为人民法院认定则另当别论。按照案件受理年度（如果存在上诉或再审，以终审法院受理时间为准）的先后，对案件终审裁判的相关情况，统计如下。

案例 1

案件名称	不详❷
案件来源	广西壮族自治区高级人民法院（2005）桂民三终字第 8 号民事判决书

---

❶　例如，湖南省长沙市中级人民法院（2016）湘 01 行初 599、600、601 号行政判决，广东省高级人民法院（2017）粤民终 1281、1284、1563 号民事判决，上海市高级人民法院（2021）沪民终 361、362 号民事判决。

❷　该案例参见：韦晓云. 专利的默认许可 [J]. 人民司法, 2007 (17)：93 – 97. 该文献中只披露了简要案情和案号，未披露当事人信息，故此处案件名称只能记为"不详"。

续表

裁判要旨	在该案中，专利权人分别获得一种镁粉深加工工艺的方法发明专利权和实施该方法专利的专用设备高速涡流镁粉机实用新型专利权。专利权人与对方签订了一份协议，约定由专利权人销售给对方高速涡流镁粉机专利设备，对方可以无偿使用一种镁粉深加工工艺的方法专利。事实上，专利权人销售给他人高速涡流镁粉机专利设备，且没有提出限制性条件，就表明专利权人默许他人可以无偿使用一种镁粉深加工工艺的方法专利，他人无须另行与专利权人签订专利实施许可合同

案例 2

案件名称	广西南宁邕江药业有限公司诉河南省天工药业有限公司侵害发明专利权纠纷案
案件来源	广西壮族自治区高级人民法院（2007）桂民三终字第 46 号民事判决书
裁判要旨	邕江药业公司于 2000 年 3 月获得"一种治疗颅脑外伤及其综合征的药物组合物"发明专利。为实施该专利，邕江药业公司委托广西壮族自治区药品检验所根据专利技术起草复方赖氨酸颗粒的药品标准。2001 年 3 月，国家药品监督管理局颁布了"复方赖氨酸颗粒"的质量标准及使用说明书。2006 年 4 月，邕江药业公司发现河南天工公司生产销售"贝智高"牌复方赖氨酸颗粒，遂以该公司侵犯其专利权为由诉至法院。在诉讼过程中，河南天工公司对其产品落入专利权保护范围无异议，但提出邕江药业公司将专利配方自愿提供给国家，应当视为默许河南天工公司无偿使用其专利，河南天工公司按照国家药品标准生产药品不构成专利侵权。

续表

	法院经审理认为：药品发明专利不同于普通发明专利，药品发明专利权人获得专利权后，并不能直接实施其专利，而必须通过规定的程序将药品专利技术转化成国家药品标准颁布后才取得合法生产权；专利权人公开专利技术的行为并不意味着专利技术进入公有领域，允许他人可以未经许可自由使用，相反，专利权人正是通过这种对专利技术的公开换取对专利技术垄断性的权利；邕江药业公司的发明专利技术转化成国家药品标准，他人按照国家药品标准生产药品，属于实施专利技术的行为，应取得专利权人的许可，河南天工公司实施专利没有经得专利权人邕江药业公司许可，已经构成侵犯专利权。遂判决河南天工公司立即停止生产、销售被控侵权药品"贝智高"牌复方赖氨酸颗粒，赔偿邕江药业公司40万元

案例3

案件名称	季某、刘某诉朝阳市兴诺建筑工程有限公司专利侵权纠纷案
案件来源	辽宁省高级人民法院（2007）民辽四知字第126号民事判决书
裁判要旨	2006年5月19日，原告获得"混凝土桩的施工方法"发明专利的独占实施许可。该专利经专利权人同意，已被纳入原建设部的行业标准《复合载体夯扩桩设计规程》，并向全国建筑行业推广。同年，原告发现被告在某项目的施工中使用了专利方法，遂以专利侵权为由向法院提起诉讼。被告认为，自己按照原建设部的行业标准设计、施工并无不妥，不应承担责任。在二审审理过程中，辽宁省高级人民法院就被告的行为是否构成专利侵权向最高人民法院请示。

续表

| | 2008 年 7 月 8 日，最高人民法院复函称："鉴于目前我国标准制定机关尚未建立有关标准中专利信息的公开披露及使用制度的实际情况，专利权人参与了标准的制定或者经其同意，将专利纳入国家、行业或者地方标准的，视为专利权人许可他人在实施标准的同时实施该专利，他人的有关实施行为不属于专利法第十一条所规定的侵犯专利权的行为。专利权人可以要求实施人支付一定的使用费，但支付的数额应明显低于正常的许可使用费；专利权人承诺放弃专利使用费的，依其承诺处理。"辽宁省高级人民法院根据该复函精神，判决被告不构成专利侵权，但应当向原告支付专利使用费 4 万元 |

案例 4

案件名称	武汉晶源环境工程有限公司诉日本富士化水工业株式会社、华阳电业有限公司侵犯发明专利权纠纷案
案件来源	最高人民法院（2008）民三终字第 8 号民事判决书
裁判要旨	原告就"曝气法海水烟气脱硫方法及一种曝气装置"拥有发明专利权。被告华阳公司为漳州后石电厂烟气脱硫工程的业主单位。被告华阳公司委托原告编制漳州后石电厂烟气脱硫工程可行性研究报告，工程中使用的技术由富士化水提供。工程施工完成后，原告以案涉工程所使用的技术侵犯其专利权为由，提起专利侵权诉讼。被告提出，原告作为可行性研究报告编制单位，事先早已知悉并推荐华阳公司使用诉争技术和装置，事后再要求华阳公司支付赔偿金或使用费，明显违背诚信原则。法院审理后认为，在该可行性研究总报告中，原告只是提出漳州后石电厂脱硫工艺可使用纯海水法、该方法的工程方案可行性以及使用该方法的环境及社会效益等，并未提及该案专利的完整技术方案，也没有许可华阳公司无偿使用该案专利，故二被告的行为构成对原告专利权的侵犯

案例5

案件名称	中铁电气化局集团德阳制品有限公司诉当涂县兴荣草棍厂侵犯发明专利权纠纷案
案件来源	安徽省高级人民法院（2009）皖民三终字第 0013 号民事判决书
裁判要旨	法院审理后认为，德阳公司所持有的涉案"草支垫及其加工方法"发明专利合法有效，应受法律保护。有关行业标准与专利许可问题，法院认为，如专利权人参与了有关行业标准的制定，但在标准发布前未申明其中有关技术内容系其拥有专利的，视为已经得到了专利权人的免费实施默认许可，标准管理组织、标准制定者和标准采用人的有关行为不被视为侵权。结合该案实际情况，涉案专利技术由德阳公司控股的德阳装载衬垫公司实施，并且其参与铁道行业标准（TB/T 3079.2—2003《装载加固材料和装置第 2 部分：条形草支垫》）的部分起草工作，这些行为应被视为涉案专利权人的行为。就上述铁道行业标准中有关《装载加固材料和装置第 2 部分：条形草支垫》工艺部分，德阳公司虽在标准发布前未申明其中的有关技术内容系其专利技术，但有关条形草支垫的加工方法与具体实现该加工方法的专用模具等并没有被反映出来，只是在保证产品质量的前提下对原材料入模的方向、层次与捆扎材料、距离等方面进一步细化提出了具体要求。因此，德阳公司认为只要符合原铁道部的上述行业标准的就是侵犯其专利权的观点不能被采纳，对是否构成侵权仍然要作具体分析

案例6

案件名称	江苏优凝舒布洛克建材有限公司诉江苏河海科技工程集团有限公司、江苏神禹建设有限公司、扬州市勘测设计研究院有限公司侵犯专利权纠纷案
案件来源	2009 年江苏法院知识产权司法保护典型案例

续表

裁判要旨	法院审理后认为，原告拥有的涉案"挡土块"发明专利已被纳入"948"科技推广项目，泰州市翻身河综合整治工程属于"948"科技推广项目项下的工程。原告参与了"948"科技推广项目的制定和实施，应当视为其许可他人在实施该科技推广项目时实施该专利权。原告向扬州公司出具《专利许可授权书》，允许其在工程设计中推广应用案涉专利。被告河海公司依法中标按图施工、神禹公司按图制造专利产品都属于正当的生产经营行为。故原告起诉被告河海公司、神禹公司侵犯其专利权，要求停止侵权、赔偿损失的诉讼请求，没有事实和法律依据，应予驳回。优凝公司不服一审判决提起上诉，江苏省高级人民法院驳回优凝公司的上诉，维持一审判决，并鉴于优凝公司二审中提出支付许可费的主张，从减轻当事人诉累和平衡各方当事人利益出发，酌情加判河海公司、神禹公司向优凝公司支付专利许可使用费3万元

案例7

案件名称	北京宇田世纪矿山设备有限公司、北京诚田恒业煤矿设备有限公司、北京辉越景新矿山支护设备有限公司诉北京蓝畅机械有限公司专利实施许可合同纠纷案
案件来源	最高人民法院（2009）民申字第802号民事裁定书
裁判要旨	法院审理后认为，该案中，涉及相同主题的发明和实用新型专利同日向国家知识产权局提出申请，实用新型专利权终止前，同日申请的相同主题的发明专利已经获得授权。专利权人与被许可人蓝畅公司签订专利技术使用合同，即负有维持该合同所涉专利权处于有效状态的义务，蓝畅公司即取得合同所涉专利技术的使用权，并默示许可蓝畅公司使用其所拥有的与合同所涉专利技术属于相同技术的另一专利权，否则将无法实现合同的目的。而且在该案诉讼中，涉及相同

续表

	技术的发明专利的专利权人也明确表示，发明专利是实用新型专利权利的延续，其有权主张使用费。综上，二审判决认定蓝畅公司应当按照合同的约定支付相应的技术使用费并无不当

案例 8

案件名称	原告福州海王福药制药有限公司诉被告辽宁省知识产权局、第三人江苏省微生物研究所有限责任公司、常州方圆制药有限公司、辽宁民生中一药业有限公司专利侵权纠纷处理决定案
案件来源	最高人民法院（2011）知行字第 99 号行政裁定书
裁判要旨	法院审理后认为，专利实施许可并不只有书面许可一种方式，默示许可亦是专利实施许可的方式之一。例如，如果某种物品唯一合理的商业用途就是用于实施某项专利，专利权人或者经专利权人许可的第三人将该物品销售给他人的行为本身就意味着默示许可购买人实施该项专利。根据查明的事实，福药公司生产硫酸依替米星氯化钠注射液的原料药购自专利权人与他人合资设立的企业方圆公司或者得到专利权人许可的第三人山禾公司。虽然硫酸依替米星原料药本身不属于该案专利保护范围，但如果硫酸依替米星原料药唯一合理的商业用途就是用于制造该案专利产品，那么专利权人自己建立的企业或者经专利权人许可的第三人销售该原料药的行为本身就意味着默示许可他人实施专利

案例 9

案件名称	湘潭市科达丽实业有限公司诉杭州贝科玻璃钢制品有限公司侵害发明专利权纠纷案
案件来源	浙江省高级人民法院（2012）浙知终字第 20 号民事判决书

续表

裁判要旨	2010 年 4 月 21 日，国家知识产权局授予科达丽公司"标准模块组合式多规格燃气表箱"发明专利。2010 年 4 月 6 日，科达丽公司与贝科公司签订购销合同，约定科达丽公司向贝科公司购买 7 种规格型号的表箱 595 套，合计金额 101,225元，约定款到发货。2011 年 4 月 28 日，科达丽公司向贝科公司付款 101,225 元，贝科公司向科达丽公司出具上述金额的收款据和增值税发票各 1 份并发货。科达丽公司遂于 2011年 6 月 13 日以贝科公司侵害其发明专利权为由，向法院提起诉讼，请求判令贝科公司侵犯了其专利权。 法院审理后认为，虽然科达丽公司在涉案专利被授予前与贝科公司签订合同，向其购买被控侵权产品，但鉴于双方当事人签订的合同名称为《购销合同》，而非《委托加工合同》，且贝科公司没有证据如订单等证明被控侵权产品系科达丽公司委托其生产，故贝科公司关于其制造销售被控侵权产品的行为应被视为科达丽公司默示许可专利行为的抗辩理由不能成立

案例 10

案件名称	张某廷诉衡水子牙河建筑工程有限公司、衡水华泽工程勘测设计咨询有限公司侵害发明专利权纠纷案
案件来源	最高人民法院（2012）民提字第 125 号民事判决书
裁判要旨	2008 年 9 月 3 日，原告张某廷获得案涉专利权。后涉案专利被纳入河北省地方标准"CL 结构设计规程"（2006 年规程），原告参与了该标准的制定工作。"CL 结构设计规程"前言载明：该规程所涉及的专利技术为石家庄晶达建筑体系有限公司所有，使用授权许可，应与之联系。被告认为，专利权人张某廷参与了该标准的制定，故应视为专利权人张某廷许可他人在实施标准的同时实施该专利，子牙河公司的有关实施行为不属于《专利法》规定的侵害专利权的行为。

续表

	最高人民法院再审认为，该案 2006 年规程为推荐性标准，张晶廷履行了专利披露义务，在被诉侵权施工方法所依据的 2006 年规程前言部分明确记载有识别的专利技术和专利权人的联系方式。该规程的实施者不能被从中推断出 2006 年规程不包含专利技术或者专利权人向公众开放了免费的专利使用许可的意图。实施该标准应当取得专利权人的许可，根据公平合理无歧视的原则支付许可费。在未经专利权人许可使用并拒绝支付许可费的情况下，原则上，专利侵权救济不应当受到限制。该案中不存在专利权人隐瞒专利的行为导致标准的实施者产生该技术为无须付费的公知技术的信赖。二审法院简单适用（2008）民三他字第 4 号复函，进而认定该案不构成侵权，适用法律存在错误，应予纠正。被告的行为构成侵权

案例 11

案件名称	范某杰诉吉林市亿辰工贸有限公司侵害实用新型专利权纠纷案
案件来源	最高人民法院（2013）民提字第 223 号民事判决书
裁判要旨	2006 年 4 月 5 日，涉案专利获得授权，专利权人为范某杰。后范某杰将案涉专利的图纸电子文件提供给设计院。范某杰在推广时并未告知其图纸涉及专利技术，也未要求支付费用，双方没有签订合同，设计院认为范某杰此举的目的是推销产品。设计院根据营梅高速公路业主单位的委托，运用原告的专利技术进行了工程设计。宏运公司在中标承建该路段的工程后，与亿辰公司签订了《供货合同》，宏运公司按照《供货合同》约定提供图纸。 最高人民法院审理后认为，该案中，范某杰确实曾向设计院提供涉案专利图纸进行推广，设计院也是在范某杰所提

续表

	供图纸的基础上作了《供货合同》所附图纸的设计，但由于设计院本身并不涉及专利产品的制造、销售和使用，范某杰也未与设计院签订实施许可合同，未要求或者主张支付使用费，设计院甚至主张范某杰从未告知涉及专利技术，因此从范某杰的上述推广行为中并不能得出范某杰许可设计院实施其专利的意思表示，更无法得出范某杰许可设计方案的具体实施者宏运公司、亿辰公司实施涉案专利的意思表示。范某杰和设计院均认为范某杰的本意是希望设计院将其专利技术纳入到设计方案中，然后通过设计方案具体实施者购买其专利产品或者依法获得其实施许可而获利。设计方案的实施者宏运公司、亿辰公司等仍需从专利权人或者经其许可的主体处购买专利产品，或者依法获得专利权人的实施许可。二审法院将范某杰向设计院提供专利图纸的行为认定为许可行为没有法律依据。二审判决认为范某杰未依照《专利法》第十二条的规定对其专利技术加以保护，并依据该条款认定亿辰公司的行为不构成侵权，适用法律错误。亿辰公司未经范某杰的许可，销售了落入涉案专利权保护范围的被诉侵权产品，侵害了范某杰的专利权，依法应当承担相应的民事责任

案例 12

案件名称	神州交通工程集团有限公司、南京鹏万达照明有限公司诉扬州市阳瑞电气工程有限公司侵害外观设计专利权纠纷案
案件来源	江苏省扬州市中级人民法院（2014）扬知民初字第 00086 号民事判决书
裁判要旨	2014 年 7 月 17 日，原告神州公司、鹏万达公司向国家知识产权局申请了名为"吊装灯头（明月同辉）"的外观设计专利。2015 年 2 月 4 日，该专利获得授权并被公告。被告辩

续表

	称，原告所控侵权产品的样式是由扬州市公路管理处在文昌路西沿项目中投标招标所用，原告神州公司也参与了此投标行为，并未提出其享有相关专利权。被告认为原告是投标不中，滥用诉权。 　　法院审理后认为，权利的放弃应当以明示的方式作出，此外原告作为投标人之一参加了招投标，被告阳瑞公司没有证据证明原告有任何在先行为让阳瑞公司产生了授权其实施原告涉案专利的合理信赖，因此原告参与招投标的行为并不代表默示许可被告阳瑞公司实施被控侵权行为，其后因被告的侵权行为诉至法院亦不能证明其系滥用诉权。被告的行为构成专利侵权

案例 13

案件名称	河北同力自控阀门制造有限公司、北京同力平衡阀门有限公司诉北京市知识产权局、第三人朱某同专利侵权纠纷处理决定案
案件来源	北京知识产权法院（2016）京 73 行初 3162 号行政判决书
裁判要旨	原告认为，朱某同于 2010 年 2 月 24 日以个人名义申请涉案专利后，以口头方式许可河北同力公司实施涉案专利，该口头合同已经成立；2011 年 4 月朱某同向北京市知识产权局提起浙江沃尔达暖通科技有限公司侵犯其涉案专利权纠纷处理请求，此时朱某同尚在河北同力公司工作，其当时明知河北同力公司在使用其专利，但未向河北同力公司提出主张，恰可证明朱某同与河北同力公司之间存在涉案专利的默示实施许可。 　　法院审理后认为，默示的意思表示指通过特定行为间接推知行为人的意思表示，一方当事人向对方当事人提出民事权利的要求，对方未用语言或者文字明确表示意见，但其行

续表

	为表明已接受的,可以认定为默示;不作为的默示只有在法律有规定或者当事人双方有约定的情况下,才可以视为意思表示。在该案中,河北同力公司、北京同力公司提交的现有证据无法证明朱某同对于涉案专利存在默示许可使用的意思表示,河北同力公司未取得朱某同关于涉案专利的实施许可,故法院对该项主张不予支持

案例 14

案件名称	湖南康源制药有限公司诉湖南省知识产权局专利侵权纠纷处理决定案
案件来源	湖南省长沙市中级人民法院(2016)湘 01 行初 599、600、601 号行政判决书
裁判要旨	千山公司系案涉专利的专利权人,投诉康源公司侵犯其专利权。湖南省知识产权局调查后确认侵权成立,并对康源公司作出了处罚决定。康源公司主张其实施专利的行为获得了千山公司的默示许可,即基于此前的合作授权及此后的供货纠纷,千山公司于 2012 年 7 月 19 日就知道了有关情况,但直至 2015 年 9 月 30 日才向湖南省知识产权局提起专利侵权纠纷处理请求,基于合理信赖原则,应视为默示许可康源公司继续使用其专利技术及产品。 　　法院审理后认为,康源公司没有举证证明千山公司通过语言或者行为暗示,其在违反协议后仍然可以使用涉案专利。千山公司没有即时请求行政处理或者提起诉讼,并不等同于许可使用的默示许可,尤其是在当事人之间有相关协议,且就协议的履行已经产生纠纷的情况下。综上所述,康源公司没有证明其就涉案专利享有确定的授权许可,应自行承担举证不力的不利后果

案例 15

案件名称	徐某、宁波路宝科技实业集团有限公司诉衡水铭健工程橡胶有限公司侵害发明专利权纠纷案
案件来源	陕西省高级人民法院（2016）陕民终 567 号民事判决
裁判要旨	法院审理后认为，被告铭健公司辩称，依照最高人民法院在相关问题的函中的意见，涉案专利成为行业标准后，即使被控侵权产品落入涉案专利的保护范围内，其使用该标准也不属侵权行为。因铭健公司援引的最高人民法院函中的意见是在考虑标准制定机关没有建立有关标准中专利信息的公开披露及使用制度的情况下作出的，而该案中，标准"单元式多向变位梳形板桥梁伸缩装置"在引言部分披露了标准涉及的专利及权利人的情况，标准的实施人不可能不知道该标准与涉案专利相关，同时，引言部分的内容还称专利权人"愿意同任何申请人在合理和非歧视的条款和条件下，就使用授权许可证进行谈判"，因此表明专利持有人并未放弃对授权许可进行审查，不能直接推定为对所有使用人是默示许可的。铭健公司作为本行业的专业公司，对于该标准特别是引言部分的内容应当是知悉的，但铭健公司并未就使用许可与涉案专利的权利人进行过谈判，其未经许可生产被控侵权产品的行为应属侵权行为

案例 16

案件名称	成都中照照明科技有限公司诉四川省正伟照明有限公司侵害外观设计专利权纠纷案
案件来源	四川省成都市中级人民法院（2016）川 01 民初 217 号民事判决书
裁判要旨	被告辩称，其是在获得了原告默示许可的情况下制造了被控专利产品，故不存在"未经专利权人许可"的情形。经法院审查，由于被控产品没有落入涉案专利的保护范围，决定驳回对原告关于被告侵害涉案专利权的主张，故未再对默示许可问题发表意见

案例 17

案件名称	广州番禺电缆集团有限公司诉佛山市冠通电力设备制造有限公司侵害实用新型专利权纠纷案
案件来源	广东省高级人民法院（2017）粤民终 1281、1284、1563 号民事判决书
裁判要旨	被告辩称，被告系通过招标进行销售，招标公告具有公示作用，原告清楚招标人和投标人均可能侵犯其专利权而未主张权利，招标人和投标人均有理由认为原告已经放弃对自身权利的主张，构成专利权的默示许可；同时，原、被告双方同为中标方，其中标之后没有指出被告构成侵权，而是等到被告实际供货之后才主张其侵权，构成专利权的默示许可；被告作为中标人，通过招标获得供应商资格，基于招投标程序形成的合理信赖，其后续商业行为不应当被视为侵权，原告应对"侵权"扩大部分承担相应责任。 　　法院审理后认为，首先，根据最高人民法院《关于贯彻执行〈中华人民共和国民法通则〉若干问题的意见（试行）》第六十六条的规定，不作为的默示只有在法律有规定或者当事人双方有约定的情况下才可以视为意思表示，而该案不属于该情形；其次，本案亦无证据证明原告在中标之后就知晓被告被诉侵权产品的技术方案，故原告在被告实际供货之后主张其侵权，并不构成对专利权的默示许可，被告上述主张缺乏理据，法院不予支持

案例 18

案件名称	济南三星灯饰有限公司诉烟台科百达照明工程有限公司、江苏豪纬交通集团有限公司侵害外观设计专利权纠纷案
案件来源	山东省高级人民法院（2017）鲁民终 74 号民事判决书

续表

裁判要旨	被告辩称，原告实际上间接参与了涉案的招投标项目，在明知该招标项目使用其专利的情况下并未制止且委托相关公司参与投标，该行为是默示许可包括招标方和投标方在内的所有参与方在该次的项目内使用涉案专利并放弃诉讼的权利，被告不构成侵权。 法院审理后认为，最高人民法院《关于贯彻执行〈中华人民共和国民法通则〉若干问题的意见（试行）》第六十六条的规定对当事人采取默示形式实施的民事法律行为予以明确，但该规定只能适用于由一方当事人通过明示而对方当事人通过默示所实施的行为，而不能适用于双方当事人均通过默示实施的行为。该案中，并不存在被告向专利权人三星公司提出"民事权利的要求"的情形，不能适用上述规定。而且现有事实和证据亦并不能证明或者推定原告同意将涉案专利已经许可招标单位及投标人有偿或无偿使用实施

案例 19

案件名称	珠海金晟照明科技有限公司诉中科光电（长春）股份有限公司侵害外观设计专利权纠纷案
案件来源	吉林省高级人民法院（2017）吉民终 579 号民事判决书
裁判要旨	原告金晟公司系案涉专利权人，发现四平市政府招标采购中心公开采购、被告中科公司供应的路灯侵害了其外观设计专利权。中科公司主张金晟公司明知四平市人民政府采纳了其设计方案，但未及时通知中科公司，属于以默示的方式授权中科公司生产被控侵权产品，中科公司应免责，但中科公司的该项主张没有任何法律依据，法院依法不予支持。最终判定中科公司构成专利侵权

案例 20

案件名称	胡某泉、朱某蓉诉山东省惠诺药业有限公司侵害发明专利权纠纷案
案件来源	山东省高级人民法院（2018）鲁民终 870 号民事判决书
裁判要旨	被告辩称，涉案药品的强制性国家标准是以被告名义申请并经原国家食品药品监督管理局批准授权持有，被告作为原研药厂，有权依据使用该国家标准进行药品生产和检测方法检测。原告即使是该检测技术的发明专利权人，亦无权禁止其使用。 法院审理后认为，我国目前的法律法规以及制定药品标准的国家标准组织，对国家强制标准制定过程中标准必要专利权人没有披露其标准必要专利信息的，并没有作出视为其许可该标准的实施者使用其专利技术的规定，也即是说，我国目前尚未建立标准必要专利默示许可制度。被告主张使用国家强制性标准不构成侵权的主张，缺乏法律依据

案例 21

案件名称	温岭市盛开物流设备科技有限公司诉浙江世盈贸易有限公司侵害实用新型专利权纠纷案
案件来源	浙江省杭州市中级人民法院（2018）浙 01 民初 3669 号民事判决书
裁判要旨	被告辩称，世盈公司使用与案涉专利吊钩对应的集装包来自专利权人或者经专利权人同意使用，而吊钩与集装包记载在同一件专利文件的权利要求书中，且专利权人明知正常使用集装包必然要用到与之配套的专用吊钩。因此，根据权利用尽或者默示许可规则，世盈公司使用涉案吊钩的行为对涉案专利不构成侵权。 法院以其他理由驳回原告诉求，对默示许可问题未发表意见

案例 22

案件名称	朱某同诉河北同力自控阀门制造有限公司、泊头市同力环保热力设备有限公司、北京同力平衡阀门有限公司侵害外观设计专利权纠纷案
案件来源	北京市高级人民法院（2019）京民终 63 号民事判决书
裁判要旨	该案中，河北同力公司主张其获得了朱某同默示其使用涉案专利的许可。法院审理后认为，该案中，并无证据表明朱某同与河北同力公司就涉案专利的实施事宜达成过许可合同；河北同力公司主张其取得了朱某同的口头实施许可，但亦未提交任何证据，且朱某同对此明确予以否认。考虑到朱某同曾就职于河北同力公司，故河北同力公司所支付的相关费用不能确定地指向其支付的相应专利许可费，即该案中亦缺乏明确的证据表明朱某同曾通过行为等方式针对河北同力公司实施涉案专利的期限、许可费的支付方式、实施的具体方式等与河北同力公司达成过合意。可是，该案中缺乏明确的证据表明朱某同曾默示许可河北同力公司实施涉案专利。故对河北同力公司的该项主张，法院不予支持

案例 23

案件名称	坦萨土工合成材料（中国）有限公司诉广州市康锴建筑材料有限公司、肥城联谊工程塑料有限公司、天津港保税区海加利工程有限公司、厦门立龙贸易进出口有限公司侵害发明专利权纠纷案
案件来源	福建省高级人民法院（2019）闽民终 828 号民事判决书
裁判要旨	被告辩称，即便被控侵权产品落入专利权的保护范围内，根据原、被告双方签订的《解除产品经销协议书》的约定，在项目前期，坦萨公司就已经知道康锴公司向本案工地进行供货，后又约定"坦萨公司不再参与报价、销售及追责"，可

续表

	以看出坦萨公司在《解除产品经销协议书》记载的项目范围内，默示许可康锴公司进行销售，默示许可工厂项目方从康锴公司处购买并使用产品。 　　法院审理后认为，关于坦萨公司与康锴公司于 2017 年 8 月 7 日签订的《解除产品经销协议》中第四条中"不追责"的理解，上述合同条款系针对双方解除产品销售协议书所作的约定，该追责应被理解为不追究违约责任，而非不追究知识产权的侵权责任。故该案中不存在默示许可

案例 24

案件名称	罗泽波诉东莞市宝桢研磨机械有限公司侵害实用新型专利权纠纷案
案件来源	广东省高级人民法院（2019）粤知民终 407 号民事判决书
裁判要旨	原告罗泽波系案涉专利权人，通过公证方式从被告处购买了案涉侵权产品。法院经审理查明，被诉侵权产品为宝桢公司从他人处购进后，贴牌当作自己的产品再销售给罗泽波。鉴于贴牌加工行为属于制造行为的一种，故法院认定宝桢公司制造被诉侵权产品证据确凿。宝桢公司主张被诉侵权产品系专利权人罗泽波向其订购而来，被诉侵权产品的制造经过权利人许可，不构成侵权。法院审理后认为，该案证据不能证明宝桢公司仅基于权利人罗泽波的取证行为而实施被诉侵权行为。宝桢公司关于被诉侵权产品的生产得到了权利人罗泽波默认许可，其不构成侵权的抗辩理由依据不足

案例 25

案件名称	河南农大迅捷测试技术有限公司诉河南中西恒大仪器仪表有限公司侵害发明专利权纠纷案
案件来源	最高人民法院（2019）最高法知民终 382 号民事判决书

续表

裁判要旨	该案中，中华人民共和国农业行业标准（NY/T1848—2010）〈中性、石灰性土壤铵态氮、有效磷、速效钾的测定联合浸提－比色法〉是推荐性行业标准，所涉第6.8条、第6.13条为原告享有专利权的技术方案，河南农大公司的两涉案发明专利是为实施该行业标准必须使用的专利，即标准必要专利。两发明专利的发明人段铁城、贾玮等也被记载为标准主要起草人。在参与标准制定过程中，专利权人未明示上述两发明专利的相关信息。中西恒大公司主张其是对行业标准的实施，不构成侵权，即认为其属标准必要专利的默示许可。 法院审理后认为，专利权人编制标准时未披露标准必要专利信息的，尚不足以构成标准必要专利默示许可的充分理由。上述行业标准的起草、制定发生在两涉案发明专利的授权审查过程中，专利权人未明示上述两发明专利的相关信息，合乎情理。此外，在《最高人民法院关于审理侵犯专利权纠纷案件应用法律若干问题的解释（二）》（法释〔2016〕1号）第二十四条第一款仅规定了："……标准明示所涉必要专利的信息……"时，标准实施者未经许可实施专利的行为构成侵权，但不能由此反推专利权人编制标准时未披露专利信息情形下，标准实施者未经许可实施专利不构成侵权

案例26

案件名称	衢州市库米赛诺粮食机械制造有限公司诉衢州政明粮食机械制造有限公司、浙江丰禾粮油有限公司侵害发明专利权纠纷案
案件来源	最高人民法院（2020）最高法知民终1453号民事判决书
裁判要旨	法院审理后认为，一般而言，专利默示许可指在专利侵权诉讼中，如果被诉侵权人可以基于专利权人的任何语言或行为正当地推定专利权人已经同意其实施专利权人的专利，

进行制造、使用、销售等行为，并且据此实施这种行为，则不必承担被指控的侵权责任。该案中，根据已查明的事实，政明公司主张的专利默示许可并非建立在专利权人的销售行为或相关许可行为基础之上，其主张以库米赛诺公司曾系其股东之事实推定其所有的一揽子专利默示许可，其中包含涉案专利。对此，法院认为，政明公司、库米赛诺公司都是从事粮食机械生产、研发、销售的单位，库米赛诺公司虽曾持有政明公司 30% 股份，但至 2018 年 9 月 30 日，库米赛诺公司已退出全部股份。政明公司主张库米赛诺公司未对其研发制造被诉侵权产品以及将其存放在丰禾公司处进行测试提出过任何异议，该行为属于消极的不作为，尚不足以认定该行为能够让政明公司产生获得一揽子专利使用许可的合理信赖

案例 27

案件名称	深圳市和力泰科技有限公司诉广州市伟东机械科技有限公司侵害实用新型专利权纠纷案
案件来源	最高人民法院（2020）最高法知民终 1917 号民事判决书
裁判要旨	原告对面膜机整机和其部件热封刀分别拥有独立专利权。原告通过《合作协议书》和《终止合作协议书》，许可被告生产面膜机整机。被告认为，原告许可被告实施许可专利时，同时默示许可涉案专利的产品热封刀用于面膜机上，从而实现被告能够生产完整的面膜机，达到双方许可合同的目的；原告提起诉讼违背了诚实信用原则，原告应当为被告生产、许诺销售、销售许可专利产品提供便利条件，包括默示许可被告面膜机的零部件涉及涉案专利，否则，被告无法实现实施许可专利的目的。

续表

	法院审理后认为，首先，被告与原告签订的《合作协议书》及《终止合作协议书》中只涉及许可专利，并未对涉案专利的使用许可作出约定。其次，许可专利的技术方案针对的是面膜机整机，而涉案专利针对的是面膜机上的一个零部件，即封刀，因此，许可专利与涉案专利是两个独立的专利。最后，许可专利在涉案专利之前申请，根据国家知识产权局所作的专利权评价报告，涉案专利的全部权利要求1－10未发现不符合授予专利权条件的缺陷，由此可认定，许可专利未公开涉案专利的技术内容，即涉案专利技术方案并未被包含在许可范围之内。因此，被告未获得涉案专利的许可使用，其有权使用涉案专利的主张不能成立，法院不予支持

案例 28

案件名称	广州德立游艇码头工程有限公司诉南充市园林管理处、中建三局集团有限公司、中建投资基金管理（北京）有限公司、上海旗华水上工程建设股份有限公司侵害外观设计专利权纠纷案
案件来源	上海市高级人民法院（2021）沪民终 361、362 号民事判决
裁判要旨	原告系名称为"引桥"外观设计的专利权人。该专利的申请日为 2018 年 9 月 14 日，授权公告日为 2019 年 1 月 29 日，原告法定代表人刘某辉为设计人。2018 年被告中建三局公司中标了被告南充园林处发包的印象嘉陵江项目。刘某辉 2018 年 6~8 月就与被告南充园林处及被告中建三局公司一起多次参与有南充市政府机关参与的涉及南充"印象嘉陵江"浮桥项目的会议；2018 年 9 月，刘某辉仍与被告中建三局公司的员工在微信上沟通涉及南充印象嘉陵江浮桥项目的设计进度、合同签署及招标工作的参与等事项；此后直至 2018 年

续表

10月，原告参与了南充"印象嘉陵江"浮桥项目的投标，投标文件中亦列明了刘某辉作为原告法定代表人的身份证明。由上述过程可见，刘某辉本人全程参与了南充"印象嘉陵江"浮桥项目从筹备讨论、规划设计直至最后确定方案招标的全过程。

法院审理后认为，民事法律行为的意思表示形式可以默示的方式作出。专利许可行为作为民事法律行为亦存在默示情形，即行为人虽没有以语言或文字等明示方式作出专利许可的意思表示，但通过其行为可以推定出其作出了专利许可的意思表示。德立公司在主观上对其作为申请人、刘某辉作为设计人申请的涉案外观设计与广州中土文旅规划设计有限公司提交给南充园林处的涉案浮桥设计实质系同一设计是明知的，客观上其通过相关先前行为默示许可南充园林处在南充"印象嘉陵江"浮桥项目上使用涉案外观设计，南充园林处通过德立公司的关联公司支付了合理对价，故南充市"印象嘉陵江"湿地保护工程项目浮桥工程中引桥上使用与涉案专利权外观一致的设计并未侵犯德立公司享有的涉案外观设计专利权

（二）现有案例分析

通过对上述 28 个司法案件的深入梳理，笔者认为这些专利默示许可案件本身及人民法院的相关裁判呈现出如下几个方面的明显特征。

1. 类型较为多样

从发生原因上来讲，这些案件可以被分为 7 种类型，分别是基于技术标准或技术推广的默示许可，如案例 2、案例 3、案例 6、案例 10、案例 15、案例 20 等；基于专用原材料销售的默示许可，如案例 8；基于招投标行为的默示许可，如案例 17；基于劳动关系

的默示许可，如案例 13；基于权利行使懈怠的默示许可，如案例 14；基于原合同关系的默示许可，如案例 9、案例 23；基于先前行为的专利默示许可，如案例 28。随着专利默示许可实践的发展，专利默示许可的类型日益丰富。

2. 采信案例不多

从默示许可抗辩被采信情况来看，虽然被告提出专利默示许可抗辩的案件并不少，但是法院支持默示许可的案件不多，截至目前仅有 5 起案件被人民法院认定存在默示许可，分别是案例 28、案例 3、案例 6、案例 8，以及案例 1 中的一种镁粉深加工工艺的方法专利案等专利侵权案。这 5 起案件中有 2 起（案例 8 和案例 1）是基于相关合同关系引发的默示许可，另外 3 起属于构成独立合同关系的专利默示许可。

3. 上升态势明显

从案件发生年度上来讲，从 2005 年起此类案件开始出现，共有 11 起案件发生在最近 5 年即 2017～2021 年，占全部案件的40.7%，呈现较为明显的上升态势，说明专利默示许可的司法价值越来越为当事人和人民法院所关注。

4. 客体范围宽广

从所适用的专利权客体属性上来讲，从发明专利开始不断扩展到实用新型专利和外观设计专利上；适用对象随着时间的推移，覆盖面也逐渐扩大，形成了以发明专利为主导，发明、实用新型、外观设计全覆盖的状态。同时，在发明专利默示许可案件中，既有产品发明专利，也有方法发明案例。在人民法院认可存在默示许可的 5 起案件中，有 4 起为方法发明专利，说明方法专利更容易引发和成立专利默示许可。

5. 上诉比例较高

从审结案件法院的层级上来讲，最高人民法院审结 8 件，占比 29.6%；高级人民法院审结 14 件，占比 51.9%。说明此类案件当事人的争议大多较大，处理比较困难，上诉占比比较高，甚至不少案件经过了最高人民法院的再审程序。

二、司法成就与不足

人民法院借助现有专利默示许可案件提供的机会，对专利默示许可的性质、成立条件、非侵权用途的判定标准以及许可对价等问题进行了有益探索，积累了一定的司法实务经验，为专利默示许可的下一步实践奠定了较好的基础。但是人民法院在一些默示许可案件的处理中，也存在未能将专利默示许可作为合同关系的一种，认定默示许可时考量不周，甚至在个别案件中没有作出必要回应等问题。

（一）成就

虽然人民法院认定默示许可存在的专利案件数量还非常少，但是毕竟进行了宝贵的探索。在这些极为有限的开创性案例中，人民法院为我国专利默示许可制度的建构，至少贡献了如下几个方案的经验。

1. 认识到默示许可是一种根据当事人行为推断的意思表示，默示许可的适用以权利人无相反声明为条件

在案例 15 中，陕西省高级人民法院认为："标准'单元式多向变位梳形板桥梁伸缩装置'在引言部分披露了标准涉及的专利及权利人的情况，标准的实施人不可能不知道该标准与涉案专利相关，同时，引言部分的内容还称专利权人'愿意同任何申请人在合理和非歧视的条款和条件下，就使用授权许可证进行谈判'。

因此表明专利持有人并未放弃对授权许可进行审查，不能直接推定为对所有使用人是默示许可。"在案例10中，最高人民法院再审认为，在河北省建设厅发布的"CL结构设计规程"前言中已经载明"本规程所涉及的专利技术为石家庄晶达建筑体系有限公司所有，使用授权许可，应与之联系"的情况下，"因子牙河公司知道或应当知道华泽公司设计的施工方法中包含有涉案专利技术，在张晶廷进行了专利披露、子牙河公司能够识别专利并能够与张晶廷进行联系的情况下，未经张晶廷许可，使用涉案专利技术，且在发生纠纷后，在本案中拒绝向专利权人支付专利许可费。子牙河公司的行为，构成侵权"，所以未采信被告子牙河建筑提出的默示许可抗辩。

在案例27中，被告伟东公司辩称："被诉侵权产品是伟东公司依据和力泰公司的许可生产的，是合法生产行为，不构成侵害涉案专利的专利权。伟东公司与和力泰公司于2016年11月8日签订了《合作协议书》，合作生产化妆品机械，由伟东公司实施和力泰公司的许可专利生产面膜机，后双方于2017年9月30日签订了《终止合作协议书》，协议第四条约定，和力泰公司同意许可伟东公司自2017年8月1日起实施许可专利，从2017年10月1日起开始计算，每年支付专利使用费25万元，为期2年，每年分12个月支付到乙方指定账户。《终止合作协议书》签订后，伟东公司一直按时向和力泰公司支付专利使用费。涉案专利的申请日为2015年5月7日，授权时间为2015年11月4日，双方合作开始时间为2016年11月8日，在双方合作生产面膜机期间，面膜机上使用的热封刀就是涉案专利的产品，双方终止合作后，和力泰公司许可伟东公司实施面膜机专利，生产销售面膜机，且没有明确规定不允许伟东公司再实施许可专利生产面膜机时使用涉案专利的热封刀，当时也没有别的型号的热封刀可使用在面膜机上，由此可知，和力泰公司许可伟东公司实施许可专利时，同时默示许可涉案专利的产品热封刀用于面膜机上，从而实现伟东公司能够生产完整的面膜机，达到双方许可合同的目的。"针对上述抗辩，最高人民法院审理后认为："首先，伟东公司与和力泰公司签订的《合作协议书》及《终止合作协议书》中只涉及许可专利，并未对涉案专利的使用许可作出约定。其次，许可专利的技术方案针对的是面膜机整机，而涉案专利针对的是面膜机上的一个零部件，即封刀，因此，许可专利与涉案专利是两个独立的专利。再次，许可专利在涉案专利之前申请，根据国家知识产权局所作的专利权评价报告，涉案专利的全部权利要求 1 – 10 未发现不符合授予专利权条件的缺陷，由此可认定，许可专利未公开涉案专利的技术内容，即涉案专利技术方案并未包含在许可范围之内。因此，伟东公司未获得涉案专利的许可使用，其有权使用涉案专利的主张不能成立，本院不予支持。"也就是说，最高人民法院认为在该案中并不存在可以推定默示许可的意思行为，所以无法认定默示许可存在。

2. 在因专用原材料销售所产生的默示许可案件中，探索了原材料用途在构成默示许可时的判断标准问题，提出了"唯一合理的商业用途"标准

对于因产品/零部件/原材料销售所产生的默示许可的判断标准，CAFC 在 *Bandag, Inc. v. Al Bolser's Tire Stores, Inc.* 案中提出了著名的包含两项要件的"Bandag 测试框架"，其中第一项构成要件即要求所售产品"不存在非侵权用途"。但是何为"非侵权用途"，该案审理并未给予正面回答，而且该标准被认为过于严格，导致默示许可在产品销售方面难以存在适用空间。❶ 随后，美国法院又

---

❶ 董美根. 论专利默示许可：以对专利产品合理期待使用为目标 ［M］//国家知识产权局条法司. 专利法研究 2010. 北京：知识产权出版社，2011：486.

通过司法实践探索了"任何商业上可行的用途"❶、"具有实际可能性的用途"❷、"合理的用途"❸ 等相对宽松的判断标准。我国最高人民法院在前述案例 8 等专利侵权案中所提出的"唯一合理的商业用途"标准，宽严适度，颇具开创性和实用性。最高人民法院在该案判决书中写道："专利实施许可并不只有书面许可一种方式，默示许可亦是专利实施许可的方式之一。例如，如果某种物品的唯一合理的商业用途就是用于实施某项专利，专利权人或者经专利权人许可的第三人将该物品销售给他人的行为本身就意味着默示许可购买人实施该项专利。根据查明的事实，福药公司生产硫酸依替米星氯化钠注射液的原料药购自专利权人与他人合资设立的企业方圆公司或者得到专利权人许可的第三人山禾公司。虽然硫酸依替米星原料药本身不属于本案专利保护范围，但如果硫酸依替米星原料药唯一合理的商业用途就是用于制造本案专利产品，那么专利权人自己建立的企业或者经专利权人许可的第三人销售该原料药的行为本身就意味着默示许可他人实施专利。辽宁省知识产权局未对可能构成默示许可的相关事实进行查明并予以评价，简单地以侵权产品在福药公司处生产和销售、福药公司未与专利权人签订书面授权许可合同为由作出被诉专利侵权纠纷处理决定，认定福药公司的行为侵犯本案专利权，认定事实不清，主要证据不足。"

3. 在判定默示许可是否存在时，充分考虑了诚实信用原则的要求，抓住了权利人和专利技术使用人之间利益关系平衡这一核心要素

在前述案例 26 中，最高人民法院认为："至于本案情形是否

❶ *Cyrix Corp. v. Intel Corp.*，846 F. Supp. 522，524（E. D. Tex. 1994）.

❷ *Elkay Mfg. Co. v. Ebco Mfg. Co.*，99 F. 3d 1555，1557（Fed. Cir. 1996）.

❸ *Minebea Co. v. Papst*，444 F. Supp. 2d 68（D. D. C. 2006）.

属于专利默示许可。一般而言，专利默示许可指在专利侵权诉讼中，如果被诉侵权人可以基于专利权人的任何语言或行为正当地推定专利权人已经同意其实施专利权人的专利，进行制造、使用、销售等行为，并且据此实施这种行为，因而不必承担被指控的侵权责任。本案中，根据已查明的事实，政明公司主张的专利默示许可并非建立在专利权人的销售行为或相关许可行为基础之上，其主张以库米赛诺公司曾系其股东之事实推定其所有的一揽子专利默示许可，其中包含涉案专利。对此，本院认为，政明公司、库米赛诺公司都是从事粮食机械生产、研发、销售的单位，库米赛诺公司虽曾持有政明公司 30% 的股份，但至 2018 年 9 月 30 日，库米赛诺公司已退出全部股份。政明公司主张库米赛诺公司未对其研发制造被诉侵权产品以及将其存放在丰禾公司处进行测试提出过任何异议，该行为属于消极的不作为，尚不足以认定该行为能够让政明公司产生获得一揽子专利使用许可的合理信赖。况且，即使认定库米赛诺公司的行为能够让政明公司产生获得一揽子专利使用许可的合理信赖，基于两家单位同业竞争的关系，该合理信赖也仅能存续于库米赛诺公司持股期间，若将该合理信赖延续至库米赛诺公司退股之后，与常理不符，也有失公允。根据查明的事实，政明公司在库米赛诺公司退股之后，通过媒体等方式针对公司经营的业务进行了大量的宣传，可以认定在库米赛诺公司退股之后政明公司制造行为的持续性，但本案起诉及保全均在库米赛诺公司退股之后，政明公司所提交的证据尚不能证明其研发制造被诉侵权产品的行为发生在库米赛诺公司持股期间，二者在时间上并不吻合。故，本案情形不应认定为涉案专利默示许可，政明公司的该上诉理由，没有事实和法律依据，本院依法予以驳回。"法院所谓的被告主张的默示许可"与常理不符，也有失公允"，虽未明言，其实就是不符合诚信实用原则的要求，会造成当事人之间利益关系的失衡。

在前述案例 28 中，法院基于合理信赖和公平原则，综合考虑当事人之间的互动关系，认定了专利默示许可的存在。法院认为："民事法律行为的意思表示形式可以默示的方式作出。专利许可行为作为民事法律行为亦存在默示情形，即行为人虽没有以语言或文字等明示方式作出专利许可的意思表示，但通过其行为可以推定出其作出了专利许可的意思表示。本案中，德立公司、广州中土文旅规划设计有限公司、清远德普浮桥有限公司虽然系不同主体，但刘洪辉同时代表三家公司分阶段参与了南充'印象嘉陵江'浮桥项目的不同阶段，其行为可视为同时代表三家公司的职务行为，结合与广州中土文旅规划设计有限公司浮桥设计和施工图纸同时期提交的设备清单的落款上载有德立公司企业名称，德立公司和广州中土文旅规划设计有限公司在其公司网站中对南充'印象嘉陵江'浮桥项目进行宣传，宣传的文章中还采用了被诉侵权引桥的施工现场照片等事实，可以合理地解释和推知，德立公司已通过相关先前行为默示许可南充园林处在南充'印象嘉陵江'浮桥项目上使用涉案外观设计，南充园林处已经基于刘洪辉及其所代表的德立公司的相关行为获得了涉案外观设计的相关授权，并产生了合理信赖，此种合理信赖应当受到保护，不应因德立公司及其关联公司关于涉案专利申请的内部安排以及专利权人德立公司对先前行为的否认而受到损害，否则会造成不公平的结果，也不利于建立稳定的可预期的市场秩序。"

4. 在专利权使用对价问题上，明确了默示许可不等于免费许可

在前述案例 3、案例 6 中，法院在认定默示许可存在的同时判

令专利技术使用人向专利权人支付专利使用费，借此明确了默示许可不等于免费许可。在案例 28 中，法院将已经支付使用对价作为认定默示许可存在的重要依据之一。法院认为："德立公司在主观上对其作为申请人、刘洪辉作为设计人申请的涉案外观设计与广州中土文旅规划设计有限公司提交给南充园林处的涉案浮桥设计实质系同一设计是明知的，客观上其通过相关先前行为默示许可南充园林处在南充"印象嘉陵江"浮桥项目上使用涉案外观设计，南充园林处并通过德立公司的关联公司支付了合理对价，故南充市"印象嘉陵江"湿地保护工程项目浮桥工程中引桥上使用与涉案专利权外观近似的设计并未侵犯德立公司享有的涉案外观设计专利权。"当然，在许可费问题上，法院也没有采取一刀切的处理方式。在案例 8 中，法院在认定默示许可存在的同时，根据专利权人已经从专用原材料销售中获益的事实，即没有判决许可费。我国法院通过仅有的几起成功案例，已经明确了对专利默示许可下的许可费问题应当采取具体问题具体分析的处理方法。

（二）不足

我国有关专利默示许可的司法实践，在取得一些成绩的同时，所存在的不足也是显而易见的。准确把握这些不足，有助于今后更好地推进专利默示许可在司法实践中的正确运用。

1. 未能将默示许可的运用完全置于合同法律关系中来把握，在个别案件中有将默示许可视为一种独立抗辩事由的错误认识

在仅有的 5 起认定默示许可存在的案件中，有 2 起是因技术标准或技术推广引发的案件，分别是案例 3 和案例 6。前文述及的 *Wang Lab* 案是美国法院审理的一件与技术标准有关的默示许可案件。根据 CAFC 的裁判理由，被告 Mitsubishi 公司之所以被认为获得了实施 Wang 公司专利的默示许可，不仅仅是因为 Wang 公司在

违背披露义务的情况下诱使 JEDEC 将其 SIMMs 专利技术纳入技术标准，而且 Wang 公司还公开宣称任何公司都可以在免许可的情况下自由使用该技术，尤其重要的是，Wang 公司多次与 Mitsubishi 公司直接互动，以大规模产品采购为诱饵鼓励后者生产 SIMMs 并向其提供图纸和其他生产资料。正是这一系列的积极促成行为，让 Mitsubishi 公司合理信赖 Wang 公司已经许可其使用 SIMMs 技术，也就是说二者形成了专利默示许可合同关系。反观我国法院所认定的前述 2 起因技术标准或技术推广引发的专利默示许可案件，专利权人仅是同意或推动将其专利技术纳入技术标准或技术推广项目，除此之外并没有与被控侵权人有任何直接的互动关系。而且专利技术在被纳入技术标准或技术推广项目时未能在标准或项目文件中标明专利权信息，也不能归咎于专利权人，因为一来这些文件是由第三方主体制定的，二来专利权人并没有欺瞒标准或项目文件的制定者。正如前文所述，默示许可是许可的一种形式，在专利权人与专利技术使用人之间形成的是真正的合同关系而非侵权关系。而合同关系是一种相对性法律关系，合同主体都是特定的，这就要求主体间必须存在直接的行为互动关系，据此才能判断互相之间是否有形成合同关系的意思。而在前述 2 起技术标准和技术推广案件中，专利权人与专利技术使用人之间未形成任何直接互动关系，甚至在技术使用关系发生时彼此都不知道对方的存在，何来合同关系的形成呢？既然不能从其言辞或行为中推断出任何合同关系，自然也就没有适用默示许可的余地。所以，笔者对前述 2 起案件中默示许可的适用持保留意见。究其问题的根源，在于法院将默示许可作为了一种普通的侵权抗辩事由，没有认识到默示许可与一般侵权抗辩事由在法律性质上的根本不同。

对于笔者所得出这种结论有人可能会担心，如果专利权人故意采取欺骗手段欺瞒标准制定组织而将其专利技术纳入标准，而后以行使专利权为名行市场垄断之实怎么办？2008 年 CAFC 审理的 *Qualcomm Incorporated v. Broadcom Corp.* 案❶给出了这一问题的答案。从 2002 年起，Qualcomm 在参与标准制定组织 Joint Video Team（JVT）的标准化活动中，故意不披露其专利信息，致使 JVT 将其专利技术纳入技术标准。Broadcom 根据 JVT 的技术标准从事生产活动，Qualcomm 起诉 Broadcom 侵犯其专利权。CAFC 审理后认为，Qualcomm 在标准制定活动中违反披露义务，构成权利放弃，在实施技术标准的范围内对所有技术使用人来讲其专利不可执行。不可执行与默示许可在美国专利法上属于两项完全不同的抗辩事由。美国专利法上的"不可执行"抗辩理由，起源于衡平法上的"不洁之手"原则（doctrine of unclean hands）。在一些案件中，被控侵权行为正在进行，且涉案专利仍然有效，专利权人可以寻求的救济包括针对继续侵权的禁令。然而，由于禁令是一种衡平救济，如果专利权人自身不清白，法庭就不会给予专利权人禁令救济。❷ 之所以此时不按照默示许可的思路来处理，在于此案中没有导致合同关系产生的行为。我国专利法上侵权抗辩体系不完备，缺乏类似于美国专利法上的"不可执行"抗辩制度，可能是导致法院采取上述处理思路的现实原因。通过这个问题我们可以看出，完善专利侵权抗辩体系，对于我国知识产权事业的发展具有重要意义。

在前述案例 25❸ 中，虽然最高人民法院正确地认识到了单纯

---

❶ *Qualcomm Incorporated v. Broadcom Corp.* ，548 F. 3d 1004（Fed. Cir. 2008）.

❷ 穆勒 . 专利法 [M]. 3 版. 沈超，李华，吴晓辉，等，译. 北京：知识产权出版社，2013：403.

❸ 参见：最高人民法院（2019）最高法知民终 382 号民事判决书。

地将专利技术纳入技术标准不足以构成默示许可，但是仍未能从合同关系构成要素的视角作出分析，裁判结论武断性较强，说服力不足。在该案中，最高人民法院认为："本案中，中华人民共和国农业行业标准（NY/T 1848—2010）《中性、石灰性土壤铵态氮、有效磷、速效钾的测定联合浸提—比色法》是推荐性行业标准，所涉第6.8条、第6.13条为河南农大公司享有专利权的技术方案，河南农大公司的两涉案发明专利是为实施该行业标准必须使用的专利，即标准必要专利。本案中中西恒大公司所实施的行为是否构成侵权，换言之，即标准实施者未经专利权人许可使用专利的行为，是否构成对专利权的侵害。中西恒大公司主张其是对行业标准的实施，不构成侵权，即认为其属标准必要专利的默示许可。本院认为，专利权人编制标准时未披露标准必要专利信息的，尚不足以构成标准必要专利默示许可的充分理由。此外，在《最高人民法院关于审理侵犯专利权纠纷案件应用法律若干问题的解释（二）》第二十四条第一款仅规定了：'……标准明示所涉必要专利的信息……'时，标准实施者未经许可实施专利的行为构成侵权，但不能由此反推专利权人编制标准时未披露专利信息情形下，标准实施者未经许可实施专利不构成侵权。根据在案查明的事实，河南农大公司于2008年4月30日向国家知识产权局分别申请'一种奈氏试剂及土壤铵态氮快速测定方法'及'一种四苯硼钠比浊法测定土壤中钾的方法及其掩蔽剂'发明专利权，并于2010年11月24日均获得授权公告。河南农大公司认可其主持制定了2010年5月20日中华人民共和国农业部发布的中华人民共和国农业行业标准（NY/T 1848—2010）《中性、石灰性土壤铵态氮、有效磷、速效钾的测定联合浸提—比色法》，两发明专利的发明人段铁城、贾玮等也被记载为标准主要起草人。上述行业标准的起草、制定发生在两涉案发明专利的授权审查过程中，专利权人未明示上述两发明专利的相关信息，合乎情理，但并不能据此视为专利权人默示许可该标准的实施者使用其专利技术。故中西恒大公司实施的行为构成侵权，其主张按照上述行业标准生产并销售被诉侵权产品的有关实施行为不属于《中华人民共和国专利法》第十一条所规定的侵害专利权的行为，没有依据，本院不予支持。"

2. 在默示许可成就与否的考量因素上，简单依赖于所谓能够推定出默示意思的直接行为，未能综合案件中当事人的所有言辞和行为作出联合判断

例如，在前述案例 13、案例 17、案例 18 中，法院都是仅根据最高人民法院《关于贯彻执行〈中华人民共和国民法通则〉若干问题的意见（试行）》第六十六条❶的规定寻找当事人的直接意思行为，而未能对案件中当事人之间的其他互动行为作出评价，在没有找到权利人直接意思行为的情况下径直驳回了被告提出的默示许可抗辩，将复杂行为进行了过度简单化的处理。在案例 18 中，法院认为："关于三星公司相关行为是否构成专利默示许可的问题。对于默示许可行为，《中华人民共和国民法通则》第五十六条规定，民事法律行为可以采取书面形式、口头形式或者其他形式。最高人民法院《关于贯彻执行〈中华人民共和国民法通则〉若干问题的意见（试行）》第 66 条规定：一方当事人向对方当事人提出民事权利的要求，对方未用语言或者文字明确表示意见，但其

---

❶ 最高人民法院《关于贯彻执行〈中华人民共和国民法通则〉若干问题的意见（试行）》第六十六条规定："一方当事人向对方当事人提出民事权利的要求，对方未用语言或者文字明确表示意见，但其行为表明已接受的，可以认定为默示。不作为的默示只有在法律有规定或者当事人双方有约定的情况下，才可以视为意思表示。"

行为表明已接受的，可以认定为默示。不作为的默示只有在法律
有规定或者当事人双方有约定的情况下，才可以视为意思表示。
该条规定对当事人采取默示形式实施的民事法律行为予以明确，
但该规定只能适用于由一方当事人通过明示而对方当事人通过默
示所实施的行为，而不能适用于双方当事人均通过默示实施的行
为。本案中，并不存在被诉侵权人科百达公司向专利权人三星公
司提出'民事权利的要求'的情形，不能适用上述规定。而且现
有事实和证据亦并不能证明或者推定三星公司同意将涉案专利已
经许可招标单位及投标人有偿或无偿使用实施。《中华人民共和国
专利法》第十二条规定，任何单位或者个人实施他人专利的，应
当与专利权人订立实施许可合同，向专利权人支付专利使用费。
被许可人无权允许合同规定以外的任何单位或者个人实施该专利。
因此，在三星公司没有明确的意思表示许可招标单位、投标人等
实施其涉案专利的情形下，科百达公司等生产涉案专利产品时仍
需依法获得专利权人三星公司的实施许可，否则应构成侵权并承
担侵权责任。"正如 CAFC 在 *Bandag* 案中所总结的那样，默示许可
的第二项构成要件是"根据交易环境可以清晰地推定默示许可的
存在"。所谓"交易环境"就是要综合考量权利人在交易过程中的
所有行为和言辞，而不能仅仅考察其所谓的"直接意思行为"。

3. 总体来看，默示许可的适用比例还非常低、案件类型还
不够丰富

在有些案件中，法院对于被告提出的默示许可抗辩未作出任
何分析和回复❶，难以满足司法实践的需要和当事人的合理期待。

---

❶　例如在前述案例 16 中，被告提出了默示许可抗辩，法院判决对此没有作出任何
回应。

在笔者所搜集的 28 件专利默示许可案件中，法院认定专利默示许可成立的案件仅有 5 件，占比不足 18%，这一比例显然不高。认定存在专利默示许可的案件类型也比较少，仅涉及专用品销售的专利默示许可、技术标准或技术推广的专利默示许可等。

第二节　我国专利默示许可的立法活动

我国具有成文法传统，制度的成文化是立法者和法学研究者绕不开的心结。伴随着我国专利默示许可司法实践的展开，立法者在技术标准等专利默示许可出现较早的领域尝试开展了一系列立法活动。立法机关、司法机关和部分行政机关均不同程度地参与到专利默示许可规则成文化活动中去。但是最终取得的成果非常少，层级也比较低，未能真正满足司法实践的需要。司法机关对默示许可案件的处理，仍然呈现为明显的自发和摸索状态。

一、立法活动开展情况

2003 年以来，我国司法、立法和行政机关围绕专利默示许可展开了一系列成文规则创制活动，力图构建符合中国实际、具有中国特色的专利默示许可法律制度。虽然相关立法活动未能真正达到目的，成果也未能满足司法实践的需要，但是毕竟积累了一定的经验。

（一）司法解释路径

最高人民法院 2003 年公布的《关于审理专利侵权纠纷案件若干问题的规定》之"征求意见稿"和"会议讨论稿"的相关条文规定：在标准制定活动中未披露其相关专利的，视为授予了实施其专利的免费默示许可。❶ 最高人民法院 2009 年公布的《最高人民法院关于审理侵犯专利权纠纷案件应用法律若干问题的解释（征求意见稿）》规定了标准专利的默示许可及其使用费的确定方法。❷ 由于对标准专利默示许可的成就条件及其费用问题存在广泛争议，上述草案中的意见未能最终成为司法解释。2008 年最高人民法院在给辽宁省高级人民法院的个案答复中认为，如果专利权人参与或同意其专利纳入技术标准，视为其同意他人在实施标准时实施其专利，但是应当支付专利使用费，不过使用费数额应当明显低于正常水平。❸ 最高人民法院 2016 年发布的《关于审理侵犯专利权纠纷案件应用法律若干问题的解释（二）》（2020 年修正）只规定了已经披露专利信息的推荐性标准中所涉专利技术不存在默示许可及其许可费确定方法，而对于未披露专利信息的推荐性标准以及强制性标准中专利技术的许可问题（无论是否披露专利信息）均采取了回避态度❹，实际上否弃了 2008 年给辽宁省

---

❶ 《关于审理专利侵权纠纷案件若干问题的规定》"征求意见稿"第七十五条和"会议讨论稿"第三十六条规定：专利权人参与了有关标准的制定，但在标准发布前未申明相关标准技术落入其专利权保护范围的，视为授予了实施该专利的免费默示许可，相关组织或者个人实施包含该专利的标准的行为不被视为侵犯专利权。

❷ 《最高人民法院关于审理侵犯专利权纠纷案件应用法律若干问题的解释（征求意见稿）》第二十条规定：专利权人同意将相关技术纳入标准，但又未披露该技术为专利技术的，人民法院可以认定专利权人许可他人在实施该标准的同时实施其专利，但专利依法必须以标准的形式才能实施的除外；专利权人要求标准实施人支付使用费的，人民法院应当综合考虑专利的创新程度及其在标准中的作用、标准所属的技术领域、标准的性质、标准实施的范围等因素合理确定使用费的数额。

❸ 最高人民法院〔2008〕民三他字第 4 号《最高人民法院关于朝阳兴诺公司按照建设部颁发的行业标准〈复合载体夯扩桩设计规程〉设计、施工而实施标准中专利的行为是否构成侵犯专利权问题的函》。

❹ 《最高人民法院关于审理侵犯专利权纠纷案件应用法律若干问题的解释（二）》（法释〔2016〕1 号）第二十四条规定："推荐性国家、行业或者地方标准明示所涉必要专利的信息，被诉侵权人以实施该标准无需专利权人许可为由抗辩不侵犯该专利权的，人民法院一般不予支持。……"

高级人民法院的答复。北京市高级人民法院在其 2017 年发布的《专利侵权判定指南（2017）》中规定了销售专用部件和专用设备的默示许可，但未提及许可费问题。❶ 可以看出，通过司法解释和司法政策文件为专利默示许可提供的规则是极为有限的，相对于适用范围较为广泛的默示许可案件对法律的需求来讲，可谓是杯水车薪。

（二）人大立法路径

截至目前，我国《专利法》共进行了 4 次修正，有关专利许可合同形式的相关条款的修正发生在 2008 年的第三次修正时。2008 年第三次修正前的《专利法》要求专利许可必须采取书面形式❷，2008 年第三次修正后的《专利法》去掉了"书面"二字❸，目的就是让专利默示许可在法律上有一个容身之地❹。第四次《专利法》修正时，曾经试图更进一步，拟对专利默示许可作出正面规定。国务院原法制办公室 2015 年 12 月公布的《中华人民共和国专利法修订草案（送审稿）》第八十五条规定，专利权人违背披露义务致使其专利技术被纳入标准的，视为其默示许可他人使用其

---

❶ 北京市高级人民法院《专利侵权判定指南（2017）》第 131 条规定："专利产品或者依照专利方法直接获得的产品，由专利权人或者经其许可的单位、个人售出后，使用、许诺销售、销售、进口该产品的，不视为侵犯专利权，包括：……（3）专利权人或者其被许可人售出其专利产品的专用部件后，使用、许诺销售、销售该部件或将其组装制造专利产品；（4）方法专利的专利权人或者其被许可人售出专门用于实施其专利方法的设备后，使用该设备实施该方法专利。"

❷ 《专利法》（2000 年修正）第十二条规定："任何单位或者个人实施他人专利的，应当与专利权人订立书面实施许可合同，向专利权人支付专利使用费。被许可人无权允许合同规定以外的任何单位或者个人实施该专利。"

❸ 《专利法》（2008 年修正）第十二条规定："任何单位或者个人实施他人专利的，应当与专利权人订立实施许可合同，向专利权人支付专利使用费。被许可人无权允许合同规定以外的任何单位或者个人实施该专利。"

❹ 尹新天. 中国专利法详解 [M]. 北京：知识产权出版社，2011：172.

专利技术，同时规定了许可费的争议解决方法。❶ 一石激起千层浪，该草案的规定引起了学界和业界广泛的讨论和极大的争议。2019 年 1 月全国人大常委会公布的《〈中华人民共和国专利法修正案（草案）〉征求意见稿》未提及标准专利的默示许可问题，更未涉及默示许可的一般问题，实际上否决了默示许可的成文化方案。2020 年 10 月 17 日，第十三届全国人大常委会第二十二次会议正式通过了《专利法》第四次修正的决定，与此前公布的征求意见稿一样，正式修正未规定专利默示许可问题，这意味着在狭义的法律层面，目前专利默示许可问题没有任何正面规定。

（三）行政立法路径

标准专利的许可问题，一段时间以来是业界高度关注的问题，学者也着墨较多。❷ 2008 年 6 月，国务院公布的《国家知识产权战略纲要》在有关专利的专项任务部分提出："制定和完善与标准有关的政策，规范将专利纳入标准的行为。"就标准和专利的关系问题，国家标准化委员会原准备出台一份规范性文件，就文件草案分别在 2004 年、2009 年和 2012 年三次向社会公开征求意见；对文件草案的内容各方争议较大。2009 年征求意见稿曾规定了专利权人的披露义务并在第八条中明确："参与标准起草的专利权人及其关联公司未按上述要求披露视为免费许可，因故意隐瞒专利信息

---

❶ 《中华人民共和国专利法修订草案（送审稿）》第八十五条规定："参与国家标准制定的专利权人在标准制定过程中不披露其拥有的标准必要专利的，视为其许可该标准的实施者使用其专利技术。许可使用费由双方协商；双方不能达成协议的，可以请求国务院专利行政部门裁决。当事人对裁决不服的，可以自收到通知之日起十五日内向人民法院起诉。"

❷ 2022 年 1 月 24 日，笔者以"专利""标准""许可"为主题词，检索中国知网上的文献，共搜得期刊论文 33,522 篇、学位论文 10,934 篇、会议论文 1246 篇、报纸 6647 篇。

而给国家标准制定或实施造成损失的，应承担相应的法律责任。"
2013 年 12 月，国家标准化委员会和国家知识产权局联合发布的
《国家标准涉及专利的管理规定（暂行）》只是抽象地规定违背诚
实信用原则未披露其专利的标准制定参与人应当承担法律责任，
而对于具有实操意义的默示许可及其使用费问题采取了回避态度，
仅涉及了标准专利的明示许可问题。❶ 2016 年国家知识产权局发布
的《专利侵权行为认定指南（试行）》规定了专利默示许可的含
义、性质（默示合同的一种形式）、类型（基于产品销售产生的默
示许可、基于先前使用产生的默示许可）及其成立条件，是截至
目前规定得相对比较全面的一份规范性法律文件。

二、立法活动的不足

　　我国立法、司法和行政机关所展开的专利默示许可规则创制
活动，取得了一些成就，但是所存在的不足之处也是非常明
显的。

---

❶ 《国家标准涉及专利的管理规定（暂行）》第五条规定："在国家标准制修订的任
何阶段，参与标准制修订的组织或者个人应当尽早向相关全国专业标准化技术委
员会或者归口单位披露其拥有和知悉的必要专利，同时提供有关专利信息及相应
证明材料，并对所提供证明材料的真实性负责。参与标准制定的组织或者个人未
按要求披露其拥有的专利，违反诚实信用原则的，应当承担相应的法律责任。"
第九条规定："国家标准在制修订过程中涉及专利的，全国专业标准化技术委员
会或者归口单位应当及时要求专利权人或者专利申请人作出专利实施许可声明。
该声明应当由专利权人或者专利申请人在以下三项内容中选择一项：（一）专利
权人或者专利申请人同意在公平、合理、无歧视基础上，免费许可任何组织或者
个人在实施该国家标准时实施其专利；（二）专利权人或者专利申请人同意在公
平、合理、无歧视基础上，收费许可任何组织或者个人在实施该国家标准时实施
其专利；（三）专利权人或者专利申请人不同意按照以上两种方式进行专利实施
许可。"第十条规定："除强制性国家标准外，未获得专利权人或者专利申请人
根据第九条第一项或者第二项规定作出的专利实施许可声明的，国家标准不得包
括基于该专利的条款。"

（一）所形成的成果很少、层级较低

虽然立法、司法和行政机关都不同程度地开展了规则制定活动，曾提出了多种不同版本的规则草案，但是最终形成的有约束力的正式文本很少。全国人大常委会 2020 年通过的《专利法》第四次修正舍弃了标准专利默示许可的内容。最高人民法院 2016 年发布的《最高人民法院关于审理侵犯专利权纠纷案件应用法律若干问题的解释（二）》（2020 年修正）只从反面规定了推荐性标准中披露专利技术的不存在默示许可，对何时成立默示许可没有正面回答。由于最高人民法院 2008 年给辽宁省高级人民法院的复函只是针对个案的答复，既不属于司法解释的范畴，也没有被后来最高人民法院自己审理的案件所坚持❶，所以可以认为最高人民法院在这个问题上没有正式立场。虽然北京市高级人民法院所发布的《专利侵权判定指南（2017）》中有一个条款提及了专利默示许可，但是由于这只是一个区域性法院的司法文件，并不能代表全国司法机关。特别是随着 2019 年 1 月 1 日专利等技术性较强的知识产权案件"飞跃上诉制"的实施，北京市高级人民法院所发布

---

❶ 最高人民法院在前述案例 10 中写道："张某某申请再审主张，二审法院适用 (2008) 民三他字第 4 号复函，存在错误。本院认为，上述复函是对个案的答复，不应作为裁判案件的直接依据予以援引。本案 2006 年规程为推荐性标准，张某某履行了专利披露义务，在被诉侵权施工方法所依据的 2006 年规程前言部分，明确记载有识别的专利技术和专利权人的联系方式。该规程的实施者不能从中推断出，2006 年规程不包含专利技术或者专利权人向公众开放了免费的专利使用许可的意图。实施该标准，应当取得专利权人的许可，根据公平合理无歧视的原则，支付许可费。在未经专利权人许可使用、拒绝支付许可费的情况下，原则上，专利侵权救济不应当受到限制。本案不存在专利权人隐瞒专利的行为导致标准的实施者产生该技术为无需付费的公知技术的信赖。张某某的再审申请理由成立，本院予以支持。二审法院简单适用上述复函，进而认定本案不构成侵权，适用法律存在错误，应予纠正。"

的上述文件事实上已处于停止执行的状态。❶ 国家知识产权局发布的《专利侵权行为认定指南（试行）》是目前唯一直接规定专利默示许可的立法性文件。根据《立法法》的规定，该文件属于部门规章，对人民法院审理案件仅具参考意义，层级相对较低。

（二）文件调整对象比较狭窄

立法活动主要围绕标准专利展开，调整对象比较狭窄，即使上升为正式立法，也难以有效满足司法实践的需要。国务院原法制办公室公布的《中华人民共和国专利法修订草案（送审稿）》以及最高人民法院2003年、2008年的司法解释征求意见稿，仅规定了标准中专利技术的许可问题，相对于默示许可宽泛的调整对象而言，仅为其冰山一角，假使最终成为正式法律文件，也难以满足司法实践的需要。已经被正式通过的涉及专利默示许可的《最高人民法院关于审理侵犯专利权纠纷案件应用法律若干问题的解释（二）》和《专利侵权行为认定指南（试行）》更是如此。前者仅规定了推荐性标准中的默示许可问题，后者仅规定了基于产品销售产生的默示许可和基于先前使用产生的默示许可这两种情形。专利默示许可在实践中的情形要远比上述文件规定的情形复杂，故目前有效的法律文件对专利默示许可问题提供的法律供给极其有限，指导价值不大。

（三）文件内容比较简陋

无论是行政机关已经出台的正式法律文件，还是立法和司法机关曾经讨论过的文件草案，都回避了专利默示许可的期限、类

---

❶ 2018年10月26日，第十三届全国人大常委会第六次会议通过了《全国人民代表大会常务委员会关于专利等知识产权案件诉讼程序若干问题的决定》，决定自2019年1月1日起，当事人对专利等技术性较强的知识产权民事、行政案件一审判决、裁定不服的，由最高人民法院审理。

型、权项和对价等问题，将全部精力集中在专利默示许可的成立
要件问题上。而这些问题与默示许可是否成立问题一样，是司法
实践中不得不正视的问题。人民法院所处理的有限几起案件中，
就都涉及了专利默示许可的对价问题，甚至对价的存在与否成为
判断默示许可是否成立的关键要素。截至目前，对此类问题唯一
作出正面规定的是最高人民法院（2008）民三他字第 4 号复函，
而该复函也仅涉及标准专利成立默示许可时的对价问题，不但不
涉及其他形式默示许可的对价问题，也不涉及标准专利默示许可
的类型、期限、权项等问题；而且该复函的规定之后也没有被最
高人民法院所坚持，处于事实废止状态。如果就这些问题不作出
规定，即使上述法律文件草案变成正式文件，其对司法实践的指
导价值也必将严重折损。

（四）文件之间存在冲突

不同法律文件对于默示许可性质的认识存在明显的矛盾和冲
突。国家知识产权局《专利侵权行为认定指南（试行）》，将默示
许可作为默示合同的一种形式，与明示许可、指定许可或强制许
可、不以生产经营为目的实施归并在一起，在法律性质上确定为
"不侵犯专利权的行为"。北京市高级人民法院《专利侵权判定指
南（2017）》，则将默示许可作为"不视为侵权的抗辩"事由之一，
与《专利法》第七十五条所规定的权利用尽、在先使用、临时过
境、科研使用和医药审批等❶归并在一处，而与不以生产经营为目
的实施、不符合全面覆盖原则的行为等所谓的"不侵权抗辩"分
开处理。国务院原法制办公室《中华人民共和国专利法修订草案
（送审稿）》则将标准专利的默示许可规定在第八章"专利的实施

---

❶ 李明德. 知识产权法 [M]. 2 版. 北京：法律出版社，2014：158–161.

和运用"中，而非置于集中规定"专利权的保护"的第七章中，其处理方法与国家知识产权局《专利侵权行为认定指南（试行）》基本一致。对默示许可法律性质认识上的分歧，折射出在这一问题上学理研究的薄弱和司法实践的稚嫩。

（五）文件本土色彩淡薄

缺乏对我国司法实践成果的必要吸收，所创制的规则具有显著的舶来品特征。目前我国有关专利默示许可的唯一正式法律渊源，当属国家知识产权局《专利侵权行为认定指南（试行）》。该法律文件规定了两种类型的默示许可：基于产品销售产生的专利默示许可和基于先前使用而产生的专利默示许可，其中对于基于产品销售产生的专利默示许可规定了两项成立条件，分别是产品不存在非侵权用途以及专利权人没有明确提出限制性条件。该规则与 CAFC 在 *Bandag* 案中所提出的默示许可判断标准高度相似。对于基于先前使用而产生的专利默示许可，《专利侵权行为认定指南（试行）》没有具体描述其成立条件，仅借助一个典型案例❶来说明其适用情形。虽然没有言明，但是根据该案例的实质内容可以确定，这个案例就是 CAFC 审理的 *Wang Lab* 案。《专利侵权行为认定指南（试行）》中有关专利默示许可的具体规则具有浓厚的美

---

❶ 【案例 2-2】在某专利侵权纠纷中，请求人拥有一项"单程线性内存模块"的发明专利权。请求人向 A 公司提供了设计该专利的图纸和其他技术细节，A 公司据此制造并销售该内存模块长达 6 年之久，其中该内存模块也被销售给了请求人，但请求人并未告知 A 公司其已经就此技术获得专利权。6 年后，请求人主张 A 公司制造销售该内存模块的行为侵犯了其专利权。分析与评述：该案中，事实表明，请求人曾通过提供设计、建议和样品，诱使 A 公司进入内存模块市场，而请求人最终也向 A 公司购买了该内存模块产品；同时，双方长达 6 年的合作已经让 A 公司合理地相信请求人同意其制造和销售专利产品。基于合理信赖的基本原则，A 公司已经基于对专利技术的在先前使用获得了实施专利的默示许可，其行为不构成侵犯专利权的行为。参见：《专利侵权行为认定指南（试行）》第 2.1、2.2 节"基于先前使用而产生的专利默示许可"。

国法色彩。美国有关专利默示许可的判例法丰富而实用，不但可
以而且应当被借鉴。但是我国法院在默示许可有限的司法实践中
也总结出了一些宝贵的经验，比如最高人民法院在案例8中，针对
因产品销售而产生的默示许可所提出的"唯一合理的商业用途"
的判断标准，既具有中国特色、符合中国实际，也具有理论上的
科学性，理应被吸收和坚持。遗憾的是，除了知识产权行政机关
自己处理的一件专利侵权案件外❶，《专利侵权行为认定指南（试
行）》并未吸取我国在法律实践中形成的任何法律智慧，所创制的
法律规则显得不够接地气。

第三节　我国专利默示许可制度的构建

　　一项法律制度的创建能否获得成功，关键在于对相关考量因
素的选取是否科学，对相关因素的运用是否充分和得当。我国专
利默示许可制度的构建，应当充分考量国外相关经验、事物自身
的性质、国际条约的要求、我国所进行的成文化尝试及其结果、
知识产权案例指导制度的运行情况等相关因素。基于对所有这些
因素的考量，笔者认为，我国专利默示许可制度应当被构建为理
论原则、制度规则和运行程序三者有机融合的制度架构。

一、制度建构的考量因素

　　对每一项制度的设计都需要充分考虑与其他现实成分的兼容
和协调。也只有以现实客观条件为依据，实现与相关制度的协调

---

❶ 参见：《专利侵权行为认定指南（试行）》第2.1、2.1节中的【案例2–1】"全
　耐火纤维复合防火隔热卷帘"专利侵权纠纷案。

配合，新制度的创设才可能成功。我国专利默示许可的制度设计应当充分考量下列制约因素和支撑条件。

（一）其他国家的经验借鉴

正如前文所述，对于专利默示许可的制度设计，无论是判例法系的英国和美国，还是成文法系的德国和日本，无不采取案例法的形式实现默示许可在专利法中的应用，未见实现该制度的成文法化者。"纵观各国的立法及司法实践，尽管在美国等专利默示许可制度相对成熟的国家，专利默示许可在判例法中已经发展成为一项重要的专利抗辩规则，且在实践中已经形成了相对明确的适用标准，并得到了实践乃至理论上的一致认可。但是专利默示许可在大多数国家只是司法实践中形成的侵权抗辩事由，相关的专利默示许可制度亦由众多的司法判例发展而来，所以呈现出较强的经验色彩。"❶ 除非有其他重要现实理由，否则一般不应无视国际惯例。尽管目前世界范围内尚无有关专利默示许可的立法，且各国有关专利默示许可的实践运用也各不相同，但是各国有关专利默示许可运用的已有经验既证明了专利默示许可原则在实践中运用的正当性，也能够为我国今后有关专利默示许可的立法或者司法实践提供宝贵的经验借鉴。❷

（二）事物自身的客观性质

默示许可的适用对象极为宽泛，许可内容千差万别，加之需要考虑各方面的利益平衡，难以抽象出具有普遍适用性的统一规则，从而使得制定成文法规则几乎不可能。"事情的本性的学说利用了现实性，特别是社会的现实性，在社会过程的唯理计划下，形成了对规范化的干预（相对上）有抵抗力的体系；但也利用了

---

❶❷ 李闰豪. 专利默示许可制度研究 [M]. 北京：知识产权出版社，2020：311.

存在着现实性的诸种因素,这些因素仅以特定的方式使自己适应整体,并由此在内容上共同构建整体。事情的本性在客观上是可以确定的,是现实的事情逻辑上的机构,其合乎存在的秩序特点,权威地构建了法。"❶ "如果立法者无视事物本质……不久他就会体会到贺拉斯格言中的真理:就算你试图用草叉将自然(天性)赶走,他们仍将回到你身上。"❷ 默示许可是在交易中产生的,默示许可的范围取决于当事人基于交易环境对默示许可范围的合理期待。❸ 因此,对默示许可的内容,包括许可期限、许可地域、许可权项、许可类型、许可费等,必须根据案件的具体事实进行认定。❹ 专利默示许可自身的性质决定了专利默示许可制度不可能采取系统成文法的形式。

(三)与国际条约义务的协调

我国作为世界贸易组织成员方之一,应当遵守世界贸易组织《与贸易有关的知识产权协定》(TRIPS)的最低要求,具体而言,在相关的立法和执法上应当与 TRIPS 的有关规定接轨,至少不能与之发生冲突。❺ 根据 TRIPS 第三十一条的规定,对于非基于权利人明示授权许可的专利使用行为,就其适法性应当遵循"一事一议"的原则作出判断,通过个案中的具体情况来确定。以国务院原法制办制定的《中华人民共和国专利法(修订草案)》第八十五条有关标准专利的默示许可为例,"如果说,我国司法实践中已经

---

❶ 哈斯默尔,诺伊曼,萨利格. 当代法哲学和法律理论导论:第九版 [M]. 郑永流,译. 北京:商务印书馆,2021:278.

❷ 拉伦茨. 法学方法论 [M]. 黄家镇,译. 北京:商务印书馆,2020:527.

❸ 李建华,王国柱. 论专利权默示许可的认定 [J]. 河南社会科学,2013,21 (12):42−45,107.

❹ 陈瑜. 专利默示许可研究 [D]. 重庆:西南政法大学,2017:182.

❺ 田曼莉. 中国实施 TRIPS 协定的问题和对策 [J]. 同济大学学报(社会科学版),2009,20 (6):105−111.

存在的不披露标准必要专利的'默示许可'抗辩制度，以及有的外国专利法中规定的'默示许可'制度尚能满足 TRIPS 对于'非授权许可'需要经过'一事一议'的规定的话，那么，我国上述《专利法》修改草案第八十五条规定的'默示许可'制度（实为'法定许可'）就可能与 TRIPS 的要求相违背了。"❶ 以成文法形式对标准必要专利等授予一般许可，实际上是创设了一种法定许可，而这将会违背 TRIPS 的精神。所以，根据 TRIPS 的精神，专利默示许可以采取案例法的形式更为适宜。

（四）我国已经进行的成文化尝试及其结果

自 2003 年以来，我国立法、司法和行政机关均不同程度地参与到专利默示许可成文化进程中来，提出了试图将制度成文化的多种方案，但立法机关和司法机关最终放弃了成文化的努力，只有专利行政机关以部门规章的形式明确了专利默示许可的两种具体情形。令人遗憾的是，自 2016 年发布至今，专利行政机关的立法成果从未被任何一家法院在案件审理中采用，这多少能说明专利默示许可规则成文化与现实需要之间的紧张关系。我国在专利默示许可制度上走过的曲折道路说明，专利默示许可制度成文化这条路行不通，即使强为逆行，也不能达到预期目的。但是笔者也注意到，国内有关专利默示许可的学术研究成果，以我国的成文法传统为由，几乎清一色地支持将默示许可制定为成文法规则❷

---

❶ 张伟君. 默示许可抑或法定许可：论《专利法》修订草案有关标准必要专利披露制度的完善 [J]. 同济大学学报（社会科学版），2016，27（3）：103－116.

❷ "我国作为成文法系国家，在制度层面缺乏知识产权默示许可的全面规定，对于司法实践中是否适用、如何适用知识产权默示许可规则，有可能带来极大的困惑和混乱，因此，在适当时机将知识产权默示许可上升为法律规则的确显得十分必要，可以借此增强知识产权默示许可规则的稳定性和明确性。"参见：袁真富. 知识产权默示许可：制度比较与司法实践 [M]. 北京：知识产权出版社，2018：172.

或进行某种程度上的成文化❶。成文法传统不代表对任何一个具体的法律问题都能够进行成文法化，近些年来我国越来越重视案例指导制度的建设，就说明了成文法所存在的不足。过度迷恋法律成文化似乎是我国法律学者存在的一个通病。"立法也好，修法也好，首先必须考虑现实性，到底有没有这样的必要，立法目的能不能实现。"❷ 成文法化将会使默示许可僵化为法定许可，彻底丧失默示许可制度的灵活度和对司法实践的良好适应性，不可能建构起行之有效的专利默示许可制度，我国所进行的成文化尝试及其结果已经充分说明了这一点。

（五）知识产权案例指导制度的成功实践

由于法律与技术之间接近线性的关系，在科学技术迅猛发展的今天，没有一部法律像知识产权法那样更富于易变性。成文法的局限性在知识产权法上表现得最为明显。为了解决法律供给与司法需求之间的结构性矛盾，最高人民法院决定自 2015 年 4 月起在北京知识产权法院试水知识产权案例指导制度，创新知识产权司法制度。❸ 北京知识产权法院通过《知识产权审判遵循先例程序指南》明确了先例判决的地位和效力，建立了相应的配套措施，积极推进案例指导制度在知识产权案件审判中的运用。❹ 统计数据

---

❶ "就我国专利默示许可制度的构建而言，我国应选择立法与司法并行的二分模式。"参见：李阎豪．专利默示许可制度研究［M］．北京：知识产权出版社，2020：314．

❷ 洪丹．言必称立法莫成思维癖好［EB/OL］．（2010 - 03 - 05）［2022 - 03 - 10］．http：//views. ce. cn/view/gov/201003/05/t20100305_ 21060363. shtml.

❸ 余文唐．知产案例指导制度：从"遵循先例"到同案同判［EB/OL］．（2019 - 02 - 28）［2022 - 03 - 10］．http：//www. 360doc. com/content/19/0228/16/819919_ 818155436. shtml.

❹ 蒋惠岭．北京知识产权法院：以先例判决指导审判工作制度的创新实践热点关注［EB/OL］．（2016 - 04 - 17）［2022 - 03 - 10］．http：//www. chinaiprlaw. cn/index. php？ id =3937.

显示，2015 年 1 月至 2017 年 12 月，北京知识产权法院在判决中引述在先案例的案件共 1034 件，且呈现明显的逐年递增趋势；在先案例对后案的指导、参考、借鉴作用主要表现为：展现了适用某一法律规则的典型事实情形，解释了某一法律规则或概念，形成一种共识性的法律规则，限定了某一程序规则，体现出司法政策或司法理念及其变迁等。❶ 鉴于知识产权案例指导制度的重要意义及其在司法实践中所展现出的生命力，2018 年中共中央办公厅和国务院办公厅发布了《关于加强知识产权审判领域改革创新若干问题的意见》，再次明确要求推进符合知识产权诉讼规律的裁判方式改革，完善知识产权案例指导制度。在这种背景下，对专利具体制度的建设不可能不考虑知识产权案例指导制度的价值及其影响。

二、愿景制度的运行架构

笔者认为，专利默示许可制度的运行架构可以被设计为：以民法上的意思理论和专利法上的诚实信用原则为依据和统领，以指导性案例和先例判决为核心和基础，以统一的上诉审理机制和初审集中管辖机制为程序保障的制度运行体系。对该制度运行体系包括的三项构成要素，分述如下。

（一）法理基础

所谓以民法上的意思理论和专利法上的诚实信用原则为依据和统领，就是要将民法意思理论和专利法诚实信用原则作为专利默示许可案件裁判的规范依据，使用其来统领专利默示许可名下的规则群。专利默示许可作为专利许可合同的一种形式，以通过

---

❶ 北京知识产权法院课题组. 在先案例在知识产权审判中的运用情况调研：以北京知识产权法院为样本 [J]. 中国应用法学，2018 (3)：134 - 152.

当事人语言和行为推定出的意思为依据，其理论基础和制度根据在于民法上的意思表示理论。意思表示有明示与默示之别，默示又包括通过可推断的行为表示的意思表示、需要通过补充解释填补的意思表示以及单纯的沉默。❶ 由于单纯的沉默只有在法律特别规定及当事人特别约定的情形下始具有表示价值，而专利默示许可一般缺乏法律规定和当事人约定，所以通过可推断的行为表示的意思表示和需要通过补充解释填补的意思表示实为专利默示许可的理论依据。诚实信用原则虽为民法的基本原则，但对于规制知识产权机会主义行为具有重要价值，所以 2020 年修正的《专利法》第 20 条规定："申请专利和行使专利权应当遵循诚实信用原则。不得滥用专利权损害公共利益或者他人合法权益。滥用专利权，排除或者限制竞争，构成垄断行为的，依照《中华人民共和国反垄断法》处理。"专利默示许可在英美法上的理论基础为禁反言原则，翻译成我国的法律术语则应当为诚实信用原则。于专利默示许可的每一种情形，如果不认为此时存在许可授权，将导致权利人和专利技术使用人之间权利义务关系的显著失衡，也就是会违背诚实信用原则所追求的当事人之间的利益平衡精神。❷ 案例指导制度不是要创设一种新的法律渊源，不改变我国的成文法传统❸，所以为专利默示许可案件寻找成文法基础仍然是完全必要的。《民法总则》上的意思制度和专利法上的诚实信用原则因为契合度好、涵盖性强，最宜作为专利默示许可的规范依据，统领专

---

❶ 梅迪库斯. 德国民法总论 [M]. 邵建东，译. 北京：法律出版社，2001：252.

❷ 徐国栋. 民法基本原则解释：以诚实信用原则的法理分析为中心 [M]. 北京：中国政法大学出版社，2004：72.

❸ 陶凯元. 立足案例应用，构建中国特色知识产权案例指导制度 [EB/OL]. (2016 – 11 – 24) ［2022 – 03 – 10］. https：//www.chinacourt.org/article/detail/2016/11/id/2356575.shtml.

利默示许可的规则群以保障其精神上的一致性。

(二) 制度规则

所谓以指导性案例和先例判决为核心和基础，就是专利默示许可的具体制度规则要以指导案例和先例判决的形式来形成和体现。正如洛克在《人类理解论》中所言："我们一切知识都在经验里扎根，知识归根结底由经验而来。"对于司法实践而言，只有抽象的理论基础是不够的，还应当通过司法实践归纳总结出相对具体的制度规则，以为司法机关和当事人提供更清晰的行为指引。在法律运行的过程中，法律规则的独特功能体现在三个方面：明确的指引性、可预测性和直接适用性。❶ 法律规则可以由成文法提供，也可以由案例法提供。专利默示许可制度的具体规则宜由指导性案例和先例判决等案例法提供。所谓指导性案例，是指根据《最高人民法院关于案例指导工作的规定》遴选的具有法律约束力的案例，用于构建专利默示许可的核心规则。但是由于指导性案例遴选程序严格、数量有限，能够进入指导性案例的专利默示许可案件必定是少数，这就需要将其他先例判决也作为在后案件判决的参考。北京知识产权法院将先例判决的效力区分为九级❷，除了作为第一级的最高人民法院指导性案例外，其余八级均为先例判决。先例判决虽然没有直接的法律约束力，但是由于数量大、参与面宽、种类丰富，所以就其对默示许可规则的供给和法院裁判案件时的参考价值而言，并不逊色于指导性案例。如前述案例8，

---

❶ 葛洪义. 法理学 [M]. 北京：中国政法大学出版社，2008：66–67.
❷ 《北京知识产权法院案例指导工作试行办法》将先例的效力等级从高到低分为以下九级：最高法院指导性案例、最高法院年度案例、最高法院的其他先例、高级法院典型案例、高级法院参阅案例、高级法院的其他先例、中级法院先例、基层法院先例和域外先例。

虽非指导性案例，但是由于提出了基于原材料或零部件销售的默示许可判定规则，对于类似案件具有重要的参考价值。以少数指导性案例为核心、以众多先例判决为辅助的案例体系，是专利默示许可规则建构的可行方法。当然我们也应当准确把握知识产权案例指导制度的科学定位，以坚持中国特色社会主义法律体系为大前提；构建案例指导制度不是要创设一种新的法律渊源，而是将典型案例内化为法官的认知，凝聚业界更为广泛的共识，引导法律适用规则进一步细化，为社会提供更好的法律预期。❶

（三）程序保障

所谓以统一的上诉审理机制和初审集中管辖机制为程序保障，是指对于专利等技术性较强的知识产权案件在全国范围内建立统一的上诉审理机制，在地方上建立相对集中的初审管辖机制。专利等技术性较强的知识产权案件审理难度大、主观性强，如何统一裁判标准是世界范围内的难题。1982 年美国国会通过《联邦法院改革法》（*Federal Courts Improvement Act*），决定组建 CAFC 统一受理全国专利上诉案件。德国、日本、俄罗斯和我国台湾地区亦建设有专利或知识产权专门法院，对专利甚至全部知识产权案件统一进行司法审判。各国对专利案件的集中管辖有效促进了裁判标准的统一，提升了案件的裁判质量，甚至显著强化了专利权保护。❷ 经过多年的呼吁和争论，我国终于对专利等技术性较强的知识产权案件建立了全国统一的上诉审理机制和地方上相对集中的

---

❶ 陶凯元. 立足案例应用，构建中国特色知识产权案例指导制度 [EB/OL]. (2016 - 11 - 24) [2022 - 03 - 10]. https://www.chinacourt.org/article/detail/2016/11/id/2356575.shtml.

❷ 杰夫，勒纳. 创新及其不满：专利体系对创新与进步的危害及对策 [M]. 罗建平，兰花，译. 北京：中国人民大学出版社，2007：2.

初审管辖机制。2019 年 1 月 1 日，最高人民法院知识产权法庭挂牌成立，集中受理全国范围内专利等技术类案件的上诉。在地方上，全国共设立了 4 家知识产权专门法院❶和 26 家知识产权专门法庭❷，相对集中管辖各省、自治区和直辖市的技术类知识产权案件。技术类知识产权案件的集中管辖，尤其是国家层面知识产权上诉机制的建立，解决了长期以来困扰知识产权领域的、特别是技术类工业产权案件诉讼标准不统一的问题，统一了知识产权案件的审判标准。❸ 专利默示许可案件情形复杂，创立统一的实体法规范难度大，通过诉讼管辖机制上的统一来推进裁判规则的一致不失为一条可行之路。美国专利法上的默示许可规则多由 CAFC 创建，充分说明了统一管辖机制对实体法规则建构的重要意义。我国正在建设中的专利等技术类案件的统一上诉审理机制和初审案件集中管辖机制具有中国特色，符合我国实际，必将成为专利默示许可制度构建和运行的可靠保障机制。

本章小结

进入 21 世纪以来，有关专利默示许可的司法实践和立法活动在我国同步展开。通过对默示许可有关案件的审理，司法机关探

---

❶ 2014 年 8 月 31 日，第十二届全国人大常委会第十次会议表决通过了《全国人大常委会关于在北京、上海、广州设立知识产权法院的决定》。2020 年 12 月 26 日，第十三届全国人大常委会第二十四次会议通过《全国人民代表大会常务委员会关于设立海南自由贸易港知识产权法院的决定》。
❷ 郭禾. 尽快实施建设高水平知识产权审判机构工程［EB/OL］.（2022 - 03 - 02）［2022 - 03 - 10］. https：//news. ruc. edu. cn/archives/368565.
❸ 易继明. 司法体制改革中的知识产权法庭［J］. 法律适用，2019（3）：28 - 38.

索了若干情形下专利默示许可的适用条件，开创性地提出了基于
原材料销售的默示许可的判断标准，积累了宝贵的司法实务经验，
但是也存在未能将默示许可完全置于合同关系中看待以及考量因
素不周的问题。大陆法系的法官和学者普遍抱持一种法律实证主
义思想，"根据这种思想，裁决案件不过是通过归类活动把特定法
律规则'适用于'争议的事实；实际上，他们经常持有进一步的
假定，即认为最理想的'可适用的'法律规则是制定法条文，而
与此相反，在司法中发展起来的法律规则和原则，只有通过实践
证明其效力在各方面获得社会认可，从而已经'凝结为习惯法'
时，才能得到官方承认。"❶ 基于我国与大陆法系相同的实证主义
成文法传统和学者们的呼吁，我国立法机关、司法机关和行政机
关，就某些类型的专利默示许可，对其规则的成文化展开了一番
探索。通过一段较长时间的努力，立法机关和司法机关最终放弃
了专利默示许可规则成文化的努力；专利行政机关虽然形成了简
单的成文化成果，但因为难以满足实践需要，该成果并未得到真
正应用。法院在处理专利默示许可案件时，鲜有提起已经形成的
成文化规则，仍处于就事论事的自行摸索状态。专利默示许可发
展的历史规律告诉我们，专利默示许可的成文化难以成行，案例
法实为其应然状态。在充分尊重历史规律和总结我国实践经验的
基础上，我国专利默示许可的运行架构可以被设计为：以民法上
的意思理论和专利法上的诚实信用原则为依据和统领，以指导性
案例和先例判决为核心和基础，以统一的案件上诉机制和初审案
件集中管辖机制为程序保障的制度运行体系。

---

❶ 茨威格特，克茨. 比较法总论［M］. 潘汉典，米健，高鸿钧，等，译. 北京：
法律出版社，2004：384.

余 论

按照常规的写作思路，行文至此应该对全书进行一个系统的总结了，内容无外乎就是对前述各章节的研究结论进行一个概述，再谈论一下研究的不足及对未来研究的展望。但是笔者在此不打算循规蹈矩，做这些无意义或意义不大的工作。因为一来前述各章节在各自的"本章小结"部分已经进行了概括总结，提炼了各部分的研究结论，变换一种说法继续重述这些观点，只可能形成一种赘述，所谓的研究不足常常难免沦为一种矫揉造作，研究愿景通常也难有真正的指导价值；二来虽行文至此，但是笔者深感意犹未尽，受制于篇章结构所限，还有些并非不重要的问题未能得到有效展开，出于研究成果完整性的考虑，实有必要抓住这最后的机会，把这些问题讲清楚、讲透彻，了却心结。笔者认为如下三个问题与研究主题存在紧密关联，有必要继续深入探讨，以得出比较明确的结论，即基于专用品销售的默示许可的判断标准问题，违反披露义务的标准专利的默示许可问题，以及专利默示许可法律适用中专利法与合同法的协调方式问题。针对这几个问题的研究，既可以被视为是对本书研究结论的运用或延伸，也可以被视为是本书研究结论的重要组成部分，与本书主文部分的内容构成一个有机联系的整体。下面就这些问题逐一展开论证。

一、专用品销售的默示许可

专利默示许可的发生情形极为多样，以至于对其进行类型上的归纳都十分困难。通过对既往司法案例的数据统计可知，因专用品销售所产生的专利默示许可案件，在所有专利默示许可案件中居于主导地位。与基于专利权人行为产生的默示许可相比，基于专用品销售的默示许可的判断标准相对清晰。因此，梳理清楚基于专用品销售的默示许可的判定标准，不但对于司法实践来讲非常必要，而且对于学理研究来讲亦具有可行性。以至于有学者主张对专用品销售的默示许可应该创制出成文法规则，并提出了具体的条文建议。❶ 在本书的主文中已经多处论及于各种具体情形下，基于专用品销售的默示许可的判定标准，但是仍然较为零散，缺乏系统性。在前述研究成果的基础上，笔者在此系统梳理一下专用品销售默示许可的判定标准，以期形成更为清晰、实用的研究成果。

专利默示许可虽为合同关系的一种，由于许可是默示的，当事人争议的焦点首先集中在许可本身是否存在，所以专利默示许可案件都是以专利侵权诉讼被提出的。根据被控侵权人是否直接实施了被专利权所控制的行为，专利侵权可以被划分为直接侵权和间接侵权两种基本类型。专利默示许可案件相应地也就可以被区分为直接侵权案件中的专利默示许可和间接侵权案件中的默示

---

❶ 李闯豪. 专利默示许可制度研究［M］. 北京：知识产权出版社，2020：325 –
326.

许可。基于专用品销售的默示许可在直接侵权案件中争议的主要问题是非侵权用途的判定标准问题，在间接侵权案件中争议的主要问题则是是否存在直接侵权。下面就直接侵权中的默示许可和间接侵权中的默示许可分别加以论述。

（一）直接侵权案件中默示许可的判定标准

CAFC 在 *Bandag* 案中提出的基于专用品销售的默示许可的判定方法被美国法院所长期遵循，也被其他国家广为借鉴，是一种颇具科学性的方法，至今没有其他更优的方案能够取代它。CAFC 在该案中提出，如果案件同时满足了以下两个条件，则被控侵权人基于购买专用品的事实获得了实施原告专利权的权利：①所售产品除了用于制造专利产品或实施专利方法外，不存在非侵权用途；②交易环境显示明显存在默示许可。下面就这两项要件分别展开论述。

1. 不存在非侵权用途

如果权利人所售产品存在通常意义上的非侵权用途，即不实施权利人的专利权，购买人也能够正常合理地利用所购产品，则除非存在权利人允许实施专利权的明示许可，否则购买人不得以侵权的方式利用所购产品，因为此时专利权人是在竞争产品意义上销售产品，没有获得专利应得的垄断利润，购买人没有支付使用专利权的对价，故购买人无权实施销售者的专利权。但是如果所售产品不存在非侵权用途，基于利益平衡的考量和诚实信用原则，应当推定权利人同意购买者实施其专利权，否则购买人将一无所获。"非侵权用途"的含义看似清楚，其实存在很大的灵活解释空间。下面就"非侵权用途"的具体判定标准的演变进程进行一下系统的梳理。

（1）任何意义上的可能用途

在 *Bandag* 案中，审理该案的地区法院认为，由于 Bandag 公司未阻止 TRI 公司将相关设备出售给 Al Bolser's 轮胎店，而 Al Bolser's 轮胎店在使用该设备的过程中，如要避免侵权，则必须对该设备进行一定程度的改装，所以，该案的被告 Al Bolser's 轮胎店获得了以最简便的方式使用该设备的默示许可，即其有权将该设备用于实施 Bandag 公司的轮胎翻新方法专利。CAFC 重审后推翻了地区法院的判决，认为 Al Bolser's 轮胎店没有尽到证明该产品不存在其他非侵权用途的举证责任，因为被售设备可以被卖给其他经销商，或被拆分后作为组件进行销售，或者被进行改装以适于实施其他的轮胎翻新方法。CAFC 无视产品的正常设计用途，强行要求对产品进行改制，这将会造成严重的资源浪费，违背了物尽其用的基本理念，并不具有合理性。按照 CAFC 的这个思路，任何专用品都会存在非侵权用途，基于专用品销售的默示许可终将沦为水中月、镜中花。

（2）商业上可行的用途

这是一家美国地区法院在 *Cyrix* 案❶中所提出的判定标准。该标准认为，要认定一种产品具有非侵权用途，所寻找的非侵权用途必须是"商业上可行的"（commercially viable purpose）。而所谓"商业上可行的"用途是指能够使一种正在进行的商业得以继续并发展的用途。*Cyrix* 案的标准演绎自美国联邦最高法院在 *Univis* 案中所提出的标准，即产品的购买者自动地获得了以其本来预期的目的使用该产品的权利。*Cyrix* 案涉及 Intel 的一项专利权，该专利权有多项权利要求，权利要求 1 请求保护一种微处理器，权利要求

---

❶　*Cyrix Corp. v. Intel Corp.* , 846 F. Suup. 522（E. D. Tex. 1994）.

2 请求保护将该处理器与外部存储器组合而成的装置。Intel 的被许可人 Texas 向 Cyrix 销售了微处理器，Cyrix 将该微处理器与其他外部处理器结合制造了为权利要求 2 所覆盖的装置。Intel 起诉 Cyrix 侵犯了其权利要求 2 项下的专利权。审理该案的地区法院认为，使用权利要求 1 保护的微处理器时必然需要与权利要求 2 所述的外部存储器相结合，除此之外别无选择。如果排除这种组合的可能，购买者获得的微处理器在商业上将没有用处，故应当视为 Cyrix 实施权利要求 2 的行为获得了 Intel 的默示许可。

（3）"可能的"或"实际的"用途

商业上可行的用途标准被认为对专利权人来讲过于严苛了，CAFC 遂在 1999 年的 *Glass* 案❶中否定了该标准。CAFC 认为，一种非侵权用途只要是"可能的"或"实际的"，就足以排除默示许可的适用，而不用考虑被控侵权人的主观预期。美国法院认为，将产品改装后使用或在专利权没有覆盖的区域使用等，均满足非侵权用途的要求。可见，*Glass* 案基本上重新回归了 *Bandag* 案中确立的非侵权用途判定标准。*Glass* 案的基本情况是：Glass 拥有一项制造中空框架的方法专利，该框架由中空铝管以及用于连接中空铝管端部的角形部件组成，其可用于实现玻璃窗户的绝热密封。Glass 出售了一种专用设备，并授权专用设备的购买者实施其专利方法。Simmonton 从 Glass 的被许可人处购买了角形部件，并采用非专利方法组装中空框架。后来，Simmonton 从 Besten 处购买了一台与 Glass 销售的专用设备功能相同的设备，并采用 Glass 的专利方法组装中空框架，但是所需角形部件仍从 Glass 的被许可人处购买。Glass 指控 Simmonton 和 Besten 分别构成直接侵权和间接侵

---

❶ *Glass Equipment Development*, *Inc. v. Bdsten*, *Inc.*, 174 F. 3d 1337 （Fed. Cir. 1999）.

权。地区法院认为，根据 Cyrix 案确立的"商业上可行的"用途标准，尽管角形部件也可以被用于实施其他非专利方法，但是随着专利方法的使用，非专利方法已经不再具有"商业上可行的"用途，即 Simmonton 购买的角形部件已经没有商业上可行的非侵权用途，因此 Simmonton 获得了实施 Glass 专利权的默示许可，故侵权指控均不能成立。CAFC 对该案重审后认为，Simmonton 过去曾经将角形部件用于另一种不同于专利方法的情形，这表明该角形部件显然存在非侵权用途，即使当前已不再使用，但也不能得出该部件只能被用于实施专利方法的结论，即无论非侵权用途无论是否具有商业上的合理性，只要是"可能的"或"实际的"，就足以满足非侵权用途的存在，从而得以排除默示许可的适用。

（4）部分用途仍满足非侵权用途的要求

前面几种非侵权用途的判定标准涉及的都是专用品的整体用途，那么如果专用品整体用途只能是侵权用途，而仅发挥部分结构的用途则不会构成侵权，此时的部分用途是否也可以被视为一种非侵权用途，从而可以排除购买人使用产品整体侵权用途的默示许可？或者说，购买人是否有义务牺牲专用品部分结构的用途，以避免陷入侵权？答案似乎是肯定的。在 Elkay 案❶中，权利人的专利是一种包括壳体、供水管、安装设施和具有法兰连接件的瓶盖的配水系统。其中，瓶盖上的法兰连接件的作用在于不需要取下瓶盖，就可以使水瓶与制冷器相连接，从而能够防止水的溢出。尽管这种具有法兰连接件的瓶盖本身不受专利权保护，专利权人向 Blackhawk 颁发了制造、使用、销售这种瓶盖的独占许可。该案的被控侵权人从 Blackhawk 处购买了瓶盖后，将其用于实施专利权

❶ *Elkay Mfg. Co. v. Ebco Mfg. Co.*，99 F. 3d 1160（Fed. Cir. 1996）.

人的专利系统。对于被控侵权人购买的瓶盖,其除了被用于实施专利系统外,还可以被用于在运输中密封装水的瓶子,显然在这种情况下瓶子上的法兰连接件并没有发挥应有的功效。该案的争议焦点在于上述用途是否构成非侵权用途。地区法院认定被告获得了实施专利的默示许可,CAFC 推翻了地区法院的判决。CAFC认为,产品的有限用途是一种合理的非侵权用途,从而可以排除默示许可的适用,被告在该案中没能证明从商业角度来看将具有法兰连接件的瓶盖作为普通瓶盖使用是不合理的。❶

(5)唯一合理的商业用途

通过美国法院的上述案例可以看出,非侵权用途的判定标准在美国处于游移不定的状态,在倾向权利人的标准和倾向使用人的标准之间摇摆,总体倾向于维护专利权人的利益。我国法院的司法经验远不够丰富,难以确切地构建我国专利法上的非侵权用途的判断标准。但是最高人民法院在前述案例 8 中所提出的"唯一合理的商业用途"颇具开创性。最高人民法院在该案判决书中写道:"如果某种物品的唯一合理的商业用途就是用于实施某项专利,专利权人或者经专利权人许可的第三人将该物品销售给他人的行为本身就意味着默示许可购买人实施该项专利。根据查明的事实,福药公司生产硫酸依替米星氯化钠注射液的原料药购自专利权人与他人合资设立的企业方圆公司或者得到专利权人许可的第三人山禾公司。虽然硫酸依替米星原料药本身不属于本案专利保护范围,但如果硫酸依替米星原料药唯一合理的商业用途就是用于制造本案专利产品,那么专利权人自己建立的企业或者经专利权人许可的第三人销售该原料药的行为本身就意味着默示许可

---

❶ 万琦. 专利产品首次销售侵权抗辩研究 [M]. 北京:知识产权出版社,2014:149 – 155.

他人实施专利。""唯一合理的商业用途"充分考虑了市场经济条件下的合理需求，既不像美国法院提出的"商业上可行的用途"那样宽泛，也不像"任何'可能的'或'实际的'用途"那样狭窄，兼顾了权利人和使用人双方的利益，而且易于操作，具有实用性，可以作为我国专利法上的判断标准被继续坚持下去，只不过其确切含义尚有待更多司法案例进一步澄清。

2. 交易环境显示明显存在默示许可

基于专用品销售的专利默示许可，从民法意思理论来讲，属于基于权利人可推断的行为的意思表示行为。为了贯彻意思自治原则，基于可推断行为的意思表示，在确定表意人之意思时应当考虑整个交易环境，而不能仅仅偏注某个环节，所以仅仅关注专用品无侵权用途是不够的。基于可推断行为的意思，不能与表意人明确表达出来的意思相悖，所以专利默示许可应当以权利人无明确相反的意思为限。同时，默示许可的成立必须符合利益平衡原则和诚实信用原则，于专用品销售的默示许可而言，就是要求专用品在整件专利产品或专利系统中，在价值上不能占比过低。

（1）无明确排除许可的意思表示

专利许可，除非法律明确规定的非自愿许可，均不得反于权利人的意思。在没有明确法律基础的情况下，反于当事人明确表达的意思认定许可的存在，就是对权利人之专利权的剥夺，将会与专利法的立法目的相悖。如果权利人在销售产品时明确表达了排除专利许可的意思，则不能认为存在默示许可；权利人排除许可的意思是否符合其他法律的规定，从而是否具有约束力、能否达成权利人所愿，则另当别论。为了有效平衡权利人和使用人双方的利益，权利人排除许可的意思应当满足以下三项条件。

首先，排除许可的意思应当是明示的。专利默示许可的成立本身就是默示的，对默示的限制不可能再通过默示的方式，允许多重默示将严重危及交易安全。在 *Incandescent* 案❶中，虽然原告通过标贴的方式将排除许可的意思标示于产品上，但是该条件仍然无法产生任何法律效力，因为购买者在支付产品价款并在柜台完成产品交付时，该产品始终处于包装的状态。由于上述排除许可的意思被产品包装所遮盖，因此在交易时购买者无法获知该意思的存在。

其次，排除许可的意思应当在交易当时提出。审理 *Gillette* 案的 Greene 法官提出："对我而言，专利权人若想成功主张上述限制，他必须承担以下证明责任，即除了其他事实外，专利权人必须证明被告在购买产品时已经知晓相关限制性条件。如果专利权人仅能证明被告在获得产品后至处理产品之间获知了上述限制性条件，那么他就没能完成举证责任。"❷ 在 *Met-Coil* 案中，由于权利人在销售产品后才发出排除许可的意思，因此法院拒绝该意思表示，仍判定存在默示许可。在 *LifeScan* 案中，法院判定权利人发出排除许可意思之前的产品购买人获得了默示许可，之后的购买人没有默示许可。

最后，排除许可的意思应当是明确的。也就是说，符合合同法关于要约的条件，必须是明白无误的，不能表现为一种建议或劝告。在 *Hewlett* 案中，CAFC 确认了这一点。在该案中，HP 公司在其销售的打印机墨盒上拥有多项专利，并在使用说明书上写有"请立刻丢弃旧墨盒"的字样。被告公司获得用过的旧墨盒，将其填充墨水后再行出售。在认定被告公司没有侵害 HP 公司专利权的基础上，法院认为 HP 公司并未在销售墨盒时附有任何限制，因为

---

❶ *Incandescent Gas Light Company Limited v. Cantelo*，［1985］12 RPC 262（QBD）.

❷ *Gillette v. Bernstein*，［1942］Ch. 45（CA），at 47.

说明书上的字样仅具有建议性质，并不具备纳入合同的意思，从而不能排除默示许可的适用。❶

（2）专用品在专利中价值占比不能过低

在基于专用品销售的专利默示许可中，专用品只能是所涉专利的一个部件，而不能是整个专利，否则就是权利用尽原则的管辖领地了。专用品价值在所涉整件专利中的价值占比不能过低。因为如果专用品价值占比过低，说明专利权人通过专用品销售的获益将是非常有限的，与其销售整件专利的收益不可同日而语，如果此时认定存在默示许可，将会严重损害权利人的利益。法院在专用品价值占比这个问题上，并不是直接将其作为默示许可成立要件来操作的，而是通过对非侵权用途的解释来间接执行的。如果专用品价值占比很低，法院极容易认定存在非侵权用途，从而排除默示许可。相反，如果专用品价值占比较高，则说明专用品的用途与整件专利的用途趋同度高，法院倾向于认定不存在非侵权用途，从而认定默示许可的成立。

例如在 *Hunt* 案❷中，原告同时拥有拔鸡毛机和拔鸡毛手指两项专利权，其中拔鸡毛手指是拔鸡毛机的一个部件，只能被用于拔鸡毛机上。原告既销售拔鸡毛机，也销售拔鸡毛手指。被告从原告处购买了拔鸡毛手指，但将其用于从非许可来源购买的拔鸡毛机上。原告起诉被告侵犯其对拔鸡毛机的专利权，被告抗辩说，由于拔鸡毛手指只能被用在拔鸡毛机上，所以其获得了实施原告拔鸡毛机的默示许可。法院拒绝了被告的抗辩，理由是拔鸡毛手指有非侵权用途，即可以被用在从原告处购买的拔鸡毛机上。实

---

❶ 万琦. 专利产品首次销售侵权抗辩研究 [M]. 北京：知识产权出版社，2014：88 - 91.

❷ *Hunt v. Armour & Co.*, 185 F. 2d 722（7th Cir. 1950）.

际上，由于拔鸡毛手指在整个拔鸡毛机中价值占比较低，如果认为被告通过购买拔鸡毛手指获得了实施整个拔鸡毛机的默示许可，将有损原告的专利收益，故法院通过灵活解释非侵权用途的方式拒绝了默示许可。

在前文提到的 *Elkay* 案中，被告从许可来源购买的具有法兰连接件的瓶盖，设计用途就是用于实施原告的专利方法。在原告起诉被告专利侵权的诉讼中，法院不惜以牺牲案涉专用品（具有法兰连接件的瓶盖）大部分构件功能的方式，强行解释为其可以被作为普通瓶盖使用，从而拒绝了被告有关默示许可的抗辩。乍一看上去觉得法院的裁判很不合理，其实裁判的潜台词是，案涉专用品只是整个方法专利系统中很小的一个组成部分，价值占比很低，被告不能据此就获得了实施整个方法专利的默示许可。专用品在整件专利中价值占比的高低，是认定是否存在非侵权用途时的一个重要的考量因素。

（二）间接侵权案件中默示许可的判定标准

间接侵权制度是法律强化专利权保护的重要制度安排。在各国立法和司法实践中，教唆、引诱他人进行直接侵权，或明知他人的行为构成直接侵权，但仍然给予实质性帮助的，构成间接侵权。❶ 间接侵权包括引诱侵权和帮助侵权两种情形，前者是使侵权者主观上产生侵权动机的行为，后者则是客观上向侵权者提供实质帮助的行为。专利默示许可行为常被权利人指控为间接侵权。与基于专用品销售的默示许可有关的间接侵权，属于帮助侵权的范畴。帮助侵权规则的确立，对于维护专利权人的利益非常重要。专利保护的范围以专利权利要求所界定的范围为准。一项

---

❶ 王迁. 知识产权法教程［M］. 7 版. 北京：中国人民大学出版社，2021：22 – 23.

产品或方法只有完全落入该权利要求的保护范围时，才会直接侵害专利权。正是由于这项规则，很多人刻意只实施权利要求所要保护的发明的核心部分，将后续的实施工作交由其客户自行完成，由客户承担潜在的直接侵权风险。而客户通常分散在社会各个角落，专利权人难以有效追究其直接侵权责任。这样的规避策略帮助行为人攫取了专利发明的商业价值，却避免承担直接侵权责任，在一定程度上使得专利保护的目的落空。为了应对这种规避策略，专利法建立起所谓的间接侵权制度，追究行为人的法律责任。❶

通常间接侵权的成立需要具备三项要件：直接侵权行为的发生，间接侵权行为人的主观过错，以及间接侵权行为与直接侵权之间的相当因果关系。如果被控侵权人销售了专利的专用部件，而该专用部件属于"非通用商品"，则帮助侵权成立。《最高人民法院关于审理侵犯专利权纠纷案件应用法律若干问题的解释（二）》（2020 年修正）第二十一条规定："……明知有关产品系专门用于实施专利的材料、设备、零部件、中间物等，未经专利权人许可，为生产经营目的将该产品提供给他人实施了侵犯专利权的行为，权利人主张该提供者的行为属于民法典第一千一百六十九条规定的帮助他人实施侵权行为的，人民法院应予支持。"这是间接侵权成立的一般规则。但是在专利默示许可案件中，情形就大为不同了。如果权利人销售了实施其专利的专用品，买受人据此获得了实施其专利的默示许可，则即使在买受人实施专利的同时从非许可来源购买了其他专用部件以满足实施专利之用，未经许可提供相配套的专用部件的销售者也不构成帮助侵权。所以，

---

❶ 崔国斌. 专利法：原理与案例 [M]. 2 版. 北京：北京大学出版社，2016：749–750.

在涉及默示许可的间接侵权案件中，间接侵权是否成立，并非取决于被告是否销售了实施专利的专用品，而是要看直接实施专利的人是否获得了默示许可。如果直接实施专利的人获得了默示许可，则不存在间接侵权，否则间接侵权成立。

Anton/Bauer 案❶是因为默示许可成立从而排除间接侵权的典型案件。Anton/Bauer 就某种电池组连接器享有专利权，该连接器由凸版和凹版组成，但是凸版和凹版并没有单独获得专利保护。Anton/Bauer 并未同时销售凸版和凹版，而是仅仅销售了凹版。PAG 生产凸版，并将其销售给从 Anton/Bauer 处购买了凹版的消费者。消费者将从 Anton/Bauer 处购买的凹版与从 PAG 处购买的凸版相结合，组装成 Anton/Bauer 享有专利权的电池组连接器。Anton/Bauer 指控 PAG 构成帮助侵权。CAFC 驳回了 Anton/Bauer 的侵权指控。CAFC 认为：在该案中，涉案凹版没有非侵权用途。专利权人将不受专利保护的凹版作为独立产品进行销售的行为，有效地消灭了该专利权人对使用该凹版的控制权，这是因为该凹版只能被用于上述专利组合中，而该组合只能由购买者来完成。关于销售的情况，CAFC 强调，专利权人没有对其出售的凹版的使用提出任何限制。由于对凹版的无约束性销售，专利权人向其顾客授予了默示许可，允许购买者使用该专利所要求保护的组合。因此，支持专利权人关于 PAG 诱导或辅助侵权主张的直接侵权行为并不存在。专利权人辩称，认定存在默示许可会导致在任何案件中排除对辅助侵权的适用——CAFC 不同意该说法。CAFC 强调，该案的关键在于专利权人的介入，在专利权人选择销售其专利组合中的一部分而非全部的情况下，法院对该案中默示许可的

---

❶ *Anton/Bauer*, *Inc. v. PAG*, *Ltd.*, 329 F. 3d 1343（Fed. Cir. 2003）.

认定仅仅制约了专利权人主张辅助侵权的能力。❶

二、标准化专利的默示许可

标准与专利的关系问题，尤其是已经纳入标准的专利的实施问题，越来越受到学界和业界的关注。❷ 标准和专利本来是两个相互矛盾的事物，存在着内在的冲突。标准是指为在一定范围内获得最佳秩序，对活动及其结果规定共同的和重复使用的规则、指导原则或特性的文件。❸ 在当代产业发展中，标准化保障了各个供应商的产品之间的可兼容性、互操作性和可重复性，在整个行业的发展中起到了至关重要的作用。❹ 根据标准性质的不同，标准可以被划分为技术标准、管理标准与工作标准。专利就其本质来讲，是一种受法律保护的技术方案。所以，与专利有关的标准只能是标准中的技术标准。❺ 根据国际标准化组织（ISO）的定义，所谓技术标准，是指一种或一系列具有一定强制性要求或指导性功能，内容含有细节性技术要求和有关技术方案的文件。建立技术标准

---

❶ 穆勒. 专利法：第 3 版 [M]. 沈超，李华，吴晓辉，等，译. 北京：知识产权出版社，2013：381 – 382.

❷ 以"标准""专利"为主题词检索中国知网可知，自 2006 年以来每年相关发文量均在 600 篇以上，且呈现逐年递增态势；同样以"标准""专利"为条件检索中国裁判文书网，截至 2022 年 2 月 26 日共检索到裁判文书 71,679 篇，其中 2018—2020 年均超过了 10,000 篇，自 2013 年以来的逐年递增态势非常显著。

❸ 参见：ISO/IEC Guide 2：2004《标准化和相关活动—通用词汇》。

❹ 轻视标准而导致失败的一个典型案例是日本的移动通信业。在 2G 移动通信时代，因为使用完全"自主创新"的 PDC 技术，导致其与世界主流的 GSM、CDMA 网络无法兼容，成为信息孤岛，日本手机用户到世界各地都不能漫游，而日本的电信企业也因为把主要精力用在 PDC 的开发，没有机会推出市场空间更大的 GSM 和 CDMA 产品，从而失去了在 2G 时代发展的机会，导致现在全球五大电信设备商中一家日本厂商都没有。——引自华为北京知识产权部部长同新在 2014 年知识产权强国论坛上的发言

❺ 为了表述简便，如无特别说明，下文中的标准均指技术标准。

的目的，是让相关的产品或服务达到一定的安全要求或市场准入的要求。专利是专利权的简称，是指发明创造人或其他专利权人对其发明创造在法定期间内所享有的一种专有权利。❶ 专利赋予专利权人排除他人生产、使用、销售、许诺销售或进口受保护的发明的权利。❷ "若没有专利制度，发明会很容易地被公众复制或实施，但公众对该发明的研发和完善却没有任何的投入，因此公众能够以低于原始发明人的价格销售（专利产品）。这使得发明人无法将其发明转化为资本，导致不会再有发明的社会环境。"❸ 国家建立专利制度的目的，是为了通过对垄断权的授予使专利权人获得适当的经济回报，以此激励科学技术的进步。❹

（一）标准与专利的冲突与耦合

标准与专利在多重性质上存在根本性的冲突：

（1）公益性与私利性的冲突。标准是为了建立某种共同的秩序，以实现社会公共利益为目的，具有公益性特征。专利是为了保护权利人对特定产品市场的垄断，以维护权利人私人利益为目的，具有私利性特征。"专利是由政府创造的有价值的财产权。"❺ 美国前总统林肯形象而又不失中肯地指出，专利就是给天才之火浇上利益之油。

（2）开放性与垄断性的冲突。标准被定义为技术市场的共同

---

❶ 吴汉东. 知识产权法 [M]. 北京：法律出版社，2021：308.

❷ 谢科特，托马斯. 专利法原理：第 2 版 [M]. 余仲儒，译. 北京：知识产权出版社，2016：3.

❸ EISENBERG R S. Patent and the progress of science: exclusive rights and experimental use [J]. University of Chicago law review, 1989, 79: 1017 – 1024.

❹ 王迁. 知识产权法教程 [M]. 7 版. 北京：中国人民大学出版社，2019：263.

❺ 穆勒. 专利法：第 3 版 [M]. 沈超，李华，吴晓辉，等，译. 北京：知识产权出版社，2013：19.

语言，推荐甚至强制所有市场主体普遍采用，开放性是其最大特征。专利权亦被称为垄断权，是禁止垄断的一种例外。专利权人正是凭借法律赋予的排他性独享市场利益，因而垄断性是专利的生命力所在。

（3）无偿性与有偿性的冲突。标准由国家或非营利组织建立，以维护公共利益为目的，相关市场主体一般无须支付任何费用即可采用，具有无偿性特点。专利则由市场主体自费研发和申获，自行承担风险，其他市场主体实施其专利技术需要依法支付报酬❶，具有有偿性的特征。

综上所述，标准是一种公共产品，专利则是一种私人财产，二者在法律属性上存在根本冲突。

正是由于标准与专利在事物属性上的根本冲突，二者一旦结合将会产生难以调和的内生矛盾，甚至可能导致相互消解，所以标准组织在制定标准时极力避免专利技术的纳入，特别是具有强制适用效力的国家强制性标准。国际互联网工程任务组❷（The Internet Engineering Task Force，IETF）曾经认为，为了避免影响人们采用标准的兴趣，有必要在制定标准时尽量采用非专利技术的优秀技术。❸《国家标准涉及专利的管理规定（暂行）》第十四条规定："强制性国家标准一般不涉及专利。"但是标准和专利也并不是没有任何共性的，无论标准还是专利都应当是一种有市场

❶《专利法》（2020 年修正）第十二条规定："任何单位或者个人实施他人专利的，应当与专利权人订立实施许可合同，向专利权人支付专利使用费。……"
❷ 国际互联网工程任务组成立于 1985 年年底，是全球互联网最具权威的技术标准化组织，主要任务是负责互联网相关技术规范的研发和制定，当前绝大多数国际互联网技术标准均出自其手。
❸ 张平，马骁. 标准化与知识产权战略［M］. 北京：知识产权出版社，2005：48 – 49.

前景的优秀技术，都要服从市场的逻辑。专利自不必说，新颖性和创造性是所有专利的共同特征。专利代表了技术市场的新潮，具有旺盛的生命力。标准虽然不必然具有技术上的引领性，但是如果与市场流行技术差距过大，就无法满足市场主体对于产品的生产成本、生产效率和市场吸引力的要求，也就不可能有生命力。在市场力量的牵引下，标准和专利虽各自心存芥蒂，但仍不可避免地走到了一起。标准需要专利提供的先进技术。在知识经济的当今时代，知识产权的重要性被提升到了无以复加的地步，高新技术成果几乎全部被专利所覆盖，而且以越来越快的速度迭代发展。如果舍弃专利，在很多高新技术领域，标准要么无现有技术可用，要么只能采用已被市场淘汰的技术。故进入 21 世纪以来，标准开始主动拥抱专利，着眼于解决标准和专利关系问题的法律文件开始越来越多地被创制出来。专利持有人也发现了新的商机，推动将其专利技术纳入标准，试图借用标准的网络效应和锁定效应，扩大专利技术收益的宽度和稳定性，甚至延长专利技术的生命周期。"融专利垄断性与标准排他性为一体的专利标准化，能够有效地利用标准的制定和推广机制，最大限度地实现专利的技术、经济与战略价值的目的……在这种情况下，获取标准越来越成为技术与市场竞争的制高点，标准化已成为专利商业化活动的基本组成部分。"❶ 于是，专利和标准的融合不可逆转地成为一种发展趋势。

专利和标准的融合带来了新的法律问题，主要是标准的实施者在实施标准时如何应对其中的专利权。根据目前国际上的通行做法，标准化组织在制定标准的过程中，都会要求参与标准制定

❶ 陈超晖. 企业专利商业化模式研究 [M]. 北京：知识产权出版社，2014：272.

事宜的组织或个人披露其所持有的与标准有关的专利技术。根据
专利持有人在参与标准制定的过程中披露义务的履行情况，上述
问题可以被区分为两种情形分别加以处理。其一，专利持有人在
标准制定过程中已经披露了其专利。此时标准实施者在欲实施标
准时，应当先行主动与专利持有人进行协商，专利持有人则应当
秉持公平、合理、无歧视（FRAND）的原则，共同议定实施范
围、方式、期限和费用等具体问题，并据此签订实施许可合同。
德国最高法院在飞利浦公司光刻技术标准系列案中提出了著名的
"橘皮书标准"，根据该标准，标准实施者避免专利侵权的第一个
条件（步骤）就是："关于专利许可合同的缔结过程，必须由标准
实施者先向专利权人发出要约，该要约必须无条件且合理。"❶ 相
反，如果标准实施者在未与专利持有人接触的情况下擅自以执行
标准的名义实施专利，则构成专利侵权。❷ 亦有学者认为，专利标
准化后即应当被视为专利持有人向所有潜在实施者发放了默示许
可，标准实施者未通知专利持有人即实施其标准化的专利技术，
并不构成专利侵权，只是一个许可合同纠纷问题。这种看法是不
能成立的，具体理由如下文论述的专利持有人未披露其专利技术
时不成立默示许可的理由一样。其二，专利持有人在标准制定过
程中未披露其专利。这种情形的处理方法争议更大，我国目前法
律法规对此没有明确规定，学术界认识不统一，司法实践中存在
相互矛盾的做法。下文将就该种情形的处理方法展开详细讨论。
笔者的总体立场是，此时仍不成立默示许可，但应当对专利持有

---

❶ BGH，GRUR 2009，694 Rn. 30 – Orange – Book – Standard.
❷ 《最高人民法院关于审理侵犯专利权纠纷案件应用法律若干问题的解释（二）》
（2020 年修正）第二十四条第一款规定："推荐性国家、行业或者地方标准明示
所涉必要专利的信息，被诉侵权人以实施该标准无需专利权人许可为由抗辩不侵
犯该专利权的，人民法院一般不予支持。"

人进行适当的法律制裁。

对标准专利中的标准和专利的范围，学界的认识并不一致。有关标准专利处理方法的争议，由于所使用的概念含义不一致，很多时候都是在自说自话，没有实现真正意义上的观点交锋。所以，首先应当对标准专利进行概念界定。有学者将标准专利中的标准限定为强制性标准，笔者认为作这种限制是没有必要的，一来强制性标准和推荐性标准在本质上并无不同，二来人民法院在处理标准专利的许可问题时并未对二者进行区分。笔者在本书中所使用的标准，如无特别说明，包括强制性标准、推荐性标准和标准化指导性技术文件。❶ 标准中的专利有必要专利和非必要专利之分。必要专利是指实施该项标准必不可少的专利，即一旦实施标准必然落入专利权保护范围。非必要专利是指存在其他平行方案，在实施标准过程中可以被避开的专利技术。目前学术界讨论的重点集中在标准必要专利。笔者认为，必要专利和非必要专利一旦进入标准，就都取得了标准的品格，所涉及的法律问题并无本质区别，应当一体讨论。本书中所指的专利包括必要专利和非必要专利。所以，本书中的标准专利是指所有进入标准文件的专利技术。

（二）单纯违反披露义务的标准专利不成立专利默示许可

如果专利持有人参与了标准制定，且未按照标准化组织的要求披露其专利，致使标准化组织在不知情的情况下将其专利技术纳入标准的，多数学者认为，作为对专利持有人违反诚信义务的制裁措施，此时应当认定专利持有人向该标准的所有潜在实施者

---

❶ 标准化指导性技术文件是为仍处于技术发展过程中（变化快的技术领域）的标准化工作提供指南或信息，供科研、设计、生产、使用和管理等方面有关人员参考使用而制定的标准文件，比如各种形式的技术推广项目。

统一发放了不可撤销的默示许可，此后专利持有人与标准实施者围绕标准专利产生的所有纠纷都应当被作为合同纠纷而非侵权纠纷处理。❶ 当然，也有少数学者持不同意见，认为这种做法混淆了默示许可和法定许可的界限❷，或者由于许可内容不确定，无法认定合同关系的存在❸。笔者同意少数学者的观点，认为单纯因为专利持有人在参与标准制定过程中违反披露义务，不足以在专利持有人和潜在的标准实施者之间成立默示许可关系。具体理由如下。

1. 认定默示许可成立，违背了合同关系的法律逻辑

合同法律关系属于相对法律关系，双方当事人都是特定的。这与一方特定、相对方不特定的物权等绝对法律关系存在根本不同。这个特征可以称为法律关系主体的特定化。这种特定化体现在，合同法律关系成立之时，双方当事人都是显在的，而非潜在的，彼此知悉对方的存在。"合同必须在双方或多方的特定当事人之间产生，不存在只有一方当事人的合同，或者一方当事人特定、另一方当事人不特定的合同。"❹ 违反披露义务的标准专利，专利持有人是特定的，但是标准实施者却是不特定的，故不满足成立合同关系的主体要求。之所以要求合同关系在成立时，双方主体都是特定的，彼此知悉对方的存在，更根本的还在于解决后续的

---

❶ 例如，袁真富认为："只有在标准化组织有专利信息披露的要求，而标准参与者未在合理期间内披露其拥有的专利或专利申请信息时，才应当适用默示许可。"参见：袁真富. 标准涉及的专利默示许可问题研究 [J]. 知识产权，2016 (9)：81－87.

❷ 张伟君. 默示许可抑或法定许可：论《专利法》修订草案有关标准必要专利披露制度的完善 [J]. 同济大学学报（社会科学版），2016, 27 (3)：103－116.

❸ 张平. 论涉及技术标准专利侵权救济的限制 [J]. 科技与法律，2013 (5)：69－78.

❹ 苏号朋. 合同法教程 [M]. 3 版. 北京：中国人民大学出版社，2015：45.

合同履行问题。合同义务主要是一种积极作为义务，只有双方当事人通力协作，合同目的才能被顺利实现。如果仅因专利持有人违反披露义务，就推定专利默示许可的成立，专利权人将无从知悉谁是自己的合同相对人，从而无法就技术实施提供具体指导；标准实施者同样难以了解专利持有人的身份情况，无法履行支付专利许可费的义务，更无从确定专利实施的方式、范围和期限等必要事项。如果在双方当事人都不了解对方身份信息的情况下推定合同关系成立，结果只能是从合同关系成立伊始，双方即全部陷于因合同义务不履行而导致的违约状态，这种结果将是荒唐的。再者，合同关系的成立一般要经过要约承诺程序达成合意❶，而且要约承诺应当以通知或行为的方式告知对方。仅违反披露义务的情况下，无从分析出要约和承诺的存在，更谈不上将要约或承诺的意思送达对方。所以，仅凭违反披露义务就认定专利持有人和标准实施者之间存在默示许可合同关系，既不符合合同关系的法理逻辑，也不符合合同关系的生活逻辑。

有学者提出，此时之所以不能成立默示许可，是因为许可对价、范围和具体内容无法确定，难以形成清晰的许可合同关系。❷笔者认为这种考虑虽然不无道理，但尚不能达到影响合同关系成立的地步。除当事人特定这一基本要求外，合同关系的成立还要求就交易内容达成合意。学界公认，基于鼓励交易的精神，合同成立所需要的合意，除非当事人有特别约定，只需要就主要条款达成合意即为满足，无需就所有交易条件全部达成一致。❸ 至于何谓主要条款，不同类型的合同可能有所不同，但是一般认为具备

❶ 王利明. 合同法 [M]. 北京：中国人民大学出版社，2021：66.
❷ 张平. 论涉及技术标准专利侵权救济的限制 [J]. 科技与法律，2013 (5)：69 – 78.
❸ 韩世远. 合同法总论 [M]. 4 版. 北京：法律出版社，2018：101 – 104.

了当事人、标的和数量条款即为已足❶，其他条款可以通过合同解释的方法进行弥补。对专利默示许可合同而言，除了前文要求的当事人特定外，主要条款就是所许可的具体专利本身，至于许可对价、范围、地域等内容并不属于必备条款，这些条款虽为合同履行所必要，但是具备通过合同解释的方法得以确定的可能。纳入标准的专利就已经同时满足了标的（哪项专利）和数量（就是这项专利）的要求，默示许可合同关系所需要的除主体之外的条款已经得到满足。所以，将缺乏对默示许可合同具体内容的合意作为否定默示许可成立的理由，与法律规定和学界共识是相悖的。

2. 认定合同关系成立，将导致标准专利的"反向劫持"

"专利劫持"是专利制度负面影响的表现之一。"专利劫持"这一概念最早是由 Mark A. Lemely 教授和 Carl Shapiro 教授提出来的，他们认为所谓"专利劫持"是指专利权人以侵权诉讼和禁令救济相威胁，通过协商从专利使用人处获得高于基准的专利许可费率的行为。❷ 这种过度收取专利权使用费的行为如同在含有专利技术的新产品上征税，不但不利于反而是阻碍了创新。❸ 之所以标准化组织在标准制定过程中要求披露专利信息，就在于避免专利

---

❶ 《最高人民法院关于适用〈中华人民共和国合同法〉若干问题的解释（二）（2020 年修正）》第一条规定："当事人对合同是否成立存在争议，人民法院能够确定当事人名称或者姓名、标的和数量的，一般应当认定合同成立。但法律另有规定或者当事人另有约定的除外。对合同欠缺的前款规定以外的其他内容，当事人达不成协议的，人民法院依照合同法第六十一条、第六十二条、第一百二十五条等有关规定予以确定。"

❷ 李慧颖. 专利劫持和反向专利劫持的法律关注［J］. 竞争政策研究，2015（2）：15－19.

❸ 伯克，莱姆利. 专利危机与应对之道［M］. 马宁，余俊，译. 北京：中国政法大学出版社，2013：39.

权人利用标准的锁定效应及其"潜水艇"专利❶，向标准实施者收取不合理的专利许可费，进行"专利劫持"。虽然采用标准专利组织制定的标准在理论上是"自愿"的，但实际上市场的压力在相当程度上导致了强制性采用标准。一些标准，例如 802.11 无线局域网标准的实施，即使只是产品中的一小部分，对产品的商业生存能力也是必不可少的。因为标准的实施对于市场竞争而言是必要的，标准必要专利的持有人往往能够从专利实施者中收取高于实际市场价值的许可费。这种技术增加价值与最终许可费之间的差距就是"专利劫持"的核心。❷ 在现行专利体制下，专利权人拥有强制禁令，其威胁可以使专利权人就远远超出专利权人实际经济贡献的专利费进行谈判。❸ 在一些专利密集型产业，"专利丛林"与禁令救济的结合，还导致了许可费叠加效应，极大地加重了专利使用人乃至整个行业的经济负担。毫无疑问，"专利劫持"行为应当受到法律制裁。但是如果以阻却"专利劫持"为由，简单粗暴地对所有违反披露义务的专利持有人，一体认定构成对潜在标准实施者的默示许可，则有可能会走向另一个极端，形成专利使用人（标准专利实施者）对专利权人的"反向劫持"。

所谓标准专利的"反向劫持"，是指标准实施者未经专利权人许可持续实施专利，而在必要专利权人要求协商时，又以许可条件无法达成一致为借口，采取拒绝协商、拒绝接受 FRAND 许可、

---

❶ 所谓"潜水艇"专利是指，在一些专利申请中，基于特定的目的，利用专利受理和审批的过程，控制专利公开或授权的时机的专利。

❷ 马尔多纳多.违反 FRAND 与达至合理：微软诉摩托罗拉与标准必要专利诉讼[M].周晨黠，曾哲，李先腾，译.//万勇.伯克利科技与法律评论：美国知识产权经典案例年度评论：2014.北京：知识产权出版社，2017：215-253.

❸ 肖延高，等.专利许可：后发企业视角下的劫持与反劫持研究[M].北京：科学出版社，2020：59.

提起虚假诉讼等手段，意图以低于合理费率的价格获得专利许可的行为。❶ 仅因专利被纳入标准而认定默示许可成立，对专利权人来讲，最严重的后果莫过于排除禁令救济。禁令救济是专利保护的核心权利，是专利权人获得专利收益的可靠保障，对于补偿专利权人研发投资、鼓励技术创新具有重要意义。❷ 禁令救济原则上仅适用于专利侵权诉讼，默示许可的成立即意味着在专利权人与专利使用人之间存在正当的许可合同关系，专利权人能够行使的救济权只能是损害赔偿。损害赔偿给专利使用人形成的诉讼压力要远远小于禁令救济，因为即使专利权人胜诉，法院判赔的往往也就是正常水平的许可费，甚至可能低于正常许可费率，使用人并不会因此受损。在前述案例 3 中，最高人民法院的复函❸认为，未披露专利信息的标准专利成立专利默示许可，标准实施者应当支付的许可使用费数额应当明显低于正常的许可费率。在原告起诉 13.5 万元赔偿额的情况下，辽宁省高级人民法院根据前述复函精神仅支持了 4 万元。加之诉讼结果的不确定性，专利使用人在损害赔偿诉讼中受到的压力几乎等同于双方私下谈判的正常压力水平。"反向劫持"将会导致专利许可费率市场谈判机制的失灵，抑制标准专利权人将先进技术纳入标准乃至进行创新的积极性，最终损害社会公共福利。❹

3. 我国走过的曲折实践历程证明，成立默示许可不可取

在标准专利的默示许可问题上，我国司法实践走过了一段曲

---

❶ 王雅芬，王颖. 论标准必要专利反向劫持规制 [J]. 科技管理研究，2021，41 (20)：159 – 168.

❷ 王斌. 关于标准必要专利禁令救济的思考 [J]. 电子知识产权，2014 (11)：31 – 34.

❸ 参见：最高人民法院 (2008) 民三他字第 4 号复函。

❹ 李闻豪. 专利默示许可制度研究 [M]. 北京：知识产权出版社，2020：235.

折的历程。大体的情况是，在专利默示许可概念提出的早期，也就是 21 世纪的第一个十年期间，人民法院倾向于认定标准专利成立默示许可，并不过问标准化组织是否要求过专利权人披露专利信息，甚至都不关心专利权人是否参与过标准的制定。前文述及的案例 3 是我国标准专利成立默示许可的第一个案例，由于缺乏可适用的法律和先例，处理该案的辽宁省高级人民法院是在请示了最高人民法院之后才作出的判决。在该案中，专利权人并未参与案涉标准的制定，但是仅凭其专利被标准化组织单方面纳入标准这一事实，法院就判定默示许可成立，且权利人可得的许可费明显低于正常水平。另一起案件是前述案例 6，该案被江苏省高级人民法院列入 2009 年江苏法院知识产权司法保护典型案例。在该案中，法院认定默示许可成立，并按照最高人民法院（2008）民三他字第 4 号复函的精神判处了 3 万元的使用费。与案例 3 不同的是，此案例中的专利权人曾经参与了"948"科技推广项目的制定和实施。但是在这两个案例中，标准制定组织均未提出专利披露要求，所以未披露专利不能归咎于专利权人。

在 21 世纪的第二个十年期间，人民法院审理标准专利案件的观念发生了根本性扭转，基本确定仅凭专利被纳入标准这一个事实，不足以成立默示许可。这一时期有两个标志性案件，一个是前述案例 10，另一个是前述案例 25，前者确立了在已经披露专利信息的条件下不成立默示许可，后者确立了即使未披露专利信息仍不成立默示许可。这两个案件均由最高人民法院作出终审判决，可以被视为形成了我国司法机关有关标准专利默示许可问题的最终裁判标准。前一个案例的审判过程颇为曲折。原告张晶廷的专利于 2008 年被纳入河北省推荐性地方标准，并在标准文件的前言部分明确记载了需要识别的专利技术以及专利权人的联系方式。

被告子牙河公司等在未与原告进行任何接触的情况下，以执行标准的名义实施了原告的专利技术。原告起诉被告专利侵权。石家庄市中级人民法院一审认为，案涉标准属公开有偿使用的技术，被告未经专利权人许可擅自使用，侵害了原告的专利权。被告不服一审判决提出上诉，河北省高级人民法院二审认为，原告将其专利纳入标准的行为应被认为许可他人在实施标准的同时实施该专利，被告的行为不构成专利侵权。原告不服二审判决向最高人民法院申请再审。最高人民法院再审认为，在标准文件中已经披露了专利信息且被告能够与原告取得联系的情况下，被告未经许可擅自实施案涉专利的行为构成专利侵权。后一个案件中，原告河南农大公司的专利被纳入推荐性国家农业行业标准，原告参与了该标准的制定，但是未披露其专利信息，被告认为原告违反信息披露义务的行为导致其专利被默示许可，被告的行为不构成侵权。一审、二审法院均驳回了原告对于默示许可的主张。最高人民法院二审认为，专利权人编制标准时未披露标准必要专利信息的，尚不足以构成标准必要专利默示许可的充分理由。

我国人民法院在标准专利默示许可问题上的演进思路非常清晰，即由最初的只要专利被纳入标准，无论专利权人是否参与、是否披露，均成立默示许可；到只要专利权人参与了技术标准的制定，无论是否披露了专利信息，均构成专利默示许可；再到专利权人参与技术标准制定，但是披露了专利信息的，不构成专利默示许可；最后到专利权人参与标准制定，即使未披露专利信息，仍不构成专利默示许可。上述四个案例分别代表了这四个发展阶段。以上司法实践历程可谓"一波四折"，最终形成了我国在专利默示许可问题上的裁判标准，即单纯基于未披露专利信息这一个事实，不足以成立专利默示许可。诚如霍姆斯大法官所言，历史研究之一页，当抵逻辑分析之一卷❶。在理论纷争莫衷一是之时，倾心听取司法实践的教益，实为推动法律进步的不二选择。

（三）符合默示许可成立的综合条件时，标准专利可成立默示许可

虽然单纯基于专利被纳入标准这一事实不足以成立默示许可，但是当伴随这一因素聚集足够多的相关因素时，则可能成立标准专利的默示许可。这些足以确立标准专利默示许可的综合条件，可以被概括为三个方面，即权利人和使用人之间存在直接的互动关系，存在专利权使用对价，以及符合诚实信用原则的要求。❷目前国内尚无标准专利默示许可方面的适当案例。虽然在前述案例3和案例6中，法院判定相关标准专利默示许可成立，但是由于之后最高人民法院在同类案件❸中采用了完全相反的裁判思路，可以认为上述两案的裁判标准已经被否弃❹。CAFC审理的 *Wang Lab* 案❺是美国有关标准专利默示许可的经典案例，对于标准专利默示许可的成立条件具有很好的说明性。下面结合 *Wang Lab* 案详细说明标准专利默示许可成立的三个方面的综合条件。

1. 存在直接的互动关系

如前所述，专利默示许可在本质上是一种合同关系。基于合

---

❶ *New York Trust Co. v. Eisner*，256 U. S. 345，349（1921）.

❷ 杨德桥. 合同关系视角下专利默示许可的类型、构成及适用研究 [J]. 电子知识产权，2020（8）：4-19.

❸ 即前文述及的案例10和案例25。

❹ 在前述案例10中，针对河北省高级人民法院依据最高人民法院（2008）民三他字第4号复函作出的不构成侵权的二审判决，最高人民法院认为"上述复函是对个案的答复，不应作为裁判案件的直接依据予以援引"，且最高人民法院在处理标准专利案件时从未使用过该复函，可以认为最高人民法院事实上已经否弃了上述复函提出的裁判标准。

❺ *Wang Lab.，Inc. v. Mitsubishi Electronics America，Inc.*，103 F.3d 1571，1580（Fed. Cir. 1997）.

同关系的相对性原理，要求在该关系成立时，专利权人和专利使用人围绕专利许可权的授受存在直接的接触。唯有如此，才能在默示许可关系建立后，相互之间行使合同权利、履行合同义务。在 *Wang Lab* 案中，CAFC 认定被控侵权人 Mitsubishi 公司就案涉 SIMMs 专利技术获得默示许可时，基于 Wang 公司和 Mitsubishi 公司存在如下直接互动关系：

（1）Mitsubishi 公司于 1983 年 12 月首次与 Wang 公司会面，在它们之后的会议中，Wang 公司向 Mitsubishi 公司提供了案涉专利产品 SIMMs 的设计图纸和其他技术细节，并多次请求 Mitsubishi 公司制造 SIMMs。（2）在 1985 年举行的多次会议上，两家公司不断接触，共同讨论了 Mitsubishi 公司在 Wang 公司的 SIMMs 技术基础上新设计的 256K SIMMs，在其中的一次会议中，Wang 公司建议通过将芯片上的去耦电容放置在基板的同一侧，将原来 Wang 公司的设计改造为 Mitsubishi 公司新设计的 256K SIMMs，Mitsubishi 公司采纳了该意见。（3）1987 年之后，Wang 公司开始大量购买 Mitsubishi 公司生产的 256K SIMMs。通过以上行为，双方当事人均明确知晓，Mitsubishi 公司在使用 Wang 公司的技术生产和销售相关产品，从而为专利默示许可合同关系的建立奠定了基础。

2. 存在专利权使用对价

专利默示许可不等同于免费许可，恰恰相反，除非权利人有明确的免费许可的意思，获得默示许可的使用人同样应当支付专利使用费。诚如美国联邦最高法院所言，在成立专利默示许可的情况下，是否需要交纳许可费，取决于当时的具体情况❶。使用费在默示许可关系成立时，可能已经以某种形式被支付，从而无须

---

❶ *De Forest Radio Tel. Co. v. United States*, 273 U. S. 236（1927）.

重复支付，也可能尚未支付。尚未支付使用费的，如果使用人主张成立默示许可，必须证明权利人有同意其延期支付的意思，否则等同于变相强制权利人向使用人授信，这种做法将会损害权利人的利益，置权利人于可能无法获得使用费的法律风险之中。如果在默示许可争议发生时，使用费已经以某种形式被支付，则将构成法院认定默示许可的积极因素之一。在 *Wang Lab* 案中，对于双方争议的专利权使用对价问题，CAFC 认为，Wang 公司通过如下三种方式已经获得了"有价值的对价"：

（1）通过同意 Mitsubishi 公司制造和销售 SIMMs，Mitsubishi 公司对 SIMMs 的"高量供应和价格下降"作出了贡献，使作为 SIMMs 购买者的 Wang 公司受益。因为 Wang 公司曾公开宣称，其打算从其他生产者处购买而非自己生产 SIMMs，目标是通过市场的快速扩张和产量的提升，降低 SIMMs 的售价，其作为 SIMMs 的购买者最终将会从中受益。（2）Mitsubishi 公司承担了产品的开发和模具成本。（3）Mitsubishi 公司重新设计了 SIMMs，满足了 Wang 公司的首选设计要求。正是由于 Wang 公司已经从 Mitsubishi 公司对专利技术的使用中获得了其所希望的对价，所以 CAFC 最终判定该案中的默示许可抗辩成立。

3. 符合诚实信用原则要求

符合诚实信用原则的要求，是专利默示许可成立的核心要件。专利默示许可是一个否定性概念，包含了明示许可之外的一切许可情形，因而具有极大的包容性和涵盖力。不同类型的默示许可共通性小、差异性大，但是符合诚实信用原则要求则为一切专利默示许可成立的共同要件。所谓符合诚实信用原则的要求，就是说在特定情形下，认定默示许可成立则符合诚实信用原则精神，否定默示许可存在则违背诚实信用原则精神。诚实信用原则的要求包括两个方面：一是主观诚信，即认定默示许可成立符合权利人可推定的意思，否则将导致权利人背信；二是客观诚信，即认定默示许可成立将达成权利人与使用人之间利益关系上的平衡，否则将会破坏这种平衡，损害使用人的利益。❶ "知识产权给予其持有人的杠杆优势或力量，总体上不得与其在此情形下应得的权利发生比例失当。"❷

在 *Wang Lab* 案中，认定默示许可的成立符合诚实信用原则要求，主要体现在如下三个方面。（1）Wang 公司在行业协会会议上公开表示其不会就 SIMMs 技术寻求专利保护，想要生产 SIMMs 产品的公司也无须从 Wang 公司处获得许可，而且 SIMMs 产品的生产商也可以将其产品出售给任何第三方。显然，这是一种对开放许可的公开承诺，如果在此背景下仍认定 Mitsubishi 公司的使用行为是一种未经授权的侵权行为，将会导致 Wang 公司背弃自己的诺言，有违明示的主观诚信。（2）Mitsubishi 公司在生产 SIMMs 之前和生产过程中，曾经多次与 Wang 公司进行深入交流，Wang 公司提供了相关技术指导并一再鼓励 Mitsubishi 公司的生产行为。这说明 Wang 公司已经通过其帮助行为清晰地表达出了授予 Mitsubishi 公司使用许可的意思，如果否定默示许可的成立，将违背 Wang 公司通过其行为表达出来的主观诚信。（3）在 Wang 公司的鼓励和支持下，Mitsubishi 公司开始大规模生产和销售 SIMMs，Wang 公司作为主要购买者从中获益颇丰，双方形成了市场利益上的均衡局面，如果允许 Wang 公司以行使专利权的名义禁止

❶ 徐国栋．客观诚信与主观诚信的对立统一问题：以罗马法为中心［J］．中国社会科学，2001（6）：97-113，206.
❷ 莫杰思．知识产权正当性解释［M］．金海军，史兆欢，寇海侠，译．北京：商务印书馆，2019：313.

Mitsubishi 公司继续其生产销售行为或向其收取高额的专利使用费，将会损害 Mitsubishi 公司的利益，破坏已经形成的利益平衡格局，有违客观诚信。基于以上三点，应当认为，CAFC 判定该案默示许可成立符合诚实信用原则的要求——用 CAFC 自己的话来讲，就是默示许可的成立符合衡平法上禁反言（禁止反悔）的要求。

在 *Wang Lab* 案还在地区法院进行一审的时候，地区法院法官指示陪审团，只有陪审团发现了下列全部事实的存在，Mitsubishi 公司的默示许可抗辩才能成立：（1）Wang 公司和 Mitsubishi 公司有既存的关系；（2）在该关系中，Wang 公司授予 Mitsubishi 公司使用 SIMMs 技术的许可；（3）Wang 公司就其许可行为获得了有价值的对价；（4）Wang 公司否认 Mitsubishi 公司得到默示许可；（5）Wang 公司的陈述和行为给人造成了 Wang 公司同意 Mitsubishi 公司制造、使用或销售 SIMMs 专利产品的权利的印象，包括同意向 Wang 公司以外的消费者销售专利产品。陪审团确认了上述事实的存在，地区法院据此判定默示许可成立。通过法院对 Wang 公司案的裁判思路可以看出，CAFC 判定默示许可成立，绝不是仅仅因为 Wang 公司违反了信息披露义务，在游说电子产业标准化组织 JEDEC 将 SIMMs 技术纳入技术标准时未披露其正在申请专利的事实，而是充分考虑了专利标准化之外的双方当事人之间的交往、使用对价和诚实信用原则的要求等诸种因素，综合判定默示许可的成立。所以，对于标准专利而言，默示许可的成立绝不是简单地取决于专利标准化时违反披露义务这一因素，甚至这一因素在成立默示许可的综合因素中分量并不重，更关键的还是所有类型的专利默示许可成立时均需要的三个共同条件的成就。所以，那种认为仅凭专利标准化中违反披露义务这一事实即可成立默示许可的观点，既不符合国内外的司法实务经验，同时在法理上亦是不通的。

（四）权利人违反披露义务时标准专利的规制策略

对于专利权人在专利标准化过程中违反披露义务的行为，学者们提出了多种应对方案，其中最常见的提议莫过于专利默示许可与反垄断法规制。前文已经述及，仅违反披露义务，并不符合专利默示许可的成立条件，所以默示许可这一条道路行不通。反垄断法规制这条道路同样行不通。反垄断法的适用需要满足两个基本条件，一是规制对象必须在相关市场具有支配地位，二是规制对象滥用了该支配地位。正如德国法官在"华为诉中兴案"中所指出的，拥有标准必要专利这一事实本身并不必然构成相关市场的支配地位，法院应当在事实基础上对此进行个案判断。❶ "反垄断抗辩的软肋在于，并不是所有的标准必要专利权人都在相关市场拥有支配地位。因此，对于一部分可能不具有相关市场支配地位的标准必要专利权人而言，反垄断抗辩对他们并不适用。"❷同时，即使标准必要专利权人具有市场支配地位，如果其肯遵循FRAND原则，则不构成对市场支配地位的滥用，从而也不适用反垄断法规制。当然，如果标准必要专利权人在违反披露义务后，又借助标准必要专利滥用其市场支配地位，则有可能违反反垄断法，但此时反垄断法所规制的也仅是其滥用标准必要专利的行为，而不是规制违反披露义务而不当获得标准专利的行为。换言之，无论标准专利权人是否违反了披露义务，只要其滥用专利权的行为违反了反垄断法，均可以且应当适用反垄断法进行规制。所以，

---

❶ Court of Justice of the European Union，Press Release No 155/14，20 November 2014.
❷ 魏立舟. 标准必要专利情形下禁令救济的反垄断法规制：从"橘皮书标准"到"华为诉中兴"［J］. 环球法律评论，2015，37（6）：83 –101.

反垄断法规制同样不适用于解决仅违反披露义务的问题。

笔者认为，专利权人违反信息披露义务致使其专利被纳入标准，试图利用标准的"锁定效应"和"网络效应"❶获得正常条件下不可能获得的专利收益，即使在事后发生的专利诉讼中其向标准实施者提出了 FRAND 许可条件，也不能视为是专利权的正当行使行为，而应当对其进行相应的法律制裁。这是因为：其一，几乎所有的标准制定组织都有对标准所涉专利进行披露的明确要求❷，披露义务业已成为业界公认的行为准则，已经构成了一项习惯法，违反法律义务的行为当然应当受到法律的制裁。Mueller 提出："任何参与制定行业标准并随后获得该标准某些方面专利权的公司，至少必须披露可能与该标准相关的任何专利或未决专利申请的存在。"❸ 其二，违反披露义务的行为，致使标准制定组织和其他利益相关方丧失了及时寻找替代方案和对专利权进行处置的机会，导致了对专利技术的依赖以及被禁用后损失的扩大。❹ 其三，违反披露义务的行为多出于故意，通过损害标准实施者获取不正当利益的主观意图明显；法律不能纵容恶意的存在，更不能助其实现。其四，《国家标准涉及专利的管理规定（暂行）》明确

---

❶ "网络效应"是指产品价值随着购买这种产品及其兼容产品的消费者的数量增加而不断增加。参见：ECONOMIDES N. The economics of networks［J］. International journal of industrial organization，1996，14（2）：673 – 699.

❷ 例如，根据国际标准化组织（ISO）、国际电工委员会（IEC）和国际电信联盟（ITU）于2005年制定的共同专利政策，标准化组织应尽量披露标准中涉及的知识产权（尤其是专利）的全部信息；标准化组织应提请所有利益相关方注意标准中可能涉及的任何已知专利或待批专利，及时反馈给标准制定组织。三大组织在2007年发布的共同专利政策实施指南中进一步强调参与标准制定的各方从一开始就应提请标准制定组织注意任何已知的或可能的专利。

❸ MUELLER J M. Patenting industry standards［J］. John Marshall law review，2001，34（4）：897 – 946.

❹ 王先林. 涉及专利的标准制定和实施中的反垄断问题［J］. 法学家，2015（4）：62 – 70，178.

规定，违法披露义务的组织或个人应当承担相应的法律责任。❶ 关于对违反披露义务专利权人的制裁方法，基于当下我国专利制度的实际，结合国外司法实务中的经验，可以划分为暂时性解决对策和永久性解决对策两个阶段梯次进行。

1. 暂时性解决对策

所谓暂时性解决对策，是指在不对现行专利法进行修改的条件下，在现行专利法所提供的的制度框架内，对违反披露义务的专利权人的制裁方法。对专利权人进行制裁的目的，不仅是为了维护标准专利使用人的利益，更是为了维护国家的标准实施秩序，因此同样需要考虑使用人的主观心态。具体来讲，也就是要区分使用人为善意和恶意两种情况以分别作出处理。

（1）如果使用人为恶意，也就是说使用人明知标准为他人专利所覆盖而仍然擅自实施专利，或者使用人在实施专利时根本不知道该专利已经被纳入技术标准的事实，专利的标准化对使用人的实施行为并未产生实际影响，此时使用人擅自实施专利的行为应当被认定为一般意义上的专利侵权行为，专利权人可以主张专利法给予的全部救济权利，即其既可以主张损害赔偿，又可以主张禁令救济，甚至还可以主张惩罚性赔偿。在前述案例 25 中，农大公司的专利技术被纳入技术标准，但其在参与标准制定的过程中并未披露其专利信息，恒大公司据此对其未经许可的实施行为提出了默示许可抗辩。最高人民法院审理后认为，虽然农大公司在专利标准化过程中未披露其专利，但是恒大公司对标准中存在农大公司的专利是明知的，在未与专利权人先行协商即直接实施的情况下，恒大公司的主观过错较为明显，遂判定恒大公司停止侵权行为并赔偿农大公司的经济损失。最高人民法院特别指出，即使被告所进行的是实施标准的行为，在被告明知专利权存在的情况下，专利权人仍可以主张禁令救济和损害赔偿。

（2）如果使用人为善意，也就是说使用人的实施行为是依据标准的行为且不知道该标准为他人专利所覆盖，为了应对专利权人利用标准可能进行的"专利劫持"，此时仅应当对专利权人提供损害赔偿救济，而不提供禁令救济。在我国《专利法》上，在发生专利侵权的情况下，提供禁令救济并不是必然的。根据最高人民法院的司法政策，如果提供禁令救济会造成当事人之间利益关系的重大失衡，人民法院在提供有效的损害赔偿救济的前提下，也可以不提供禁令救济。❶ 基于标准的开放性和公益性，在权利人违反披露义务且使用人不知道标准中存在专利的情况下，使用人依据标准的实施行为具有正当性，如果此时给权利人提供禁令救济，必然会造成权利人和使用人之间利益关系的重大失衡，所以依法不应当为权利人提供禁令救济。"制定标准是为了推广标准的适用，而非让标准必要专利权人处于垄断地位，如果允许标准必要专利权人像一般专利权人那样可以不加限制地提起禁令请求，而执法机关亦可以轻易地对未经许可使用标准必要专利的实施者责以停止侵权责任，则相当于排除了对标准的适用，这将与标准制定的目的背道而驰。"❷ 但是我国现行法律并未规定此时可以免

---

❶ 最高人民法院《关于当前经济形势下知识产权审判服务大局若干问题的意见》第十五条规定："充分发挥停止侵害的救济作用，妥善适用停止侵害责任……如果停止有关行为会造成当事人之间的重大利益失衡，或者有悖社会公共利益，或者实际上无法执行，可以根据案件具体情况进行利益衡量，不判决停止行为，而采取更充分的赔偿或者经济补偿等替代性措施了断纠纷。……"

❷ 祝建军. 标准必要专利禁令救济的成立条件 [J]. 人民司法, 2016 (1)：54-59.

于承担赔偿责任，因此权利人仍有权获得损害赔偿救济。

2. 永久性解决对策

所谓永久性解决对策，是指通过修改现行专利法引入新制度的方式，构建与违反专利披露义务相适应的法律责任。违反披露义务的行为，构成了对标准制定组织和其他标准实施者的欺诈，是一种严重违反诚信的行为。权利人在此基础上主张专利权，实为陷阱性行权行为，严重侵害了标准实施者的利益，构成对专利权的滥用。专利权滥用属于民法上民事权利滥用的范畴，应当适用制止权利滥用的一般方法对其进行规制。在权利滥用的目的范围内，否认权利滥用者的权利，或者不对其提供救济，是规制权利滥用的一般方法。❶ 在现行专利法搭建的制度框架内，对于违反披露义务的专利权人，至多只能拒绝对其提供禁令救济，但是尚没有理据能够否定其损害赔偿请求。很多时候，违反披露义务的专利权人对标准专利的实施者虽然同时提出禁令救济和损害赔偿，但其真正目的并非禁止标准实施者实施其专利，而是意图以禁令救济为胁迫手段，在更大范围内和更大程度上获得赔偿，因为在其参与标准制定的过程中，其已经预期到专利可能在更大范围内被实施——这一点正是其所追求的，特别是在专利权人为专利非实施主体（Non–Practicing Entity，NPE）的情况下，这一点体现得尤其充分。"对 NPE 而言，禁令的目的不在于市场本身，而只是确保谈判筹码的手段。金钱赔偿（无论是通过损害赔偿还是禁令压力下的和解）才是整个诉讼的目的。"❷ 如果不能拒绝专利权人

---

❶ 《最高人民法院关于适用〈中华人民共和国民法典〉总则编若干问题的解释》第三条第三款规定："构成滥用民事权利的，人民法院应当认定该滥用行为不发生相应的法律效力。……"

❷ 蒋舸. 专利非实施主体诉讼中损害赔偿规则的适用 [J]. 知识产权，2020（11）：59–74.

的损害赔偿请求，即使不给予其禁令救济，专利权人通过标准专利滥用专利权的目的也达到了，这种做法显然违反了民法上制止权利滥用的一般原理，实质上纵容了专利权滥用行为。故，在现行专利法提供的制度框架内无法圆满解决违反披露义务的权利滥用问题，需要进行制度上的创新。

有观点提出，可以通过标准制定组织来制止违反披露义务的行为。笔者认为，这种方式是行不通的。首先，各标准制定组织虽然都制定了专利披露政策，但是对于拒不执行专利披露的行为也同样都采取了"不干涉"政策❶，即使根据《国家标准涉及专利的管理规定（暂行）》的规定，也只是暂停实施和修订所涉标准，而不对违反披露义务给标准实施者造成的损害进行任何处理。暂停实施和修订标准并非总能做到，因为有时标准中的专利技术在市场上并无替代技术可以选用，或者有时所涉标准已经被施行了很长一段时间，标准本身已经成为技术市场中的事实标准，并非通过法律措施可以清除。"然而，采用标准后，一旦企业已经致力于该标准，并对制造和销售标准化产品进行了互补性资本的必要投资，此时转换到另一种标准将不可行。"❷ 其次，也是更为重要

---

❶ 丁道勤. 专利标准化的法律规制研究：从专利至上主义到创新至上主义 [M]. 北京：中国法制出版社，2017：132 –133.

❷ 这"有三个方面的原因：第一，该行业在实施该（专利化）标准时，已经进行了投资，产品可能已经设计符合了该标准，而且工厂已经积极地生产该专利标准化的产品，这时，从经济的角度来看，这些成本往往是'沉没成本'（无法收回的成本）。第二，对于兼容性的需求或要求会使转换到不同标准的成本变得很昂贵（特别是对现有安装的产品生产基地的逆向兼容）。第三，同样，在使所有利益方转换到一种替代标准时，往往会出现所有利益方的协调问题。例如，计算机制造商可能已经设计了具有符合现有标准的芯片的主板和电脑。那么转换到不同的芯片设计时，将不仅需要芯片自身的改变，还需要主板和计算机的改变，进行协商改变的难度将使得从专利化标准进行转换不切实际。"参见：蒂斯. 技术秘密与知识产权的转让与许可：解读当代世界的跨国企业 [M]. 王玉茂，彭洁，李莎，等，译. 北京：知识产权出版社，2014：189 –190.

的，违反披露义务所引发的标准专利纠纷，并不是标准制定组织和专利权人之间的纠纷，而是专利权人和标准实施者之间的民事纠纷。对于该纠纷，标准制定组织作为民间自治组织或法律授权的行政管理组织，并没有法律上的主管权，最终还需要通过司法机关进行解决。而司法机关解决该等纠纷主要适用专利法的规定，所以修改完善专利法的相关规定也就成为无可回避的唯一应对措施。

我国 2020 年修正的《专利法》增加了诚实信用原则和禁止专利权滥用的规定❶，但是并没有建立起相应的配套执行机制。《专利法》只是明确对构成垄断行为的专利权滥用行为按照《反垄断法》进行处理，但是并未规定对于不构成垄断行为的专利权滥用行为的处理方法。专利权滥用的概念比滥用专利权实施垄断的概念大得多。滥用专利权实施垄断行为的认定，要求专利权人在相关市场具有支配地位，滥用了该支配地位，并形成了反竞争效应。"要想证明存在专利滥用问题的专利权人同时也违反了反垄断法，需要证明'更多'：除了滥用的事实之外，还必须有证据显示在相关市场上的影响力以及反竞争效应。"❷ 一般意义上的专利权滥用行为并不符合垄断行为的上述要求，因而无法被通过《反垄断法》进行规制。"专利滥用与反垄断法是不同的，因此没有必要为了证明专利滥用而确立行为对反垄断法的违反。"❸ 同时，即使针对滥

---

❶ 《专利法》（2020 年修正）第二十条规定："申请专利和行使专利权应当遵循诚实信用原则。不得滥用专利权损害公共利益或者他人合法权益。滥用专利权，排除或者限制竞争，构成垄断行为的，依照《中华人民共和国反垄断法》处理。"

❷ MARINA L. Unilateral refusals to sell or license intellectual property and the antitrust duty to deal [J]. Cornell journal of law and public policy, 1999, 9 (1): 193 – 222.

❸ BENNETT J R. Patent misuse: must an alleged infringer prove an antitrust violation? [J]. AIPLA quarterly journal, 1989, 17 (1): 1 – 19.

318 | 专利默示许可制度构建研究——以合同法与专利法的协调为视角

用专利的垄断行为，根据《反垄断法》的规定，也只能对专利权人进行相应的行政处罚，无法在民事案件中否定专利权人的侵权请求权，同样难以达到对违反披露义务的行为人的有效制止。故，构建独立的专利权滥用的法律责任制度，已经成为落实 2020 年修正的《专利法》的第二十条的规定，是有效维护公共利益和专利使用人合法权益的不二选择。

发达国家特别是美国有关规制专利权滥用的立法比较成熟，司法实务经验也比较丰富，可以作为完善我国反专利滥用制度的蓝本。专利权滥用行为包括一切超越专利法立法目的的不正当行使专利权的行为，因而极为宽泛和多样。"专利权滥用（抗辩）是一种无定性的法律原则"❶，一般将其理解为"独立于反垄断法的限制专利权滥用的方法"❷。Chisum 教授指出，在专利滥用领域，缺乏清楚及具有普遍性的理论来判断什么样的实践行为才应当被视为专利权人对其法定专利权的妥善行使。❸ "尽管法院通常认为滥用法则关涉通过知识产权许可和其他安排取得专利权或版权'范围之外的'权利，但该法则缺乏一套用于判断哪些行为应受谴责以及根据什么理由谴责的统一准则。"❹ Merges 教授对此回应道，由于专利权滥用是基于衡平法的原则，衡平的特性就是多少有些"混乱"，因此缺乏清楚的标准也不会令人感到意外。❺ 虽然在美国专利法上专利权滥用的判定标准和边界并不是特别清晰，

---

❶ 穆勒．专利法：第 3 版［M］．沈超，李华，吴晓辉，等，译．北京：知识产权出版社，2013：414.

❷ *B. Braun Med. v. Abbott Labs.*，124 F. 3d 1419，1426（Fed. Cir. 1997）.

❸ CHISUM D S. Chisum on patents［M］. Matthew Bender, 2008：6 – 19.

❹ 博翰楠，霍温坎普．创造无羁限：促进创新中的自由与竞争［M］．兰磊，译．北京：法律出版社，2016：289.

❺ MERGES R P. Reflections on current legislation affecting patent misuse［J］. Journal of the patent and trademark office society, 1983, 70（12）：793 – 804.

但根据美国专利法第 282 条（b）款（1）项的规定，专利权滥用的法律后果是非常明确的，那就是在权利人滥用意图的范围内，权利人的专利权不可执行。所谓专利权不可执行，指的是在特定条件下不向专利权人就其所指控的他人的专利侵权行为提供任何意义上的法律救济，既不授予禁令，也不支持赔偿。"根据有关的判例，如果被告能够证明专利权滥用，专利权人将不能获得法律救济，直到专利权人停止相关的行为。而且，即使被告没有受到滥用行为的伤害，也可以因此不承担法律责任。正是由于这样的原因，专利权滥用成了被告在专利侵权诉讼中经常提起的辩解。"❶ "第一，正如 *Morton Salt* 案，专利权人的滥用过失使得他们无权主张损害赔偿，也无权主张禁止令。第二，对专利权的滥用导致整个专利对侵权人失去强制执行力，即使在滥用和侵权行为之间没有任何联系也是如此。在滥用停止并且消除影响之前，专利权滥用会使专利侵权诉讼成为不可能。"❷❸

针对专利权滥用行为，引入专利不可执行制度，完全能够融入我国的民法体系。专利权滥用属于民事权利滥用的一种具体表现形式。针对民事权利滥用行为，《最高人民法院关于适用〈中华人民共和国民法典〉总则编若干问题的解释》第三条第二款、第三款规定："行为人以损害国家利益、社会公共利益、他人合法权益为主要目的行使民事权利的，人民法院应当认定构成滥用民事权利。构成滥用民事权利的，人民法院应当认定该滥用行为不发生相应的法律效力。……"在标准专利权人违反披露义务从而构成专利权滥用的情况下，权利人的主要目的并非实现其专利的正

---

❶ 李明德. 美国知识产权法［M］. 2 版. 北京：法律出版社，2014：125.

❷ *Morton Salt v. G. S. Suppiger Co.*，314 U. S. 488（1942）.

❸ 墨杰斯，迈乃尔，莱姆利，等. 新技术时代的知识产权法［M］. 齐筠，张清，彭霞，等，译. 北京：中国政法大学出版社，2003：244.

当经济价值，而是将专利作为劫持他人的工具，获得远超正常许可费的超额利润，从而必将直接损害标准实施者的利益，并会通过标准实施者的传导间接损害社会公众的利益。"承认私权之根据，乃在于私权系社会共同生活之向上及发展所不可或缺之要件，行使私权，绝未可忘却私权之社会性格。本此理念，解释'以损害他人为主要目的'，绝不能仅解为'专'以损害他人为主要目的，或仅指损人不利己而言。若行使其权利之结果，自己虽获有利益，惟他人亦受有损害，则应比较二者之利益或害恶孰大，若自己所获利益，多于他人之损害，即非'以损害他人为主要目的'。反之，若自己行使权利之结果，自己虽不无利益，然对他人所造成之损害实甚于此，不管其对象为对造或其他多数人，均构成权利滥用。"❶ 标准专利权人违反披露义务时，通过对标准实施者进行"专利劫持"所获得的收益，一般远超标准实施者应当付出的许可费数额，主观上损害他人目的明显，客观上所获利益大于他人所受损害，构成权利滥用应属无疑。剥夺权利滥用者的权利，或者使滥用权利者达不到所希望的法律后果，就是构成权利滥用行为的法律后果。❷ 针对专利权滥用行为，引入专利不可执行制度，完全符合我国的民法理论逻辑，亦具有坚实的实定法基础。相反，在构成专利权滥用的情况下，若仍然支持权利人的主张，甚至只支持其损害赔偿的主张，将会违背我国民法的规定和民事法律逻辑。

2008 年 CAFC 判决的高通诉博通案❸，是专利权人在专利标准化过程中违反披露义务，致使其专利被判决不可执行的一个典型

❶ 杨仁寿. 法学方法论［M］. 2 版. 北京：中国政法大学出版社，2013：325.
❷ 徐国栋. 民法基本原则解释：以诚实信用原则的法理分析为中心［M］. 北京：中国政法大学出版社，2004：167.
❸ *Qualcomm Incorporated v. Broadcom Corp.*, 548 F. 3d 1004（Fed. Cir. 2008）.

案例。在该案中，法院认定高通通过欺诈标准制定组织 JVT 的方式，使其两项专利被纳入 JVT 制定的技术标准 H. 264 中。博通根据 H. 264 标准制造相关产品，高通遂起诉博通侵犯其专利权。CAFC 最终判决高通的专利在实施 H. 264 标准范围内不可执行，驳回了其对博通的全部诉讼请求。早些时期由美国联邦贸易委员会（Federal Trade Commission，FTC）处理的 *Dell* 案代表了美国政府对违反披露义务的标准专利权人的基本立场。1991 年，Dell 公司获得了一项有关 VL-bus 计算机总线方面的专利。1994 年，Dell 参加了由标准制定组织声频电子标准联合会（Video Electronics Standards Association，VESA）❶ 主持的标准制定工作，标准提案中包含了 Dell 的 VL-bus 专利。VESA 要求参与标准制定的公司申报标准提案中所涉及的专利；Dell 公司的代表两次书面保证："据我所知，关于 VL 总线标准的提案并没有侵犯 Dell 公司任何专利权。"该标准非常受市场欢迎，在标准发布后的 8 个月内，运用该标准生产的电脑的销量就突破了 140 万台。随后，Dell 公司突然通知实施该标准的电脑制造商侵犯了其 VL-bus 专利，并要求支付专利使用费。各电脑制造商联合向 FTC 提出仲裁请求。1996 年 6 月，FTC 认定 Dell 公司在标准制定过程中违反诚信原则，违反标准制定组织的内部规定性文件，未能在知识产权权利披露的前置阶段披露有关的专利技术，却在事后主张其自己知道的专利权，这种行为是对标准制定组织工作的误导，构成专利权滥用，并最终以4∶1的裁决结果否决了 Dell 收取专利使用费的权利主张❷。

通过以上两个案件可以看出，在美国专利法上标准专利权人

---

❶ 一个由美国主要硬件商和软件商组成的非营利性标准制定组织。
❷ 丁道勤. 专利标准化的法律规制研究：从专利至上主义到创新至上主义 [M]. 北京：中国法制出版社，2017：95 – 96.

违反披露义务的行为构成专利权滥用，所应承担的法律后果是其
专利权不可执行。但是需要申明的是，"专利不可执行"遵循一事
一议规则，并非一旦认定权利滥用专利则在所有情形下均对世不
可执行。例如，在前文提到的高通诉博通案中，一审法院以违反
标准专利的披露义务为由，判决高通公司的案涉专利对世不可执
行，但 CAFC 在二审中对此予以改判，仅判决高通公司的专利在
执行标准的范围内不可执行，这就大大缩小了高通公司的法律责
任范围。❶ "专利不可执行"在美国专利法上是一项独立的制度，
是一种重要的侵权抗辩事由，它来源于衡平法上的"不洁之手"
原则。"不洁之手"原则要求原告在出庭之前必须首先表明其不仅
有一个良好的、值得称赞的行动理由，而且其必须以干净的双手
进入法庭。❷ 若其先前的行为违反了良心、善意或其他公平原则，
那么，法院的大门将对其关闭，拒绝给予其任何救济。该原则被
广泛应用于涉及欺诈的民事案件。❸ 违反披露义务的行为，是一种
典型的民事欺诈行为，显然也违反了"不洁之手"原则，故其专
利权不可执行。专利权不可执行的原因不限于专利权滥用行为，
还包括不正当申请行为❹、申请历史懈怠❺等有违"不洁之手"原
则的行为。专利权不可执行制度调和了专利权保护与禁止权利滥
用之间的紧张关系，有效平衡了专利权人和专利使用人之间的利

---

❶ 张伟君. 默示许可抑或法定许可：论《专利法》修订草案有关标准必要专利披露
制度的完善 [J]. 同济大学学报（社会科学版），2016, 27（3）：103-116.

❷ *Keystone Driller Co. v. General Excavator Co.*，290 U. S. 241-244（1933）.

❸ 崔航. 不正当行为原则的发展历程与启示 [J]. 中国发明与专利，2018, 15
（1）：36-44.

❹ 不正当申请行为抗辩是指，如果一项专利是通过对专利局作出不当行为获得的，
则法院应当拒绝执行该专利。

❺ 申请历史懈怠是指，专利权人通过不合理地延长其在专利局的申请过程中所花费
的时间，来不适当地延迟该专利的授权。

益关系。我国 2020 年修正的《专利法》引入了专利权滥用的概念，确立了制止专利权滥用的价值目标，但是未能建构起完整的配套制度体系，未能有效落地。引入专利权不可执行制度，不但能够有效解决标准专利权人违反披露义务的问题，更为重要的是，还可以使《专利法》新引入的制止专利权滥用制度得到切实的执行。

三、合同法与专利法的协调

专利默示许可，既是专利法上的制度，也是合同法上的制度，在法律适用上需要同时满足专利法与合同法的双重规范。专利法与合同法在对专利默示许可的规制上，既存在相互借力、互为补足的一致性，也存在相互冲突、互为抵消的矛盾性。因此，专利默示许可的法律规制应当根据具体问题本身的性质，协调适用专利法与合同法的相关规定。

（一）两法协调的本质和原则

专利法的直接立法目的是"保护专利权人的合法权益"[1]，因此，"任何单位或者个人未经专利权人许可，都不得实施其专利"[2]，否则"未经专利权人许可，实施其专利，即侵犯其专利权"[3]。在专利默示许可下，由于缺乏权利人明确许可的意思，专

---

[1] 《专利法》（2020 年修正）第一条规定："为了保护专利权人的合法权益，鼓励发明创造，推动发明创造的应用，提高创新能力，促进科学技术进步和经济社会发展，制定本法。"
[2] 《专利法》（2020 年修正）第十一条规定："发明和实用新型专利权被授予后，除本法另有规定的以外，任何单位或者个人未经专利权人许可，都不得实施其专利……外观设计专利权被授予后，任何单位或者个人未经专利权人许可，都不得实施其专利……"
[3] 《专利法》（2020 年修正）第六十五条规定："未经专利权人许可，实施其专利，即侵犯其专利权……"

利使用人的行为容易被误认为"未经专利权人许可",从而被判定为专利侵权行为。但是根据合同法的规定,合同法律关系的成立不以明示为必要,默示亦可成立合同关系。默示合同下双方当事人的权利同样应当得到保护。与专利法相反,在专利默示许可下,合同法更倾向于对专利使用人利益的维护,以有效对冲专利权人可能发起的机会主义行为。正如美国联邦最高法院所说,一旦认定存在默示许可关系,"此后当事人之间的关系以及相关的任何诉讼,都必须认定为合同关系,而不是侵权关系"❶。认定为合同关系而非侵权关系,意味着权利人禁令救济权的排除,这对专利权人专利权的行使构成了重大限制。所以,在专利默示许可的法律规制上,专利法与合同法的价值目标存在冲突。"尽管权利冲突的表现形式有多种多样,但归结起来,权利冲突的实质是利益的冲突和价值的冲突。"❷ 专利权人的利益和专利使用人的正当利益均应得到合理维护。在法律适用上进行专利法与合同法协调的本质,就是均衡地保护权利人和使用人两个方面的利益,因此利益平衡原则是两法协调的基本原则。

(二) 两法协调的基本方法

专利权系基于专利法的规定而创设,体现了专利权人单方面的意志和利益。合同权利则基于双方当事人的合意创设,是为了完成一桩共赢的法律交易,体现了双方的共同意志和利益。所以,在专利权与合同权利相冲突的时候,原则上应当优先适用合同法的规定,保障合同权利的优先实现。专利法与合同法协调的基本方法是,当案件事实满足专利默示许可的成立条件时,应当认定

❶ *De Forest Radio Tel. Co. v. United States*, 273 U. S. 236 (1927).
❷ 刘作翔. 权利冲突的几个理论问题 [J]. 中国法学, 2002 (2): 56 – 71.

默示许可成立，按照合同法规则处理当事人之间的法律关系；当案件事实无法满足专利默示许可的成立条件时，应当认定当事人之间无许可合同关系，此时应当按照专利法规则处理双方之间的法律关系。如前文所述，专利默示许可的成立需要满足三个方面的基本条件，即权利人与使用人之间存在着直接的互动关系，存在着使用对价（已经支付或权利人同意延期支付），以及符合诚实信用原则的要求。专利默示许可成立三个方面的条件，划清了何种情形下以专利法为依据，何种情形下以合同法为主导的法律适用问题，是专利法与合同法在专利默示许可法律适用问题上进行协调的基本方法。

在专利默示许可成立的情况下，法律的适用并不全然为合同法的适用，一定情形下仍然存在适用专利法的必要，此时具体如何适用法律，应当遵循以下三种具体方法。其一，探究事物本质的方法，也就是具体问题具体分析的方法。针对默示许可中的不同性质问题，深入分析其事物特性，适用与事物本质最相符的法律规定。其二，价值分析法，也就是合目的性分析方法。针对专利默示许可法律适用中的特定问题，比较运用两种法律规定的不同结果，哪种运用结果更能符合法律的价值目标，就运用哪种法律规范进行调整——法律适用的最终目的还是实现法律的价值目标。在具体规范出现竞合适用的时候，法律价值目标的指引是确定法律适用的根本遵循。权利冲突的实质是利益冲突，权利冲突中隐含着利益的冲突，也正是因为利益冲突的存在才使权利冲突得以发生。因此，解决权利冲突、重新确定和明晰权利边界的过程就是一个对冲突着的利益进行衡量和取舍的过程，同时也是一个价值选择的过程。选择保护不同的利益，其中就体现了不同的价值取向，体现了选择者不同的价值观念。❶ 其三，特别法优先于一般法的方法，或者称为特别规定优先于一般规定的方法。对于某个问题，专利法与合同法二者中何者规定更为具体，就应当视其为特别法，优先于相对更为抽象的一般规定得到适用。

（三）两法协调的具体内容

专利法与合同法的协调贯穿于专利默示许可问题的全链条。明确在各层面问题上的具体协调方式，对于专利默示许可的法律适用具有实操价值。

1. 法律关系建立上的协调

专利许可是专利权的运用和延伸，专利许可制度是专利制度的有机组成部分之一，因此，专利法首先规定了专利许可制度的基本框架。但就其本质来讲，专利默示许可所成立的是一项合同法律关系，该法律关系的建立应当遵从合同法的一般要求。在专利许可合同关系的成立问题上，合同法的规定远较专利法为丰富，因此解决默示许可的成立问题应当主要根据合同法进行；如果专利法的规定与合同法的规定不同，应当服从合同法。根据合同法的规定，合同的形式有书面形式、口头形式和其他形式❷，成立合同的意思表示可以是明示的，也可以是默示的，甚至在特定的条件下可以是单纯的沉默。我国 2000 年修正的《专利法》规定"任何单位或者个人实施他人专利的，应当与专利权人订立书面实施许可合同"，这就意味着否定了默示许可成立的可能，与合同法关

---

❶ 王克金. 权利冲突论：一个法律实证主义的分析 [J]. 法制与社会发展，2004
（2）：43 - 61.

❷ 《最高人民法院关于适用〈中华人民共和国民法典〉总则编若干问题的解释》第
十八条规定："当事人未采用书面形式或者口头形式，但是实施的行为本身表明
已经作出相应意思表示，并符合民事法律行为成立条件的，人民法院可以认定为
民法典第一百三十五条规定的采用其他形式实施的民事法律行为。"

于合同形式的规定显然存在矛盾。虽然最高人民法院在前述案例 8 中认为"《专利法》关于实施许可合同书面形式的要求，并非效力性强制性规定，未订立书面实施许可合同并不意味着必然不存在专利实施许可合同关系，默示许可亦是专利实施许可的方式之一"，但形式上的矛盾依然存在，地方法院以缺乏书面合同为由拒绝使用人默示许可抗辩的情况并未消除。为了解决实践中客观存在的默示许可与《专利法》规定之间的矛盾，2008 年修正的《专利法》删除了法条中对"书面"形式的要求，意味着专利许可合同可为口头形式或其他形式，从而实现了与合同法有关合同形式规定之间的一致。在合同法中，一项合同意义上的权利义务关系可以表现为既存合同关系中的一个默示条款，也可以在整体上表现为一个默示合同，只要通过合同解释的方法能够得出该权利义务存在的结果，则无论其表现形式如何，均应认为合同关系存在。因此，在专利默示许可法律关系建立问题上，应当以合同法的规定为依据，专利法不可能也没有必要在合同法制度框架外，另行建造起一套专利许可合同的运行制度。

2. 权利义务内容上的协调

在专利默示许可已经成立的情况下，有关专利许可的方式、权项、对价和期限等许可合同的具体内容问题，仍要协调专利法和合同法两个方面的规范。在许可方式上，根据专利法的规定，专利许可可以被区分为独占许可、排他许可和普通许可三种基本类型；如果当事人之间没有特别约定，本着专利权保护和对专利权人约束最小的原则，一般认定为普通许可。合同法对于专利许可方式没有特别规定，此时应当尊重专利法的规定。关于许可权项问题，根据专利法的规定，专利权人能够许可的权项范围为制造、使用、许诺销售、销售和进口，但是在专利默示许可案件中具体应当为哪些权项，专利法难以给出回答，此时应当根据合同法的规定并结合合同法理论寻找答案。根据合同法规定的目的解释、体系解释、习惯解释、历史解释和诚信解释等合同解释原则，结合权利人和使用人在个案中的具体情况，着重以目的解释为主要方法，即可以合理地确定专利许可权项问题。故，对许可权项的确定应在专利法规定的专利权项范围内，主要依据合同法的规定进行确定。关于许可对价问题，专利法规定使用人应当"向专利权人支付专利使用费"，对价是否已经支付甚至会影响到对专利默示许可能否成立的判断。但对许可对价的判断是一个综合判断。根据合同法理论，许可对价实际上为双方交易条件的一部分，如果在专利默示许可成立时，许可对价已经被以其他形式支付——例如前文提及的 *Wang Lab* 案的情况即是，则不需要重复支付。故对许可对价的支付问题，应着重考虑合同法的要求。专利许可期限问题的确定与许可权项问题的解决思路一致，应以合同法理论为依据，通过分析双方缔结合同的目的来确定。总之，在专利默示许可权利义务关系内容的确定上，应着重依据合同法的规定和理论来分析判断，只有合同法理论的丰富性才能满足解决该复杂问题的需要，当然同时也需顾及专利法的基本要求。

3. 权利顺位上的协调

在有些专利默示许可中，会发生专利权人的专利权与专利使用人的合同权利相冲突的问题，此时不得不确定这两种冲突权利之间的先后顺位问题，即哪种权利应当得到优先实现。"权利位阶是存在的，但并没有形成可认识的确定性的位阶秩序整体，为此，要解决现实中广泛存在的权利冲突，不得不需要就个案进行具体的价值衡量。"❶ 其实，这个问题与专利默示许可的成立问题常常竞合为一个硬币的两面。例如，在因承揽合同而成立的专利默示许可中，作为定作人的专利权人无正当理由拒绝接收承揽人依约制造的专利产品时，根据合同法的规定，承揽人获得了留置和销售相关专利产品的合同自救权，但此时专利权人常常以承揽人对专利产品的销售未经其同意为由，起诉使用人的行为构成对其专利权的侵害。对于这类案件，法庭就必须确定专利权与合同自救权之间的优先级问题：如果确定专利权优先，则承揽人的行为将被判定构成专利侵权；相反，如果确定合同自救权优先，则不存在侵权专利权的问题，此时承揽人获得了销售专利产品以实现自救的默示许可。在物权、知识产权等绝对权与合同权利相冲突的情况下，合同权利应当得到优先实现——合同权利此时实际上是对绝对权的一种应用，体现了双方当事人的共同利益，自然应相对于只体现一方利益的绝对权得到优先实现。同时，合同法规定的合同自救权适用于对方违约的所有情形，合同法并未设定例外，如果将对方拥有知识产权作为一种例外进行处理，既没有法律依据，也会造成对违约行为的纵容。所以在权利存在冲突的情况下，应当根据合同法的规定优先满足合同权利的实现。当然，此时也应当考虑合同自救权的制度目的，承揽人只能在实现权利自救所需范围内留置和销售专利产品，而不得在此之外以牟利为目的进行销售，否则即侵犯了权利人的专利权。所以，此时应当以合同法为依据，在合同自救权目的范围内优先保障其实现，但使用人超过合同权利目的范围之外的行为将会构成对专利权的侵犯，应当按照专利法的规定进行处理。

---

❶ 林来梵，张卓明. 论权利冲突中的权利位阶：规范法学视角下的透析 [J]. 浙江大学学报（人文社会科学版），2003，33（6）：43-61.

4. 制度功能上的协调

"在现代法律科学中，最重要的推进也许就是从以分析性态度转向以功能性态度对待法律。"❶ 因此，科学地确定专利默示许可的制度功能至关重要。同样是专利默示许可，在专利法的视角下所承担的制度功能与在合同法的视角下所承担的制度功能是不一样的。在专利法上，专利默示许可主要是一种侵权抗辩手段，与现有技术抗辩、先用权抗辩等免于承担侵权责任的抗辩事由并无二致，所发挥的功能是使专利使用人免于承担侵权责任，表现为对使用人的单方面保护。但在合同法上，专利默示许可是专利权的实施方式之一，专利默示许可合同是一项双务、有偿合同，体现了专利权人和使用人基于专利技术实施的共同利益。默示许可的成立不仅对使用人有利，对权利人同样也是有利的。合同法对于专利默示许可的功能定位更好地体现了利益平衡原则和诚实信用原则的要求，秉持的是一种发展的、可持续的合作立场，比单纯基于专利法视角对该问题的解决，更公平、更合理，从而也更有生命力。所以，在专利默示许可的制度功能上，应着重依据合同法理论作出判断。专利默示许可制度功能的定位对于专利默示许可诉讼有重要影响。如果认定专利默示许可仅为专利法上的一种侵权抗辩手段，那么在相关诉讼中需要使用人主动提出抗辩，否则不能成立默示许可，无法免除使用人的侵权责任。但如果认定专利默示许可为合同制度的一种，是基于权利人和使用人的共同利益和意志对专利技术的实施，则由于合同法律关系是一种客观事实，只要现有事实和证据足以确证默示许可的存在，即使使用人未明确提出默示许可的问题，法院也应当主动就双方之间法

❶ 卡多佐. 司法过程的性质 [M]. 苏力，译. 北京：商务印书馆，2002：44.

律关系的性质作出判断，并据此驳回权利人的侵权指控。所以，对于专利默示许可制度功能的定位，应当主要以合同法的规定为依据。

5. 制度建构上的协调

知识产权法定主义是知识产权法的基本原则之一。知识产权法定主义是指知识产权的种类、权利的内容以及诸如获得权利的要件、保护期限等关键内容必须由法律统一确定，除立法者在法律中特别授权外，任何人不得在法律之外创设知识产权。❶ 专利法作为知识产权法的组成部分之一，同样奉行法定主义原则。我国《专利法》规定了专利权的客体、权能、保护期限等基本事项，也规定了专利明示许可，但对于专利默示许可的规定尚付之阙如。出于知识产权法定主义及我国成文法传统的考量，多数研究专利默示许可的学者都主张将专利默示许可上升为成文法制度，明确规定专利默示许可的类型、成立条件和许可内容。但是如果站在合同法的视角上，对有关专利默示许可的成文化问题，得出的结论可能正好相反。合同法奉行当事人意思自治原则，虽然提供了有关合同成立、内容、履行和责任等问题的一般框架，但是在个体合同中，上述内容主要尊重当事人的意思，由当事人具体确定。从合同法的视角来看，没有必要在合同法通用制度之上或之外构建单独的专利默示许可制度，主要理由有三。

其一，现行合同法律制度对于合同的成立要件、主要内容、履行方法和法律责任等问题，均作出了比较完备的规定，专利默示许可问题完全可以在合同法提供的制度框架内得到解决，不可能也没有必要在合同法所提供的制度框架外另行架设一套专用于

---

❶ 郑胜利. 论知识产权法定主义 [J]. 中国发展，2006（3）：49 – 54.

专利默示许可合同的独立制度体系。郑成思教授指出，我国《合同法》中虽未包含多数知识产权合同（而且将来即使补充分则，也未必补入），但其总则中的大多数原则（除去显然只适用于有形物交易或服务贸易的外）仍然适用于知识产权合同。● 2021 年 1 月 1 日《民法典》施行后，《合同法》的相关内容被吸收进其中，与知识产权合同相关的内容应当适用《民法典》的相关规定。"对知识产权法而言，《民法典》中的一般性规范具有两种功能：第一，统领和指导立法作用。《民法典》的一般规定为知识产权法律的具体构造提供制度依据和上位法支撑，知识产权法律规范的特殊性以民法规范的一般性为基础。第二，补充或直接适用价值。对知识产权法未及规定的事项，民法制度可以援引适用，以弥补专门立法存在的漏洞。"●

其二，专利默示许可的成立及其内容，高度取决于个案的交易环境，法律适用规则极其复杂，在专利法中规定相应的成文法制度完全不可行。如果立法规定过于抽象，将不会产生真正的指导价值；如果立法规定过于具体，默示许可的极度复杂性决定了其相应立法任务几乎不可能完成，也不符合我国专利法相对简约的立法风格。合同法律制度极为丰富，既有原则性、概括性规定，也有具体性、实操性规定，运用合同法律制度解决专利默示许可问题完全可以满足实践的需要，因而无须在现行合同法律制度之外另起炉灶解决默示许可问题。正如前文所述，截至目前，世界上尚没有哪个国家实现了专利默示许可的成文化，我国立法机关经过多年尝试之后，最终也放弃了成文化的努力，这基本可以说明专利默示许可的成文化已被实践证明行不通。说到底，所谓专

● 郑成思. 《合同法》与知识产权法的相互作用 [J]. 法律适用, 2000 (1): 6-11.
● 吴汉东. 知识产权法 [M]. 北京：法律出版社, 2021: 51.

利默示许可的制度建构问题，就是如何运用现行合同法律制度解决专利默示许可实践中具体问题的方法问题，是一个法律适用和实操层面的问题，而不是一个真正意义上的立法问题。所以，笔者认为，专利默示许可的成文法化不但不可行，而且也没有必要，通过案例法的形式解决专利默示许可案件中的具体法律适用问题才是专利默示许可制度建构的真正使命。案例法的丰富性、灵活性、及时性保证了其适用性，完全契合专利默示许可的事物本质，且已经为世界多数国家的专利默示许可实践所证明。

其三，专利默示许可成文化的建议，实际上就是将专利默示许可合同上升为有名合同，而这种做法并不符合无名合同转为有名合同的一般规律。无名合同上升为有名合同需要符合两个条件：成熟性和典型性。也就是说，只有某类无名合同经过实践发展，已经高度成熟，权利义务结构相对比较稳定，且在生活实践中是一种比较常见的合同，才有可能上升为有名合同。❶ 截至目前，中国的专利默示许可实践刚开始不久，正处于急剧发展变化中，权利义务结构也没有形成必要的共识；相较于明示许可，默示许可现象仍属于专利许可的例外情形，实践中的运用领域非常狭窄。这一切都说明，专利默示许可并不具备上升为有名合同的条件。

综上所述，专利默示许可既是一项专利法上的制度，更是一项合同法上的制度，应当协调适用专利法和合同法的双重规定，共同解决专利默示许可问题。专利法提供了该问题解决的先决条件——专利的基本制度，但是默示许可的合同形式、成立要件和许可内容等问题则应当主要依据合同法的规定加以解决。所以，专利默示许可问题的解决应当是一个以专利法为基础，以合同法

---

❶ 崔建远. 合同法总论：上卷 [M]. 北京：中国人民大学出版社，2008：54.

为核心的法律协调适用机制。利益平衡原则是专利法和合同法协调适用中应当遵循的基本原则。默示合同的成立要件是协调的基本方法，法律关系的建立、权利义务内容、权利顺位、制度功能和制度建构等方面的协调，是专利法和合同法协调的适用场所。只有协调适用专利法与合同法的双重规范，在专利默示许可的每一方面均考虑两个法律的要求，才能真正科学、合理地解决专利默示许可法律问题。

参考文献

一、中文著作类（含译著）

[1] 穆勒. 专利法：第3版 [M]. 沈超，李华，吴晓辉，等，译. 北京：知识产权出版社，2013.

[2] 李闯豪. 专利默示许可制度研究 [M]. 北京：知识产权出版社，2020.

[3] 德雷特勒. 知识产权许可：上 [M]. 王春燕，等，译. 北京：清华大学出版社，2003.

[4] 崔国斌. 专利法：原理与案例 [M]. 2版. 北京：北京大学出版社，2016.

[5] 万琦. 专利产品首次销售侵权抗辩研究：以财产权转移理论为研究进路 [M]. 北京：知识产权出版社，2014.

[6] 袁真富. 知识产权默示许可：制度比较与司法实践 [M]. 北京：知识产权出版社，2018.

[7] 吴汉东. 知识产权法 [M]. 北京：法律出版社，2021.

[8] 刘春田. 知识产权法学 [M]. 北京：高等教育出版社，2019.

［9］王利明. 合同法［M］. 2 版. 北京：中国人民大学出版社，2021.

［10］拉伦茨. 法学方法论：全本：第六版［M］. 黄家镇，译. 北京：商务印书馆，2020.

［11］李明德. 美国知识产权法［M］. 2 版. 北京：法律出版社，2014.

［12］拉伦茨. 德国民法通论［M］. 王晓晔，邵建东，程建英，等，译. 北京：法律出版社，2003.

［13］克拉瑟. 专利法：第6版：德国专利和实用新型法、欧洲和国际专利法［M］. 单晓光，张韬略，于馨淼，等，译. 北京：知识产权出版社，2016.

［14］阿狄亚. 合同法导论［M］. 5 版. 赵旭东，何帅领，邓晓霞，译. 北京：法律出版社，2002.

［15］弗卢梅. 法律行为论［M］. 迟颖，译. 北京：法律出版社，2013.

［16］梁慧星，崔建远. 合同法［M］. 北京：北京大学出版社，2012.

［17］伯克，莱姆利. 专利危机与应对之道［M］. 马宁，余俊，译. 北京：中国政法大学出版社，2013.

［18］尹新天. 中国专利法详解［M］. 北京：知识产权出版社，2011.

［19］北京市第一中级人民法院知识产权庭. 侵犯专利权抗辩事由［M］. 北京：知识产权出版社，2011.

［20］韩世远. 合同法总论［M］. 4 版. 北京：法律出版社，2018.

［21］梅迪库斯. 德国民法总论［M］. 邵建东，译. 北京：

法律出版社，2001.

［22］朱庆育. 民法总论［M］. 2 版. 北京：北京大学出版社，2013.

［23］王迁. 知识产权法教程［M］. 7 版. 北京：中国人民大学出版社，2021.

［24］冯晓青. 知识产权法利益平衡理论［M］. 北京：中国政法大学出版社，2006.

［25］丹宁. 法律的训诫［M］. 杨百揆，刘庸安，丁健，译. 北京：法律出版社，2011.

［26］舒国滢. 法哲学沉思录［M］. 北京：北京大学出版社，2010.

［27］张文显. 法理学［M］. 北京：高等教育出版社，2018.

［28］庞德. 通过法律的社会控制［M］. 沈宗灵，译. 北京：商务印书馆，1984.

［29］陈瑞华. 论法学研究方法［M］. 北京：法律出版社，2017.

［30］茨威格特，克茨. 比较法总论［M］. 潘汉典，米健，高鸿钧，等，译. 北京：法律出版社，2004.

［31］波斯纳. 法律的经济分析：上［M］. 蒋兆康，译. 北京：中国大百科全书出版社，1997.

［32］董美根. 专利许可合同的构造：判例、规则及中国的展望.［M］. 北京：上海世纪出版集团，2010.

［33］王益谊，朱翔华，等. 标准涉及专利的处置规则［M］. 北京：中国标准出版社，2014.

［34］金海军. 知识产权实证分析：Ⅰ：创新、司法与公众意识［M］. 北京：知识产权出版社，2015.

[35] 张平. 知识产权法 [M]. 北京：北京大学出版社，2015.

[36] 庞德. 法理学 [M]. 邓正来，译. 北京：中国政法大学出版社，2004.

[37] 国家知识产权局条法司. 外国专利法选译 [M]. 北京：知识产权出版社，2015.

[38] 贝勒斯. 法律的原则 [M]. 蒋兆康，等，译. 北京：中国大百科全书出版社，1996.

[39] 王泽鉴. 债法原理 [M]. 2 版. 北京：北京大学出版社，2009.

[40] 盖斯特. 英国合同法与案例 [M]. 张文镇，孙蕴珠，鲍忠汉，等，译. 北京：中国大百科全书出版社，1998.

[41] 杨利华. 美国专利法史研究 [M]. 北京：中国政法大学出版社，2012.

[42] 博登海默. 法理学：法律哲学与法律方法 [M]. 邓正来，译. 北京：中国政法大学出版社，2004.

[43] 刘春茂. 知识产权原理 [M]. 北京：知识产权出版社，2002.

[44] 格莱克，波特斯伯格. 欧洲专利制度经济学：创新与竞争的知识产权政策 [M]. 张南，译. 北京：知识产权出版社，2016.

[45] 梁志文. 论专利公开 [M]. 北京：知识产权出版社，2012.

[46] 黄海峰. 知识产权的话语与现实：版权、专利与商标史论 [M]. 武汉：华中科技大学出版社，2011.

[47] 罗军. 专利权限制研究 [M]. 北京：知识产权出版社，2015.

[48] 费里尔，纳文. 美国合同法精解 [M]. 陈彦明，译. 北京：北京大学出版社，2009.

[49] 解琳，张净. 英国合同法案例选评 [M]. 北京：对外经济贸易大学出版社，2004.

[50] 杨桢. 英美契约法论 [M]. 北京：北京大学出版社，2007.

[51] 岳彩申. 合同法比较研究 [M]. 成都：西南财经大学出版社，1995.

[52] 李永军. 合同法 [M]. 2版. 北京：法律出版社，2004.

[53] 范晓波，张慧霞，蔡婧萌，等. 美国专利许可经典案例选析 [M]. 北京：知识产权出版社，2019.

[54] 何勤华. 外国法制史 [M]. 4版. 北京：法律出版社，2006.

[55] 凯利. 西方法律思想简史 [M]. 王笑红，译. 北京：法律出版社，2002.

[56] 阿蒂亚. 英国法中的实用主义与理论 [M]. 刘承韪，刘毅，译. 北京：清华大学出版社，2008.

[57] 萨维尼. 论立法与法学的当代使命 [M]. 许章润，译. 北京：中国法制出版社，2011.

[58] 葛洪义. 法理学 [M]. 北京：中国政法大学出版社，2008.

[59] 陶鑫良，袁真富. 知识产权法总论 [M]. 北京：知识产权出版社，2005.

[60] 德霍斯. 知识财产法哲学 [M]. 周林，译. 北京：商务印书馆，2008.

[61] 斯密. 国民财富的性质和原因的研究 [M]. 郭大力，

王亚南，译. 北京：商务印书馆，1974.

［62］徐国栋. 民法哲学［M］. 北京：中国法制出版社，2009.

［63］巴德，帕金. 微观经济学原理［M］. 张伟，刘兴坤，曹景，等，译. 北京：中国人民大学出版社，2011.

［64］张维迎. 经济学原理［M］. 西安：西北大学出版社，2015.

［65］王泽鉴. 民法学说与判例研究：第一册［M］. 北京：北京大学出版社，2009.

［66］杨代雄. 法律行为论［M］. 北京：北京大学出版社，2021.

［67］傅静坤. 二十世纪契约法［M］. 北京：法律出版社，1997.

［68］沃森. 民法法系的演变及形成［M］. 李静冰，姚新华，译. 北京：中国法制出版社，2005.

［69］梅迪库斯. 德国债法总论［M］. 杜景林，卢谌，译. 北京：法律出版社，2004.

［70］西塞罗. 论义务［M］. 王焕生，译. 北京：中国政法大学出版社，1999.

［71］徐国栋. 民法基本原则解释：成文法局限性之克服：增订本［M］. 北京：中国政法大学出版社，2001.

［72］史尚宽. 债法总论［M］. 北京：中国政法大学出版社，2000.

［73］尹新天. 专利权的保护［M］. 2版. 北京：知识产权出版社，2006.

［74］陈甦. 民法总则评注［M］. 北京：法律出版社，2017.

［75］江平. 民法学［M］. 2版. 北京：中国政法大学出版

社，2007.

[76] 马俊驹，余延满. 民法原论［M］. 3版. 北京：法律出版社，2007.

[77] 阿列克西. 法律论证理论：作为法律证立理论的理性论辩理论［M］. 舒国滢，译. 北京：中国法制出版社，2002.

[78] 隋彭生. 合同法要义［M］. 4版. 北京：中国人民大学出版社，2015.

[79] 王洪. 合同形式研究［M］. 北京：法律出版社，2005.

[80] 王洪亮. 债法总论［M］. 北京：北京大学出版社，2016.

[81] 李永军，易军. 合同法［M］. 北京：中国法制出版社，2009.

[82] 邱聪智. 民法研究：一［M］. 增订版. 北京：中国人民大学出版社，2002.

[83] 伯尔曼. 法律与宗教［M］. 梁治平，译. 北京：中国政法大学出版社，2003.

[84] 金海军. 知识产权私权论［M］. 北京：中国人民大学出版社，2004.

[85] 杨崇森. 专利法理论与应用［M］. 台北：三民书局，2008.

[86] 苏号朋. 合同法教程［M］. 3版. 北京：中国人民大学出版社，2015.

[87] 斯奇巴尼. 司法管辖权审判诉讼［M］. 黄风，译. 北京：中国政法大学出版社，1992.

[88] 盖尤斯. 法学阶梯［M］. 黄风，译. 北京：中国政法大学出版社，1996.

[89] 黄风. 罗马法［M］. 北京：中国人民大学出版社，

2009.

[90] 冯晓青, 刘友华. 专利法 [M]. 北京: 法律出版社, 2010.

[91] 拉伦茨. 法学方法论 [M]. 徐显明, 主编. 陈爱娥, 译. 北京: 商务印书馆, 2003.

[92] 麦克尼尔. 新社会契约论 [M]. 雷喜宁, 潘勤, 译. 北京: 中国政法大学出版社, 2004.

[93] 卡多佐. 司法过程的性质 [M]. 苏力, 译. 北京: 商务印书馆, 2002.

[94] 龙卫球. 民法总论 [M]. 2 版. 北京: 中国法制出版社, 2002.

[95] 彭梵得. 罗马法教科书: 2005 年修订版 [M]. 黄风, 译. 北京: 中国政法大学出版社, 2005.

[96] 王利明. 合同法研究: 第一卷 [M]. 北京: 中国人民大学出版社, 2002.

[97] 郑成思. 知识产权法教程 [M]. 北京: 法律出版社, 1993.

[98] 齐佩利乌斯. 法学方法论 [M]. 金振豹, 译. 北京: 法律出版社, 2009.

[99] 李明德. 知识产权法 [M]. 2 版. 北京: 法律出版社, 2014.

[100] 哈斯默尔, 诺伊曼, 萨利格. 当代法哲学和法律理论导论: 第九版 [M]. 郑永流, 译. 北京: 商务印书馆, 2021.

[101] 杰夫, 勒纳. 创新及其不满: 专利体系对创新与进步的危害及对策 [M]. 罗建平, 兰花, 译. 兰花, 校. 北京: 中国人民大学出版社, 2007.

[102] 冯晓青. 知识产权法［M］. 2 版. 北京：中国政法大学出版社，2010.

[103] 张平，马骁. 标准化与知识产权战略［M］. 北京：知识产权出版社，2005.

[104] 陈朝晖. 企业专利商业化模式研究［M］. 北京：知识产权出版社，2014.

[105] 肖延高，等. 专利许可：后发企业视角下的劫持与反劫持研究［M］. 北京：科学出版社，2020.

[106] 莫杰思. 知识产权正当性解释［M］. 金海军，史兆欢，寇海侠，译. 北京：商务印书馆，2019.

[107] 丁道勤. 专利标准化的法律规制研究：从专利至上主义到创新至上主义［M］. 北京：中国法制出版社，2017.

[108] 蒂斯. 技术秘密与知识产权的转让与许可：解读当代世界的跨国企业［M］. 王玉茂，彭洁，李莎，等，译. 余博，路宏波，审校. 北京：知识产权出版社，2014.

[109] 博翰楠，霍温坎普. 创造无羁限：促进创新中的自由与竞争［M］. 兰磊，译. 北京：法律出版社，2016.

[110] 夏正林. 论规范分析方法与法学研究方法［M］//葛洪义. 法律方法与法律思维：第 7 辑. 北京：法律出版社，2011：199－206.

二、中文论文类（含译文）

[1] 袁真富. 基于侵权抗辩之专利默示许可探究［J］. 法学，2010（12）：108－119.

[2] 朱雪忠，李闯豪. 美国专利间接侵权默示许可抗辩的反思与借鉴［J］. 法律科学（西北政法大学学报），2018，36（2）：

344 | 专利默示许可制度构建研究——以合同法与专利法的协调为视角

179 - 190.

　　[3] 陈瑜. 专利默示许可与权利穷竭的比较分析：以社会政策背景为视角 [J]. 西南政法大学学报，2016，18（2）：92 - 99.

　　[4] 张伟君. 默示许可抑或法定许可：论《专利法》修订草案有关标准必要专利披露制度的完善 [J]. 同济大学学报（社会科学版），2016，27（3）：103 - 116.

　　[5] 杨德桥. 合同关系视角下专利默示许可的类型、构成及适用研究 [J]. 电子知识产权，2020（8）：4 - 19.

　　[6] 张耕，陈瑜. 美国专利默示许可与间接侵权：冲突中的平衡 [J]. 政法论丛，2016（5）：69 - 76.

　　[7] 李文江. 我国专利默示许可制度探析：兼论《专利法》修订草案（送审稿）第85条 [J]. 知识产权，2015（12）：78 - 82.

　　[8] 王先林. 涉及专利的标准制定和实施中的反垄断问题 [J]. 法学家，2015（4）：62 - 70，178.

　　[9] 杨德桥. 合同视角下的专利默示许可研究：以美中两国的司法实践为考察对象 [J]. 北方法学，2017，11（1）：56 - 70.

　　[10] 袁真富. 标准涉及的专利默示许可问题研究 [J]. 知识产权，2016（9）：81 - 87.

　　[11] 张平. 论涉及技术标准专利侵权救济的限制 [J]. 科技与法律，2013（5）：69 - 78.

　　[12] 蒋舸. 专利非实施主体诉讼中损害赔偿规则的适用 [J]. 知识产权，2020（11）：59 - 74.

　　[13] 杨德桥. 专利默示许可理论基础的评析与重构 [J]. 河南财经政法大学学报，2020，35（4）：119 - 135.

　　[14] 浩然，王国柱. 论信赖保护理论对知识产权默示许可制度的支撑 [J]. 河南财经政法大学学报，2013，28（5）：96 - 102.

［15］陈健．知识产权默示许可理论研究［J］．暨南学报（哲学社会科学版），2016，38（10）：82 – 93.

［16］董美根．论专利产品销售所附条件的法律效力［J］．华东政法大学学报，2009（3）：53 – 60.

［17］冯晓青．知识产权法中专有权与公共领域的平衡机制研究［J］．政法论丛，2019（3）：55 – 71.

［18］冯晓青．知识产权法的价值构造：知识产权法利益平衡机制研究［J］．中国法学，2007（1）：67 – 77.

［19］徐国栋．客观诚信与主观诚信的对立统一问题：以罗马法为中心［J］．中国社会科学，2001（6）：97 – 113，206.

［20］徐国栋．诚实信用原则二题［J］．法学研究，2002（4）：74 – 88.

［21］梁慧星．诚实信用原则与漏洞补充［J］．法学研究，1994（2）：22 – 29.

［22］牛海涛．专利转化中的"专利沉睡"及其治理［J］．中国民商，2018（4）：98 – 99.

［23］刘强，金陈力．机会主义行为与知识产权默示许可研究［J］．知识产权，2014（7）：54 – 60.

［24］张勇，赵剑男．我国专利默示许可制度经济学效应［J］．标准科学，2016（10）：87 – 89，98.

［25］陈玮，刘斌斌．专利的默示许可对企业知识产权战略的影响［J］．西北民族大学学报（哲学社会科学版），2021（3）：124 – 131.

［26］李建华，王国柱．论专利权默示许可的认定［J］．河南社会科学，2013，21（12）：42 – 45，107.

［27］房鹏．论建立我国专利诉讼的默示许可制度［J］．山东

审判，2010，26（6）：68 – 71.

[28] 夏正林. 论规范分析方法与法学研究方法 [M] //葛洪义. 法律方法与法律思维：第 7 辑. 北京：法律出版社，2011：199 – 206.

[29] 贾小龙. 专利法需要怎样的"间接侵权"：专利间接侵权若干基本问题探讨 [J]. 电子知识产权，2008（9）：15 – 18.

[30] 刘强. 自我复制专利侵权问题研究：以 3D 打印等自我复制技术为视角 [J]. 法商研究，2015，32（5）：184 – 194.

[31] 阚占文. 自我复制技术与专利权用尽原则的适用：以转基因种子为中心 [J]. 法学家，2015（2）：127 – 134，179.

[32] 王申. 论法律史研究中的法理意义 [J]. 华东政法学院学报，2006（1）：40 – 44.

[33] 梁志文. 论知识产权法的合同限制 [J]. 国家检察官学院学报，2008（5）：137 – 145.

[34] 原蓉蓉. 论英美合同法中默示条款的补充及其借鉴 [J]. 学术论坛，2013，36（2）：98 – 102，111.

[35] 翟云岭，王阳. 默示条款法律问题探析 [J]. 法学论坛，2004（1）：28 – 34.

[36] 董美根. 论专利默示许可：以对专利产品合理期待使用为目标 [M] //国家知识产权局条法司. 专利法研究 2010 [M]. 北京：知识产权出版社，2011：484 – 501.

[37] 任军民. 我国专利权权利用尽原则的理论体系 [J]. 法学研究，2006（6）：39 – 52.

[38] 陈融. "允诺禁反言"原则研究 [J]. 河北法学，2007（10）：132 – 136.

[39] 海静. 论英国法上的允诺禁反言原则 [J]. 社会科学动

态，2017（2）：108－115.

［40］陈景辉. 原则与法律的来源：拉兹的排他性法实证主义［J］. 比较法研究，2006（4）：1－14.

［41］朱广新. 信赖保护理论及其研究述评［J］. 法商研究，2007（6）：71－82.

［42］刘强，马德帅. 机会主义知识产权诉讼行为及其法律控制：美国法的经验和启示［J］. 湖南大学学报（社会科学版），2014，28（3）：150－155.

［43］杨圣坤. 合同法上的默示条款制度研究［J］. 北方法学，2010，4（2）：132－142.

［44］韦晓云. 专利的默认许可［J］. 人民司法，2007（17）：93－97.

［45］李江，王津晶，熊延峰，等. 中国专利默示许可实践探究［J］. 中国专利与商标，2014（4）：67－71.

［46］李闯豪，于淑杰. 专利默示许可认定标准的反思与重构［J］. 郑州航空工业管理学院学报（社会科学版），2021，40（4）：21－29.

［47］王利明. 论我国民法典中侵害知识产权惩罚性赔偿的规则［J］. 政治与法律，2019（8）：95－105.

［48］曲三强. 平行进口与我国知识产权保护［J］. 法学，2002（8）：73.

［49］田村善之. 修理、零部件的更换与专利侵权的判断［M］. 李扬，译//吴汉东. 知识产权年刊：2006年号. 北京：北京大学出版社，2007：36－52.

［50］卿越. 知识产权审判中事实问题与法律问题的区分［J］. 苏州大学学报（哲学社会科学版），2019，40（5）：76－81.

［51］高翔．陪审员参审民事案件中事实问题与法律问题的区分［J］．法律科学（西北政法大学学报），2018，36（3）：179－188.

［52］徐薇，刘影．美国专利诉讼中事实问题和法律问题二分的研究［J］．专利代理，2019（2）：30－33.

［53］黄海涛．双重属性视角下陪审事实审范围问题研究：从"性质论"到"功能论"［J］．中国政法大学学报，3021（5）：225－236.

［54］马一德．中国知识产权治理四十年［J］．法学评论，2019，37（6）：10－19.

［55］田曼莉．中国实施 TRIPS 协定的问题和对策［J］．同济大学学报（社会科学版），2009，20（6）：105－111.

［56］北京知识产权法院课题组．在先案例在知识产权审判中的运用情况调研：以北京知识产权法院为样本［J］．中国应用法学，2018（3）：134－152.

［57］易继明．司法体制改革中的知识产权法庭［J］．法律适用，2019（3）：28－38.

［58］李慧颖．专利劫持和反向专利劫持的法律关注［J］．竞争政策研究，2015（2）：15－19.

［59］马尔多纳多．违反 RAND 与达至合理：微软诉摩托罗拉与标准必要专利诉讼［M］．周晨黠，曾哲，李先腾，译.//万勇．伯克利科技与法律评论：美国知识产权经典案例年度评论：2014.北京：知识产权出版社，2017：215－253.

［60］王雅芬，王颖．论标准必要专利反向劫持规制［J］．科技管理研究，2021，41（20）：159－168.

［61］王斌．关于标准必要专利禁令救济的思考［J］．电子知

识产权，2014（11）：31-34.

［62］魏立舟. 标准必要专利情形下禁令救济的反垄断法规制：从"橘皮书标准"到"华为诉中兴"［J］. 环球法律评论，2015，37（6）：83-101.

［63］崔航. 不正当行为原则的发展历程与启示［J］. 中国发明与专利，2018，15（1）：36-44.

［64］郑胜利. 论知识产权法定主义［J］. 中国发展，2006（3）：49-54.

［65］祝建军. 标准必要专利禁令救济的成立条件［J］. 人民司法，2016（1）：54-59.

［66］浩然，王国柱. 意思表示理论对知识产权默示许可制度的支撑［J］. 国家检察官学院学报，2013（5）：156-165.

［67］陈瑜. 专利默示许可研究［D］. 重庆：西南政法大学，2017：12-40.

［68］闫宏. 专利默示许可规则探析［D］. 北京：清华大学，2007.

［69］王国柱. 知识产权默示许可制度研究［D］. 长春：吉林大学，2013.

［70］娄家杭. 禁反言规则的比较研究［D］. 北京：对外经济贸易大学，2002.

［71］刘邦德. 论专利默示许可［D］. 杭州：浙江大学，2016.

［72］范晓玉. 专利默示许可制度类型建构及可行性分析［D］. 北京：中国青年政治学院，2016.

［73］陈炳材. 专利权默示许可问题研究［D］. 南京：南京理工大学，2013.

［74］康添雄．美国专利间接侵权研究［D］．重庆：西南政法大学，2005．

［75］孔燕．专利法上默示许可与权利穷竭理论研究［D］．上海：华东政法大学，2013．

［76］严桂珍．平行进口法律规制研究［D］．上海：华东政法大学，2008．

［77］黄晖．论事实契约的理论基础［D］．重庆：重庆大学，2009．

［78］石磊．论专利默示许可的适用［D］．北京：北京化工大学，2013．

［79］邓丽星．专利默示许可制度研究［D］．武汉：华中科技大学，2012．

［80］袁秀挺．知识产权权利限制研究：着重于知识产权制度的内部考察［D］．北京：北京大学，2003．

三、英文著述类

［1］LUCK G M. The implied license：an evolving defense to patent infringement［J］．IPL newsletter，1997，16（1）：3－5，28－30．

［2］HUGHEY R C. Implied licenses by legal estoppel［J］．Albany law journal of science & technology，2003，53（14）：53－80．

［3］LEMLEY M A. Intellectual property rights and standard－setting organizations［J］．California law review，2002，90（6）：1889－1980．

［4］HATFLELD A L. Patent exhaustion，implied licenses，and

have - made rights: gold mines or mine fields? [J]. Computer law review and technology journal, 2000 (1): 1 - 59.

[5] SWOPE M J. Recent developments in patent law: implied license - an emerging threat to contributory infringement protection [J]. Temple law review, 1995, 68 (1): 281 - 306.

[6] PICKERING A L. Estoppel by conduct [J]. Law quarterly review, 1939, 55 (3): 400 - 421.

[7] SIMON B M. Patent cover - up [J]. Houston law review, 2011, 47 (5): 1299 - 1356.

[8] NADAN C H. Closing the loophole: open source licensing & the implied patent license [J]. Computer & Internet lawyer, 2009, 26 (8): 1 - 6.

[9] ROVNER A H. Practical guide to application of (or defense against) product-based infringement immunities under the doctrines of patent exhaustion and implied license [J]. Texas intellectual property law journal, 2004, 12 (2): 228 - 286.

[10] GROSS N. Trade mark exhaustion: the U. K. perspective [J]. European intellectual property review, 2001, 23 (5): 220 - 226.

[11] LIM D. Self - replicating technologies and the challenge for the patent and antitrust laws [J]. Cardozo arts & entertainment law journal, 2013, 32 (1): 131 - 224.

[12] SHEFF J N. Self - replicating technologies [J]. Stanford technology law review, 2013, 16 (2): 229 - 256.

[13] GUISE J W. Controlling biotech babies following the transfer of self - replicating inventions [J]. San Diego law review,

1991, 28 (4): 937 - 962.

[14] LECHLEITER D M. Dividing the (statutory) baby under Anton/Bauer: using the doctrine of implied license to circumvent section 271 (c) protection for components of a patented combination [J]. John Marshall review of intellectual property law, 2004, 3 (2): 355 - 396.

[15] OSBORNE J W. A coherent view of patent exhaustion: a standard based on patentable distinctiveness [J]. Santa Clara computer and high technology law journal, 2004, 20 (3): 643 - 694.

[16] KOMURO N. Japan's BBS judgment on parallel imports [J]. International trade law & regulation, 1998 (4): 27 - 28.

[17] MURIS T J. Opportunistic behavior and the law of contract [J]. Minnesota law review, 1981, 65 (4): 521 - 591.

[18] JANIS M D. A tale of the apocryphal axe: repair, reconstruction, and the implied license in intellectual property law [J]. Maryland law review, 1999, 58 (2): 423 - 527.

[19] O'ROURKE M A. Rethinking remedies at the intersection of intellectual property and contract: toward a unified body of law [J]. Iowa law review, 1997, 82 (4): 1169 - 1170.

[20] MUELLER J M. Patenting industry standards [J]. John Marshall law review, 2001, 34 (4): 897 - 946.

[21] MARINA L. Unilateral refusals to sell or license intellectual property and the antitrust duty to deal [J]. Cornell journal of law and public policy, 1999, 9 (1): 193 - 222.

[22] BENNETT J R. Patent misuse: must an alleged infringer prove an antitrust violation? [J]. AIPLA quarterly journal, 1989, 17

(1): 1 - 19.

[23] CHISUM D S. Chisum on patents [M]. New York City: LexisNexis Matthew Bender, 2008: 6 - 19.

[24] MERGES R P. Reflections on current legislation affecting patent misuse [J]. Journal of the Patent and Trademark Office Society, 1983, 70 (12): 793 - 804.

[25] MARQUIS H. Limitations on patent license restrictions: some observations [J]. Iowa law review, 1972, 58 (1): 41 - 106.

[26] HARTZOG W. Reviving implied confidentiality [J]. Indiana law journal, 2014, 89 (2): 763 - 806.

[27] LaI J C. The exhaustion of patent rights v the implied licence approach: untangling the web of patent rights [J]. Queen Mary journal of intellectual property, 2018, 8 (3): 209 - 230.

[28] LaI J C. Exclusive rights of patent owners versus rights of chattel owners: the implied licence approach [J]. Oxford University Commonwealth law journal, 2018, 18 (2): 99 - 122.

[29] YANG S. Considerations for the patent holder: the transfer of patent licenses in the context of a merger [J]. the journal of law and technology, 2002, 42 (4): 515 - 536.

[30] MASUR J S. The use and misuse of patent licenses [J]. Northwestern University law review, 2015, 110 (1): 115 - 158.

[31] COLAIANNI J V. Patent licenses – the court of claims search for equity [J]. Journal of the patent office society, 1982, 64 (3): 164 - 175.

[32] Forkosch M D. Licensee estoppel in patent law [J].

Temple law quarterly, 1947, 20 (4): 515 - 575.

[33] JACKSON J G. Use limitations in patent licenses [J]. Patent, trademark and copyright journal of research and education, 1969, 12 (1): 657 - 672.

[34] LINDGREN K. Estoppel in contract [J]. University of New South Wales law journal, 1989, 12 (1): 153 - 178.

[35] LIPSCOMB E B. Lipscomb's walker on patents [M]. Rochester: California Lawyers Co - operative Pub. Co. , 1987.

[36] EISENBERG M A. Contracts [M]. Chestnut Hill: Harcourt Brace Legal and Professional Publications, Inc. , 2002.

[37] LANDERS A L. Understanding patent law [M]. San Francisco: Matthew Bender & Company, Inc. , 2008.

[38] MERGES R P, DUFFY J F. Patent law and policy: cases and materials [M]. San Francisco: Matthew Bender & Company, Inc. , 2011.

[39] JUHASZ P R. Patent exhaustion, implied license and the strategic use of nonasserts in agreements [R]. Washington, D. C. : AIPLA Annual Meeting, 2003.

[40] MACHLUP F. An economic review of the patent system [R]. Washington, D. C. : Committee on the Judiciary United States Senate, 1958.